AN ARMY AT DAWN

破晓的军队

从挺进突尼斯到解放北非
1942～1943

"二战"解放三部曲（I）

上

三度普利策奖获得者
〔美〕里克·阿特金森（Rick Atkinson） ◎著
王国平 ◎译
徐 进 ◎审校

重庆出版集团 重庆出版社

An Army at Dawn:The War in North Africa, 1942-1943 by Rick Atkinson
Copyright © 2002 by Rick Atkinson
Published by arrangement with Henry Holt & Company, LLC through Bardon-Chinese Media Agency.
Simplified Chinese translation copyright © 2015 by **Grand China Publishing House**
All rights reserved.

No part of this book may be used or reproduced in any manner whatever without written permission except in the case of brief quotations embodied in critical articles or reviews.

版贸核渝字（2014）第152号

图书在版编目（CIP）数据

破晓的军队 /〔美〕阿特金森著；王国平译. —重庆：重庆出版社，2015.7
ISBN 978-7-229-09980-0

Ⅰ.①破… Ⅱ.①阿… ②王… Ⅲ.①第二次世界大战 – 史料 – 北非 Ⅳ.①K152

中国版本图书馆CIP数据核字（2015）第124794号

破晓的军队
POXIAO DE JUNDUI
〔美〕里克·阿特金森　著
　　　　王国平　译

出 版 人：罗小卫
策　　划：中资海派·重庆出版集团心翼文化传播有限公司
执行策划：黄　河　桂　林
责任编辑：王　淋
特约编辑：梁桂芳　王　影　刘雪娇
装帧设计：张　英

 重庆出版集团
重庆出版社 出版

（重庆市南岸区南滨路162号1幢）

深圳市福圣印刷有限公司印刷
重庆出版集团图书发行有限公司发行
邮购电话：023-61520646
E-mail：fxchu@cqph.com

重庆出版社天猫旗舰店
cqcbs.tmall.com

全国新华书店经销

开本：787mm×1092mm　1/16　印张：42　字数：544千
2015年8月第1版　2015年8月第1次印刷
定价：69.90元

如有印装质量问题，请致电：023-61520678

本书中文简体字版通过Grand China Publishing House（中资出版社）授权重庆出版社在中国大陆地区出版并独家发行。未经出版者书面许可，本书的任何部分不得以任何方式抄袭、节录或翻印。

版权所有，侵权必究

北非战区盟军总司令德怀特·D.艾森豪威尔将军,摄于1943年初,阿尔及尔。(除特别注明外,照片均出自美军通讯兵团档案馆)

海军少将H.肯特·休伊特,美军1942年11月登陆摩洛哥期间任第34特遣队指挥官。当年他55岁,性格温和,长着一个极具书卷气的高脑门。休伊特堪称一名杰出的战将。

肯尼思·A.N.安德森中将,突尼斯北部英国第一集团军司令。一位刻薄的部下给他取了个外号"阳光",而美军给他的代号是"牢骚鬼",虽然他精通法语和意大利语,但无论哪一种语言他都不愿多说一个字。

亨利·吉罗将军在阿尔及尔检阅阿尔及利亚骑兵和殖民地步兵。他英勇无畏,一位法国人曾形容他的眼睛像瓷猫一样扑朔迷离。

罗伯特·R.穆尔，一位来自爱荷华州维利斯卡的药剂师，从国民卫队的"娃娃上尉"成长为一名出色的指挥官。德军反攻期间，在凯塞林隘口以东带领第168步兵团第2营作战。（穆尔家属友情提供）

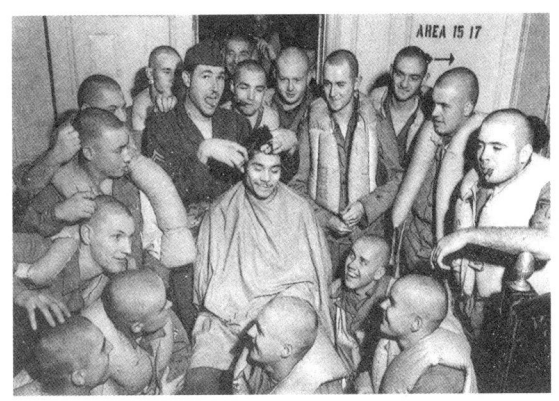

盟军登陆摩洛哥之前的4天，舰上的通信兵团光头俱乐部又接纳了一名新成员。官兵们在登陆前接令洗澡，降低伤口感染率。

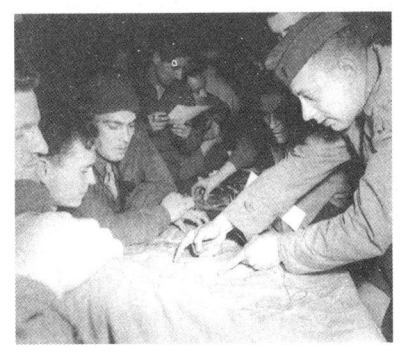

1942年11月7日，"火炬行动"之初、占领阿尔及利亚港前几个小时，舰上的第1游骑兵营的官兵正在研究阿尔泽地图。

在前往摩洛哥和阿尔及利亚的途中,士兵们磨刺刀和短刀的尖厉声一路不绝于耳。这张照片摄于1942年11月7日,登陆前夜。

1942年11月8日星期天,美军登陆摩洛哥的费达拉。据当地居民所说,那天是数十年中海面最风平浪静的一天,之后大西洋很快掀起滔天巨浪。

1943年初，第1步兵师师长特里·德·拉·梅萨·艾伦少将与法国军官在突尼斯前线。一位副官事后说，连年骑马使他的双腿变成像孩子一样的罗圈腿，但他仍然"是我见过的最勇猛的战士"。

突尼斯前线的第1步兵师副师长小西奥多·罗斯福准将。他博学多才、骁勇善战，是位颇有造诣的作者、外交官、商人和士兵，但他形象邋遢，总是戴一顶绒线帽，常常被人误认为炊事员。

维希军队和盟军停战后，美国驻阿尔及尔高级外交官罗伯特·墨菲和法国驻北非地面部队司令阿方索·朱安将军合影。墨菲刚刚被授予优质服务勋章，以表彰他在"火炬行动"中的贡献。

5

美军登陆之初，两名士兵守护一艘在摩洛哥沿岸打横的登陆艇。虽然海况出奇地好，但行动中盟军还是在摩洛哥和阿尔及利亚损失了数百艘登陆艇和驳船。

第1游骑兵营营长威廉·O.达尔比中校在阿尔及利亚阿尔泽郊外。见过他的人，都认为他生来就是要在黑夜中领导其他人作战。

1942年11月8日凌晨，第1游骑兵营占领奥兰东部阿尔泽一座法军海防炮台。

11月8日，两位来自爱荷华的游骑兵下士罗伯特·贝文和厄尔·德罗斯特瞄准阿尔泽港上方的一座法军炮台。

奥兰港。11月8日拂晓的"预备役行动"中，"沃尔尼"号和"哈特兰"号两艘英国快艇将数百名美军士兵送入法国守军的虎口。这张照片拍摄于6个月后，在照片上方可以清晰地看到入港口。

在突尼斯担任美军第2军军长的劳埃德·R.弗雷登多尔少将授予记者利奥·"比尔"·迪舍尔一枚紫心勋章。这位记者在"预备役行动"中身受25处创伤（11处枪伤和14处弹片伤），大难不死，事后针对这次惨败撰写了一篇杰出的报道。

乔治·F.马歇尔的遗孀和儿子在五角大楼接受追授给他的一枚优质服务勋章。"预备役行动"中的官兵最后见到这位美军高级指挥官是在英国快艇"沃尔尼"号的船头，他正向一艘法军驱逐舰扔手榴弹。

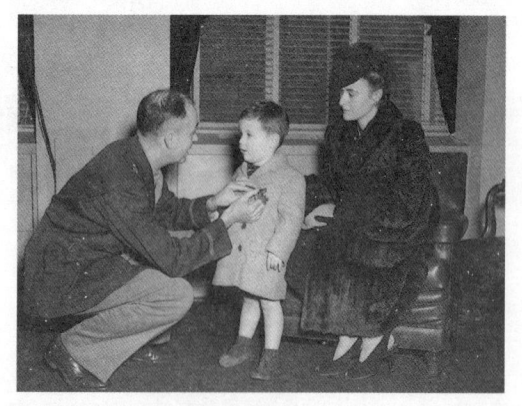

1942年12月初，安葬阵亡的美军士兵。这处临时墓地位于阿尔及尔附近的莱桑达卢塞。

8

从卡斯巴老城北城墙上俯瞰汇入大西洋的塞布河河口。德玛·T.克劳上校在老城墙脚下这条通往利奥泰港的路上遭法军伏击阵亡。（作者收藏）

经过美国海军3天的炮击和飞机轰炸，卡斯巴沦为一片废墟。攻打梅地亚和利奥泰港期间，美军伤亡超过300人，同时承认，"攻城有过于招摇之嫌"。

小卢西安·K.特拉斯科特准将。盟军登陆摩洛哥北部梅地亚的特遣队司令，突尼斯战役期间任艾森豪威尔前线司令部司令。他含胸驼背，有着一双凸出的灰眼睛、满月脸和一副嘶哑的嗓子。

1942年11月22日,盟军和法国驻北非军队正式签署极富争议的停战协定后,维希法国三军司令让·达尔朗上将(左)和马克·M.克拉克中将在阿尔及尔共饮咖啡。贝当元帅的照片从克拉克身后看着这一幕。

达尔朗在1942年12月1日的一场庆祝活动中与第34步兵师师长查尔斯·W.赖德少将握手。照片上站在两人中间的是后来担任美军参谋长联席会议主席的参谋官,李曼·L.莱姆尼策。

10

因酗酒和抑郁症,记者欧尼·派尔体形消瘦,体重仅100磅。为了让美国人了解战争,他带着一台打字机抵达北非。照片是1942年12月初他在阿尔及利亚附近的圣克卢和伤员在一起。

盟军和维希军队停火后,拉巴特阅兵仪式上的摩洛哥总督奥古斯特·保罗·诺盖斯将军(左)和小乔治·S.巴顿少将。诺盖斯为人狡猾、说话含混其词,盟军称他"从不说'是'",在北非登陆的前3天中领导法军抵抗美军。

希特勒"放手"让阿尔贝特·凯塞林元帅抵抗登陆北非的盟军。因为见人时总是咧嘴而笑以及天性乐观,人们叫他"微笑的阿尔贝特"。他一手策划了德国空军针对华沙、考文垂以及其他城市的轰炸行动。

詹姆斯·H.杜立特少将。美国驻北非空军司令,1942年4月因空袭日本荣获一枚荣誉勋章。照片是1942年12月21日准备从阿尔及尔起飞执行侦察任务前,杜立特在喷火座舱中。杜立特最初不讨艾森豪威尔喜欢,因为后者不满他将太多时间花在飞行上。

1942年圣诞节，即达尔朗上将遭暗杀一天之后，8 000余名吊唁者鱼贯走过他的灵柩。"没有人掉下一滴眼泪。"一位记者写道。棺材上放着达尔朗的军帽。

1943年1月9日，官兵们整理机场上遭纳粹空军摧毁的美军B-17"空中堡垒"残骸。德军的空袭给盟军带来巨大损失，B-17全部西迁至奥兰附近更安全的机场，这也意味着轰炸突尼斯要往返飞行1 200英里。

13

1943年1月末,在突袭意军驻突尼斯南部舍涅德车站的前哨之前,第1游骑兵营在阿尔及利亚山地中行军。

1943年2月,第1装甲团第2营一个坦克班在突尼斯合影。一名坦克兵抱怨说,高达10英尺的M-3"格兰特/李","就好像路上开过来一座大教堂"。

1943年1月，英美参谋长在安法饭店举行联席会议。图中从左至右为美方首长：欧内斯特·J.金上将、乔治·C.马歇尔将军、外号为"幸运儿"的H.H.阿诺德将军。右边最远端为英国驻华盛顿高级官员约翰·迪尔元帅，向左依次为空军上将查尔斯·F.A.波特尔、帝国参谋总长阿兰·布鲁克爵士、达德利·庞德上将、英国联合作战司令路易斯·蒙巴顿中将。

1943年1月21日，罗斯福总统在卡萨布兰卡会议期间视察美军。马克·W.克拉克中将坐在吉普车后排，车后是特工人员。"他们是群低劣的侦探，"巴顿说这些特工，"总是酒气熏天。"

由世人见证的一次握手：1943年1月24日，卡萨布兰卡会议结束，应罗斯福（图片中被二人挡住）一再要求，以及为博温斯顿·S.丘吉尔一笑，亨利·吉罗将军（左）和戴高乐将军在镜头前摆姿势。

1943年1月24日，记者和摄影师聚集在达尔·艾尔瓦尔别墅外的草坪上，记录罗斯福和丘吉尔讨论刚刚结束的卡萨布兰卡会议。令丘吉尔感到意外的是，罗斯福总统刚刚宣布，只有轴心国"无条件投降"，这场战争才能以"令人接受的方式"结束。

里克·阿特金森（Rick Atkinson）

"二战"解放三部曲简体中文版震撼上市
三度普利策奖获得者
耗时 14 年谱写最恢宏的"二战"巨著！

"二战"解放三部曲（The Liberation Trilogy）：
《破晓的军队》(An Army at Dawn)
《战斗的日子》(The Day of Battle)
《黎明的炮声》(The Guns at Last Light)

"二战"解放三部曲影响力：
普利策历史奖获奖作品
亚马逊"二战"历史类畅销图书榜首
《纽约时报》畅销图书榜首
《纽约时报》百本最值得关注的好书
《华尔街日报》年度最佳图书
《华盛顿邮报》年度十大好书

里克·阿特金森是美国最著名的军事历史学家，"二战"解放三部曲是其最具影响力的作品。此系列书的创作花费了阿特金森 14 年的时间，记录了"二战"中欧洲及北非战场的重大战役。阿特金森从普通士兵的视角出发，

1

展现了现代战争的惨烈、残酷与血腥。《纽约时报》、美联社等著名媒体认为，很难想象有比这套著作更扣人心弦，更具张力，更客观公正和文笔优美的作品，因此堪称前无古人，后无来者。

里克·阿特金森于1952年出生在德国慕尼黑的一个美国军人世家，幼年曾随父亲辗转世界各地。他先后在《匹兹堡太阳早报》《堪萨斯城时报》《华盛顿邮报》担任记者和编辑，内容涉及国防、外交、情报等。其中，他在《华盛顿邮报》担任特约撰稿人和编辑更是长达25年。阿特金森在历史领域著作甚丰，主要作品有《与士兵同战》(In the Company of Soldiers)《漫长的灰线》(The Long Gray Line)和《十字军东征》(Crusade)等。

作为目前美国最著名的军史专家，阿特金森已获得16项与新闻报道、军事历史有关的重量级奖项：

★ 1982年普利策国内报道奖
★ 1983年利文斯顿新闻奖
★ 1984年冠军媒体奖
★ 1989年乔治·波尔卡新闻奖
★ 1989年莫顿明茨新闻调查奖
★ 1990年玛莎·阿尔勃朗特别奖
★ 1999年普利策优异公众服务奖
★ 2003年普利策历史奖
★ 2003年军事史学会杰出图书奖
★ 2003年联邦政府历史学会亨利·亚当斯奖
★ 2007年杰拉尔德·福特杰出报道奖
★ 2009年阿克塞尔·施普林格奖
★ 2010年普利兹克军事图书馆文献奖"终身成就奖"
★ 2013年诺威治大学军事史名誉博士
★ 2014年塞缪尔·艾略特军事历史"终身成就奖"
★ 2014年美国米德兰作家协会"年度最佳非虚构图书奖"

更多资讯，请登录本书官网：http://liberationtrilogy.com/

权威推荐

引自 2003 年普利策历史奖颁奖词

《破晓的军队》凭着精湛的文字演绎，为"二战"北非战场这段被埋没的历史树立了一座丰碑，栩栩如生地再现了将军和士兵们浴血战场的情景。

《纽约时报》

《破晓的军队》是一部非凡之作……作者的叙事技巧娴熟高超，对战场上那些重要的指挥官们的性格刻画得十分生动……令人读之心感愉悦。

《华盛顿邮报》

《破晓的军队》不愧为一部辉煌巨著……本书浓墨重彩地描写了战争时期戏剧般复杂而壮烈的往事。

《华尔街日报》

在《破晓的军队》中，里克·阿特金森用扣人心弦的文字与娴熟的叙事技巧，生动地记录了"二战"期间北非的战斗史……作为"二战"解放三部曲的第一部，阿特金森试图为我们重现美军在欧洲战区的全部战事，本书不愧是一个轰轰烈烈的开端。《破晓的军队》或将成为继科尼利厄斯·瑞恩的经典著作《最长的一天》和《遥远的桥》之后最好的关于"二战"纪实类文学作品。

美联社

这部战争巨著足以与科尼利厄斯·瑞恩（代表作包括《最长的一天》《最后一役》和《遥远的桥》）和约翰·基根（代表作为《战争史》）等大师的杰作媲美。

《科克斯书评》

鉴于里克·阿特金森在现代军事史方面的成就，他对美国在1942～1943年登陆北非的战役表现出深刻的历史洞察力也就不足为奇了……这是迄今最详尽、最权威的北非战役史。

《军事历史杂志》

阿特金森具有非凡的文字驾驭能力，他有化繁为简之才，以及丰富的知识积淀……这是一部让史学家们叹为观止的杰作。

《图书馆杂志》

阿特金森为我们献上了讲述"二战"解放三部曲的第一卷。登陆北非是盟军指挥的首次联合军事行动，影响了很多未来的决定。阿特金森引用大量的战场报道和档案材料，为读者讲述了一个关于北非战役的精彩故事，即便历史结局早已人尽皆知，这本书也让人手不释卷。

《书单》杂志

继畅销书《漫长的灰线》之后，里克·阿特金森又为我们带来了关于"二战"北非和欧洲战区历史的三部曲，读之令人心潮澎湃。《破晓的军队》为三部曲的第一卷，讲述了1942年11月至1943年5月盟军在北非实施的火炬行动，生动地描述了德军在突尼斯战斗至投降的那段历史，展示出作者在讲述战役时兼顾宏观战略和微观作战的高超技巧……作者对每场战役的背景都进行了精细的研究，读者可以从文字中得知：与初出茅庐的美军相比，久经沙场的德军在利用山地和公路方面拥有多大的优势。本书为三部曲的后续之作树立起令人期待的典范。

《书页》杂志

里克·阿特金森的作品让他如旭日初升，成为一位胸怀大志的杰出军事史家……他揭开了尘封于历史中的令人侧目的事实。

《芝加哥论坛报》

《破晓的军队》实为大师之作……这些以性格为导向的生动研究，兼顾政治、战略及战术各层面，重点讲述了那场将轴心国从北非驱逐出境的战役。

《堪萨斯城星报》

只有里克·阿特金森这样才华横溢、笔耕不辍的作者才能写出这样辉煌的战争史。

《密尔沃基哨兵日报》

里克·阿特金森的作品生动鲜明、干净利落……《破晓的军队》给人的一大享受是精心设置的细节描写，譬如：一枚枚嘶嘶入水的贝壳；"头发油光可鉴、须髯威严"的上校；来不及拔出枪便倒在血泊之中的士兵。

《罗利新闻和观察家报》

阿特金森的叙述独到之处，在于他把将领们的战术与前线作战官兵的体验融为一体。

北约前最高司令官韦斯利·K. 克拉克将军

《破晓的军队》是我读过的最令人信服的军事史，它将成为军事史和战略学的经典之作。里克·阿特金森的见解独到，观察细致入微，同时又能始终着眼于大局。上至政府最高层，下至散兵坑，其描述面面俱到。毫无疑问，这是一部史学巨著。

戈登·R. 沙利文将军 前陆军参谋长

《破晓的军队》是一部旷世杰作，兼顾了小规模的战术行动和高层的作战指挥。上至将军，下至列兵，各级官兵都被栩栩如生地展现在读者面前，是一部军人的正史。

保罗·福塞尔 《作战和战争时期》（Doing Battle and Wartime）作者

里克·阿特金森的作品读来亲切、朗朗上口，又不失客观公正。《破晓的军队》不仅是一部军事史，同时也是一部社会心理学研究著作。仅凯塞林隘口一役的描写就让本书物超所值，而它仅是随后恢宏篇章的一场激动人心的序幕。我衷心推荐这部充满人性、细致入微、不事张扬的作品。

卡洛·德斯特 《巴顿与艾森豪威尔》（Patton and Eisenhower）作者

《破晓的军队》是一部描述盟军登陆北非的鸿篇巨制。这是一场最为人所忽略的战役，里克·阿特金森却道出了它的精髓。

马克·A. 施托勒 《盟友和敌人》（Allies and Adversaries）作者

《破晓的军队》是一部精彩的通史，其深入的研究和出色的写作技法，生动、细致地展现了"二战"中性命攸关却较易为人所忘的战役。1954年普利策奖获得者布鲁斯·卡顿和美国历史学家谢尔比·福特的三部曲着眼于内战，里克·阿特金森则致力于欧洲战场上的"二战"。

约翰·S.D. 艾森豪威尔 《盟友和密林》（Allies and the Bitter Woods）作者

从戏剧性的角度来看，突尼斯一役远胜"二战"其他战役。里克·阿特金森以现实主义手法描述了这场战事的激情与残酷，《破晓的军队》将成为"二战"史诗中的里程碑。

安德鲁·卡罗尔 《战火家书》编辑

《破晓的军队》绝对是一部杰作。里克·阿特金森以令人震撼的气势诠释了这场战争的人性冲突和历史意义。本书讲述了一个最引人入胜的历史故事。

约瑟夫·L. 加洛韦《我们当过兵，也曾年轻过》(We Were Soldiers Once... and Young)**作者**

里克·阿特金森出色地创作了这本《破晓的军队》，生动地展现了北非战役——残酷丑恶、形同乱麻，充满个人恩怨、不称职和勉强称职的各色人物。这让我对他的"二战"解放三部曲充满期待。

罗纳德·斯佩克特《海战和空战》(At War at Sea and Eagle Against the Sun)**作者**

里克·阿特金森凭借细致入微的观察和专注，娓娓地讲述了这场战事。这是一部内容丰富、深刻动人的历史，必将成为经典之作。

两军交战，

短兵相接，

身披铜甲的战士奋力拼杀。

盾牌相接，车轮相碰，杀声震天。

——荷马史诗《伊利亚特》第四卷

上册目录

图 例　1
盟国指挥系统　2
序　幕　北非：美国的发家之地　1

第1章　枪声响的地方就是前线　21

罗斯福启动了"火炬行动"，意在歼灭北非的德意军队，占领法属摩洛哥和阿尔及利亚，最后夺取突尼斯。但法国在此三处驻军20万，他们是否会抵抗盟军的入侵？崭露头角的美军将领、七拼八凑的美国杂牌军，在1942年11月8日午夜，和英国混合成10万大军，搭乘500多艘舰艇，兵分三路奔赴北非。如此招摇的舰队如何躲过精明狡诈的纳粹侦察机？一场最大规模的两栖作战在前方等候他们。

"火炬行动"方案　22
调兵遣将　36
突击队的秘密任务　46
美军初出茅庐　55
战事中的政治博弈　64

第2章　登　陆　77

1942年11月8日，盟军计划采用两翼包抄攻占奥兰及各码头：特里·艾伦的两个团在阿尔泽海滩登陆，小西奥多·罗斯福则率军登陆

X滩头。"村夫行动"中美军首次空降作战,战果却不尽如人意。为加速盟军在北非的进展,11月9日,克拉克奉命前往阿尔及利亚与法属北非当局谈判。但"二战"中备受争议的法军上将达尔朗却态度暧昧,出尔反尔、一再变卦。与此同时,盟国远征军总司令艾森豪威尔则对"火炬行动"的进展一无所知……

"漆黑的晚上谁认得是黑猫白猫"　78

登陆北非　89

"村夫行动"　100

战斗到底　106

"我们的骄傲"　120

第3章　滩　头　135

狡猾的达尔朗意识到第三帝国大势已去,旋即下令停止对英美联军的抵抗。虽然行动中延误和混乱的情况层出不穷,但经过3天的交火,盟军终于进入阿尔及尔、攻克奥兰、占领卡萨布兰卡。"火炬行动"宣告成功,同盟国控制了北非的一些重要战略基地。此次战役也是首次使用登陆舰艇的大规模渡海登陆战役,为整个"二战"期间的战略进攻提供了经验。之后,盟军挥师大举东进,直扑突尼斯,正如丘吉尔所言:"战争并未结束。"

剑指阿尔及尔　136

奥兰上空蓝旗飘　145

"一派混战"　152

决战卡斯巴　164

"战争结束了"　173

第4章　东　进　187

突尼斯先到先得,德军抢先了一步。希特勒意识到,盟军倘若占领北非,他们就可以将外围远征转变成登陆南欧的平台,德军应不惜一切代价守住欧洲的门户。盟军却在邻近的阿尔及尔登陆,在战略上出其不意,但他们能否好好利用这一优势？他们为什么不登陆海岸线近 800 英里的突尼斯？实际上盟军的登陆计划漏洞百出，空中指挥因明争暗斗而各自为战。一旦不按常理出牌，这支初上战场的军队立马乱了套。

希特勒：守住欧洲的门户　188

打响全面战争　193

与轴心国首次交锋　206

突袭朱代伊德，攫取门户钥匙　215

第 5 章　德国第 10 装甲师的反扑　223

在战役的关键阶段，每个步枪班都弥足珍贵，盟军却白白葬送了一个又一个营，从"预备役行动"、"终极行动"和"村夫行动"，到阿盖尔、汉普郡团、萨里郡团、突击队、弗罗斯特的伞兵，再到现在只剩 10 辆战车的麦吉内斯第 2 营。一个月的战斗落下帷幕，这只是盟军和轴心国为期 30 个月的苦战的序幕。

与傀儡政府联姻　224

德美第一场坦克战　231

瞎指挥害了第一集团军　248

第 6 章　关隘之国　273

阿尼姆中将接管德国第五装甲集团军，转而防守，备战接下来的战斗。盟军预备在平安夜一战投入 80% 的兵力。但在发动攻势前，必须先拿下长停山。突尼斯战役陷入僵局。法军不肯听命于英方安德森的指挥，英美关系出现裂痕，德军明显更善于打仗……与此同时，美军渐渐在血的教训中学会了作战，也学会了恨。

冷溪近卫团的致命失误　274

达尔朗上将被暗杀了　288

美军战术漏洞　295

下册目录

第7章 战争是条分界线　317

盟军首领齐聚卡萨布兰卡规划行动方案。丘吉尔深知统制地中海等于统制西方，也决定英帝国在埃及、中东和印度的命运；罗斯福则认为地中海是个无底洞，扩大战线只会耽搁登陆法国。关键问题是：如何将盟军作战资源分配到太平洋和大西洋两个战场？下一仗从何处下手？针对欧洲轴心国的战争是否会沦为和德国小跟班意大利的持久战？他们都已意识到，卡萨布兰卡会议是美国的关键时刻，也是世界史掀开新一页的转折点。

　　盟军智囊团齐聚卡萨布兰卡　318
　　撤出诱饵第2军　324
　　英美战略分歧白热化　335
　　美国佬失了一着　351

第8章 前线"无"战事　357

"撒坦行动"中途夭折，盟军策划者又另起炉灶。东多塞尔是盟军在麦吉尔达河南岸的第一道防线，交给了法军。面对来势汹汹的轴心国部队，法军是否靠得住？本以为马克纳西大捷可以弥补法伊德溃败之过，不料却在舍涅德车站苦战了一天。美军的进攻成了强弩之末。指挥官之间的信任轰然崩塌，安德森和法国人怀疑美国人，艾森豪威尔怀疑弗雷登多尔……东多塞尔对面新鲜猎物（美国人）的味道，将成为"老狐狸"隆美尔的一剂良药。

　　法军成了送去诱老虎的羊　358

D 战斗群的小打小闹　371

隆美尔：这都是补给问题　378

今晚大开杀戒　389

第 9 章　凯塞林之战　403

盟军在西吉·布·吉特遭遇德军强力反击后整合兵力，在哈姆拉山脚下重新发动反击。攻破凯塞林隘口后，势如破竹的盟军长驱直入，节节败退的隆美尔凭借有限的条件顽强抵抗。艾森豪威尔和亚历山大的意见不合，英美合作关系也受到威胁。最终拿下凯塞林，是盟军的努力还是纯粹的巧合？

西吉·布·吉特战役：来势汹汹的德军　404

哈姆拉山反击战　415

斯贝特拉的灾难　421

隘口失守："沙漠之狐"的最大过失？　437

隆美尔的手段　445

凯塞林传奇陨落　456

第 10 章　早已名存实亡的世界　469

一心要整顿军纪的艾森豪威尔终于重新起用了他又爱又恨的巴顿，后者回到了第 2 军，继续用粗话鼓励着他的弟兄们。与此同时，乐观过头的阿尼姆将军又策划了几次军事行动，但都以失败告终。德军的形势不容乐观，元首纵观全局，终于下达了一个愚蠢得令隆美尔无比头疼的命令……

雷德奥克的不眠之夜　470

巴顿"驾到"：第 2 军的福音还是噩梦？　474

"卡普里行动"与阿尼姆的乐观主义　483

元首的死命令：坚守马雷特防线　495

第 11 章   **分崩离析的联盟：英美联军的内部危机**   511

从加夫萨到丰杜克，盟军一路挺进。可是队伍内部并不和谐。哈罗德·亚历山大将军频频越权，巴顿对他的行为提出抗议。艾森豪威尔甚至开始拿败军之将"开刀"，越来越多的将领被解职。虽然北非战事已到尾声，但盟军还能走得更远吗？

特德·罗斯福的勋章：血战加夫萨   512

铩羽而归：沃德的最后一场仗   528

巴顿的抗议   538

亚历山大无计可施：易守难攻的丰杜克   551

第 12 章   **最后的要塞：北非战场的终章**   569

对于德军来说，北非战场无疑是第二个斯大林格勒。但对盟军来说，却是一次绝佳的"实习"。装备、单兵作战能力、凝聚力和战斗力等等各方面都得到了大幅提升，涌现出了无数能征善战之辈。然而，战争还没有结束，英雄们匆匆结束战斗，奔赴下一个战场……

地狱的犬牙：突尼斯桥头堡   570

决战前的决战：势如破竹的蒙哥马利   583

"阿道夫，来清点你的喽啰！"   593

胜利的欢呼：攻陷突尼斯   609

后 记   626

图 例

河流		轴心国	同盟国
公路/干道		前线	
小径		船只	
铁路		炮位	
沼泽		前进	
盐滩		撤退	
岩地		步兵	
山地		装甲部队	
城镇/郊区		机械化部队	
首都		空降部队	
机场			
冲突		I 连	
		II 营	
		III 团	
		x 旅	
美国		xx 师	
英国		xxx 军	
法国		xxxx 集团军	
德国			
意大利			

盟国指挥系统
1942～1943，突尼斯战役

盟国远征军最高统帅：艾森豪威尔
盟国远征军最高副统帅：克拉克
盟国远征军最高统帅部参谋长：史密斯

海军司令：坎宁安　　　　　　　　　　空军司令：特德

第十八集团军群：亚历山大（1943年2月）

美国第五集团军：克拉克（1943年1月）　　法军：吉罗
　第2装甲师　　　　　　　　　　　　　法国陆军：朱安
　第3步兵师

英国第一集团军：安德森　　　　英国第八集团军：蒙哥马利

第5军：奥尔弗里　　第9军：克罗克　　　第10军：霍洛克斯　　第30军：利斯
　第78师　　　　　（1943年3月）　　　弗莱伯格（1943年4月）　第2新西兰师
第6军（1943年1月）　霍洛克斯（1943年4月）第1装甲师　　　　　第50师
第1师（1943年3月）　第46师　　　　　　第7装甲师　　　　　　第4印度师
第4师（1943年4月）　第1装甲师　　　　　第56师　　　　　　　第201近卫旅
　　　　　　　　　第7装甲师
　　　　　　　　　第4印度师
　　　　　　　　　第201近卫旅（1943年4月1日至5月）
　　　　　　　　　第6装甲师（1943年3月）

美国第2军：弗雷登多尔　　　法国第19军：埃尔茨
巴顿（1943年3月）
布拉德利（1943年4月）
　第1装甲师：沃德
　哈蒙（1943年4月）
　第1步兵师：阿伦
　第9步兵师：埃迪
　第34步兵师：莱德

序 幕

北非：美国的发家之地

  27英亩墓石排满了突尼斯迦太基美军公墓。这里没有方尖碑、墓穴或华丽的纪念碑，只有2 841块2英尺高的灰白色大理石墓碑，一列列纵横笔直。非同寻常的是刻在碑上的名字和阵亡时间。其中240块墓碑用英语刻着一段令人伤感的文字："一位光荣的无名战士长眠此处。"一堵长长的灰岩石壁上题着3 724个至今下落不明的士兵的名字，以及一句祝祷词："主啊，他回到了你的怀抱。"

  墓地建在迦太基的废墟上，距古老的迦太基古城仅一掷之遥。晨风裹挟着桉树味和地中海的腥风，非洲的黎明仿佛出自银匠之手，闪着一丝白光。突尼斯的恋人手挽手信步流连于狼尾草地上，或在被累累的橙色浆果和猩红的木芙蓉环绕的凉亭长凳上歇息。翠柏和沙枣树环绕的墓地，点缀着金合欢、阿拉伯松和扁叶柚木。一架钟琴整点准时奏响赞美诗，钟声中夹着祷告时间的通知，呼唤信徒去就近的清真寺祈祷。另一堵墙上刻着1942～1943年这些军人阵亡的战役名称——卡萨布兰卡、阿尔及尔、奥兰市、凯塞林、爱尔圭塔、西迪恩西尔、比塞大，以及一行引自雪莱的诗歌《阿童尼》的诗句："他已脱离了我们这片苦海。"按照突尼斯政府立碑的规定，墓碑不能刻死者的墓志铭和悼词，甚至生卒年月。但熟悉这段历史（即1942年美英联军登陆北非，之后将轴心国逐出北非，为期7个月的战斗）的游人，不难作出合理的推测。

我们可以猜测1942年11月9日牺牲的第26步兵团上等兵威利·H.华莱士，是在与法军苦战三日后于阿尔及利亚圣克卢阵亡的。两位来自新泽西州第18步兵团的二等兵，沃德·H.奥斯蒙和弟弟威尔伯·W.奥斯蒙，想必是1942年圣诞夜在长停山（盟军第一波大举进攻在此受阻超过5个月，事后证明，此地与突尼斯近在咫尺）的血腥战斗中双双牺牲的；伊格内修斯·戈洛瓦奇，这位于1943年情人节牺牲的第701反坦克营上等兵，一定是在德军大举反攻凯塞林隘口时阵亡的；1943年4月29日牺牲的第135步兵团中士雅各·范斯坦，无疑是在争夺609号高地的战斗中牺牲的。

突尼斯战场一游，可以让你进一步了解这场战役。半个多世纪以来，时间和风雨洗净了爱尔圭塔、凯塞林和长停山土地上的痕迹，但堑壕仍在，锈迹斑斑的C型干粮罐和弹片如玉米种子般散落四野。危险的低洼地，居高临下的制高点，这些留存的地形依旧时刻提醒着人们：在战场上，地势决定胜负。

不过，了解了军方的周密计划，以及这个营或那个步枪班的行动，我们又渴望更深入地挖掘细节，了解散兵坑中的每一个士兵。比如，1942年12月24日二等兵安东尼·N.马尔菲奥尼到底在何处阵亡？1943年4月9日希尔·P.库柏弥留之际想到了什么？1942年12月25日哈利·K.米德奇夫中士阵亡时是否孤身一人，有没有好心人紧握他的手，亲吻他的额头？

他们已脱离了战争的苦海，在这片茫茫旷野上安息，但他们的日记、信函、官方报告和非官方记录，包括战后保存至今的文件，仍详尽地揭示着尘封60年之久的一段段故事。文字记录具有超凡的力量，即使再也没有亲历者讲述战时岁月，但"二战"发生的故事将永远载入国家的神话集中。作者的任务是去伪存真：根据文字记录，证明这些事确有发生过，让历史显得更真实可信。

不过，孰是孰非，应该交由读者判断。作为一介凡人，我们只能靠想象回忆逝者。

★★★

作为21世纪的读者，如果不了解1942~1943年在北非进行的战事，就无法理解1945年同盟国在"二战"中的最终胜利。解放西欧是一部三幕的历史剧，每一幕都环环相扣：第一幕是北非，其次是意大利，最后是诺曼底登陆，以及纵贯法国、低地国家和德国的各大战役。

回溯70年历史，我们不难看出，北非是美国历史的轴心，是美国担纲军事、外交、战略与战术大国的发家之地。轴心国军队在北非和斯大林格勒、中途岛永久丧失了主动权。北非也是大不列颠帝国在英美同盟中沦为附庸角色，而美国则崭露锋芒并自此成为下一个千禧年的主导力量之地。

世间不存在必然，士兵血洒疆场、盟军最终获胜，甚至美国最终称霸，这些都并非历史必然。历史犹如一个人的命运，没有定数，只等着每个人来亲自书写。

与诺曼底登陆或阿登战役相比，北非战场最初多为小规模的交锋，涉及的不过是几百人的排或连。6个月内，这场战役逐渐演变成数十万人的集团军群之间的战争，这一规模的斗争一直持续到"二战"结束。北非登陆为欧洲战场拉开了帷幕，期间伤亡失踪的盟军士兵高达7万。

在"二战"中，论战争的复杂性、计谋、风险，以及美国陆军航空史上所指的"出奇制胜的战术"，没有哪次行动堪比北非登陆。此外，这是英美联军发动的首次战役，登陆北非明确了参战方和战略方向，为盟军下一步战略的确定奠定了基础。

北非登陆是盟军和德军的第一次交锋，初次检验了盟军地面部队的实力，确定了接下来两年的格局和主旨，包括盟友间的团结和反目。事实上，这场战役和以往美国参与的所有战役的初期经验一样，揭示了一条真理，那就是即使一支军队缺乏作战经验，仓促上阵，依靠坚定的决心和独出心裁的战术，最终也能大获全胜。

北非是美国工业发展壮大之地，自此以"盟军军火库"闻名于世，不过这并非如某些历史学家所言，是其唯一可取之处。正是在此地，美国人第一次发自内心地意识到将才和胆识、策略和速度、主动出击和坚韧毅力的重要性。

正是在北非，同盟国达成一致意见：只有德军无条件投降，才可以结束战争。正是在北非，盟军实施了一项饱受争议的策略：放弃突袭西北欧、意大利的西西里岛和法国南部，首次在外围战场（地中海）打击轴心国。

北非，是盟军从战略上制定摧毁德军的策略之地；北非，是盟军摧毁第三帝国战无不胜的神话之地；北非，恰如一位德国将军后来承认，是许多轴心国士兵对指挥官丧失信心，"无心恋战"之地。

北非，是西方许多伟大的指挥官脱颖而出之地，如艾森豪威尔、巴顿、布拉德利、蒙哥马利和隆美尔以及其他不应被埋没的人才。北非肯定了威廉·特库姆塞·谢尔曼（美国南北战争中的联邦军将领，以火烧亚特兰大和向海洋进军的战略而闻名于世。——译者注）的带兵策略："每支军队都要有一位灵魂人物。如果一位将军不能调动部下的热血豪情，他就不可能发挥部下的全部潜能。"在北非，具有领导才能的军人踏上晋升之路，而没有的则中途败阵。

正是在北非，美军士兵尽展杀气。说起战争，许多美国士兵第一次领略了一个硬道理："这是一场极其恐怖的战争，卑鄙、狡诈，绝不像我们在家乡报纸上所读到的那样正义凛然。"一名士兵写信给身在俄亥俄州家中的母亲："我和身边的伙伴都绝不手软，这种事我们见得太多了。"记者欧尼·派尔记录道："在这份全新的职业中，杀戮是一门技术。"正是在北非，讽刺和质疑，折射出无数普通士兵的感受。"最后一战通常是结束战争的战争，但登陆北非的结束却仅仅是战争的开端而已。"一名英国兵恰如其分地表达了这种盛行于北非将士群体中的讽刺态度。

登陆北非60年后，"二战"和参战的军人均蒙上了一层神秘面纱。老兵们被奉为"最伟大的一代"，但事实上他们并不寻求这种褒奖，甚至将之斥为无稽之谈。基于某种感情，"二战"史注定是一部圣徒传记，其中的兄弟们英勇豪迈，姐妹们则贤良淑德。诚然，北非战役中，勇士和贤士层出不穷，但懦夫、蠢货与腐败堕落者亦不乏其人。北非登陆之后的战役中，枪杀、强奸平民，屠杀俘虏，在尸体统计数据上弄虚作假等丑闻也屡见不鲜。

这是一个充满诡计和失算的年代，一个牺牲自我和自私放纵并存的年代，是一个模棱两可、暧昧不清的年代，既有大爱和真情，也有仇恨和屠杀。这个时代英雄辈出，但这些英雄也并非完全清白无瑕。在迦太基，英雄和懦夫比肩长眠。

美国将向欧洲派遣61个师，近200万官兵，堪称史无前例。我们不难猜测，1939年9月1日，那些后来埋葬在迦太基公墓的士兵，谁都不曾料到自己会长眠非洲。不过，恰恰是入侵波兰这天，他们走上了北非征途，我们要从头说起的恰恰是彼时彼地。

★★★

这场战争持续了2 174天，平均每天夺去27 600条生命，每小时1 150条、每分钟19条或者说每秒钟3条生命。1939年9月1日是这场战争的第一天，也是在这一天夺去了第一批生命。德军出动60个师，闪电式进攻波兰，在4个星期内打死10万余名波兰士兵，2.5万余名平民在轰炸中丧生；另有1万余名平民被屠杀，其中多半是中产阶级职业人士；余下的 2 200 万人归顺第三帝国。"好好看看华沙，"希特勒在视察这座沦为一片废墟的波兰首都时对随行的记者说，"欧洲任何一座城市，都将是这个下场。"

9月3日，法国和英国向德国侵略者宣战，但战事平息了6个月，期间希特勒巩固了战果，酝酿着下一步的行动。1940年4月初，德国军占领丹麦，继续进攻挪威。一个月后，德军136个师横扫荷兰、比利时、卢森堡和法国。丘吉尔是一位五短身材、百折不挠、口若悬河却又口齿不清的政治家，这位5月10日刚刚走马上任的英国首相兼国防大臣对富兰克林·罗斯福总统说："这些小国被一一击垮了。"这是20世纪最重要的信件中的一封，是丘吉尔发给罗斯福的950封私人信件中的第一封。

法国不小，却不堪一击。德军战术失误，英军才得以分乘900艘船，从敦刻尔克北部港口撤出33.8万余名官兵，但6月14日，德军先头部队长驱直入巴黎协和广场，在凯旋门上挂上一面巨大的纳粹党旗。在法国分崩离析之际，德国的轴心国同党——贝尼托·墨索里尼领导下的意大利政府也向法国和英国宣战。"当初他们贪生怕死，不敢参战，"希特勒说，"这时候又匆忙宣战，想借机从中分一杯羹。"

在法国内阁如惊弓之鸟般仓皇逃到波尔多后，一位德高望重的人物挺身而出，领导法国的残余政府。"一战"中的凡尔登英雄，如今依旧精神矍铄、年届84岁、谜一般的菲利普·贝当元帅一度声称："只有在真正大难临头的时刻，他们才会来请我出山。"不过连贝当也不曾见过这样的灾难，他请求媾和，柏林方面应允。在希特勒看来，与其冒险让法国在北非殖民地继续战斗，倒不如开出一个聪明的停战协定：法国南部40%的领土，不包括巴黎，仍由贝当政府统辖，德军不予占领。新首都设在旅游胜地维希，法国在这里继续统辖其海外殖民地，包括摩洛哥、阿尔及尔和突尼斯等，总面积达100万平方英里，人口1 700万，多数为阿拉伯人和柏柏尔人。法国可以在北非保留自己的舰队和

序　幕　北非：美国的发家之地

一支12万人的军队，誓死抵抗一切侵略者，尤其是英国。为顺利推行这项协定，德国将扣留150万法军战俘作为人质。

贝当元帅满口答应，且得到了大多数效忠他的法国高级将领和文职人员的拥护。然而，严词拒绝的也不在少数。流亡伦敦、49岁的戴高乐准将拒不承认与魔鬼签署的一切条约，同时以自由法国的名义宣布："无论局势如何变化，法国抵抗运动的火焰不应也不会熄灭。"整个欧洲从挪威北角到比利牛斯山脉（法国、西班牙交界处山脉名。——译者注），从大西洋到布格河，如今都在希特勒的铁蹄之下，德国联合意大利与日本签订了三方同盟。这期间，日本一直在亚洲单打独斗，发动血腥战争。由此，轴心国做起了统一全球的美梦。"这一仗准赢，"希特勒对墨索里尼说，"只是时间问题而已。"

他似乎夸下了相当大的海口。此时的英国继续孤军奋战，丘吉尔对下议院说："我们为众生而战，每时每刻都在力求生存。"自从纳粹德国空军被皇家空军打败之后，德国企图横渡英吉利海峡入侵英国的计划一推再推。取而代之的后果是，虽然皇家空军飞行员3个月内击落近2 500架德军飞机，击毙6 000名纳粹德国空军飞行员，从而拯救了这个国家，但从1940年起，号称闪电战的德军轰炸却始终不曾间断，屠杀了成千上万的英国平民。

丘吉尔也得到了罗斯福的援助。罗斯福虽承诺美军不参战，但他推动美国放弃中立。罗斯福的心腹哈里·霍普金斯向丘吉尔代为转达了他真挚的慰问。1941年1月，霍普金斯援引《路得记》（*The Book of Ruth*）中的话对丘吉尔说："无论你到哪里，我随你左右，你在哪里，我就在哪里；你的子民就是我的子民，你的上帝就是我的上帝。哪怕是天涯海角。"罗斯福送给丘吉尔50艘驱逐舰，换取英国在加勒比和西大西洋的军事基地。1941年春，他推动国会通过一项为同盟国提供战争物资的租借法案。截至战争结束，美国共援助同盟国3.7万辆坦克、80万辆汽车、近200万支步枪、4.3万架飞机。因飞机短缺，美军飞行员的训练科目一减再减。不过，1941年，用帝国参谋总长艾伦·布鲁克将军的话说，英国"陷入了绝境"。

另一方面，希特勒大失所望，西班牙拒绝加入轴心国，或者说是拒绝放弃中立，不允许德国进攻驻守直布罗陀的英军堡垒，后者扼守地中海入口。1940年10月28日，意大利军队在不告知柏林的情况下擅自入侵希腊。"元首，我们已经出征！"墨索里尼大声宣布，但很快就发现自己招架不住，以至于德军不得不插手收拾烂摊子，击退一支计划欠周、被派去拯救巴尔干国家的英国远征军。1941年4月，希腊沦陷。一周之后南斯拉夫也沦陷，德国空军在一天之内炸死了1.7万余名南斯拉夫人。

墨索里尼同时出征非洲，从意大利殖民地利比亚进攻仍由英军占领的前英国保护国埃及。1940年12月，英军联合澳大利亚军队反攻，重创两倍于己的意大利军队，一举歼灭15万敌军。轴心国南翼岌岌可危，希特勒又回过头来救墨索里尼，派早前指挥驻波兰大本营的魅力超凡的装甲司令艾尔温·隆美尔，带领一支新组建的非洲军团远赴利比亚。隆美尔将军于1941年5月中旬抵达的黎波里，发动了一场持续两年、纵横北非沿海的战役，先是进攻英军，继而进攻美军。

1941年，两件彪炳史册的大事改变了战争格局。第一件事发生在6月22日，希特勒撕毁与苏联领导人约瑟夫·斯大林在1939年签署的、答应他分东欧一杯羹的《苏德互不侵犯条约》，出动近200个师的兵力入侵苏联。德军在一天之内摧毁了苏联四分之一的空军，4个月内占领60万平方英里的苏联领土，俘获300万红军，屠杀了无数犹太人和平民,将战线推进到距离莫斯科仅65英里之内。但4个月后，德军20万余人阵亡，72.6万人负伤，40万余人被俘，另有11.3万余人因冻伤而致残。

第二件大事发生在地球的另一端。同年12月7日，日本航母出动366架飞机，偷袭位于珍珠港的美国海军太平洋舰队，炸沉或炸毁锚泊的8艘战舰，摧毁11艘其他舰只，2 400人死于非命。同一时间，日本还进攻了马来西亚、中国香港和菲律宾。为声援日本盟友，希特勒和墨索里尼立即向美国宣战，这或许是元首最大的失策，一如英国历史学家马丁·吉尔伯特所写，这是"'二战'中最具决定性意义的行为"。因为这样一来，正如1917年"一战"中那样，美国肯定会作为交战国重返欧洲。

"获悉美国卷入战争，"丘吉尔事后写道，"我怀着蒙救和欣慰的心情上床睡了一觉。"

★★★

距离德国入侵波兰已过去2年3个月又7天，美国本应好好利用每一分钟积极备战。然而丘吉尔派驻华盛顿的首席军事代表、陆军元帅约翰·迪尔爵士向伦敦报告，备战序幕虽长，美军"应战之仓促却令人难以想象"。

1939年9月1日，论规模和作战能力，美军排名第17位，居罗马尼亚之后。在德军出动136个师占领西欧9个月后，美国陆军部一份报告称，自己只能投入5个师。美国就连本土防御能力都不堪一击：一部分沿海守军20年内没动过真刀真枪，陆军高射炮不足，甚至守不住一座美国城市，陆海空三军形同虚设。

这项任务启动时，他们首先在1940年秋征兵1 600万，军种涵盖陆军和国民警卫队。不过，新兵和刚刚并入联邦的警卫队各部的服役期限按律为12个月，而且服役范围只限西半球或美国本土。体检标准同样相当严格，但不多久，新兵请求军方不要检查视力，只点人头。应征新兵要求高于5英尺（约1.52米），体重达105磅（约95斤），不少于12对牙齿，没有扁平足、性病和疝气。但不合格的应征者仍不下40%，足见经济大萧条对国民健康的影响。

按征兵条例，军队不得征收为人父者、重刑犯和不满18岁者，这些条例同样沦为一纸空文。有近200万人因精神疾病不合格，尽管筛选期间往往仅以"你喜欢女孩吗？"这类问题走个过场，一位官员暗示，鉴于"军队不愿征收心理异常或异于常人的士兵"，不合格率相当高。

一项1940年10月的盖洛普民意调查显示，民众普遍认为美国年轻一代"散漫懦弱、耽于安逸、玩世不恭、意志消沉、思想左倾"。一位社会学家断定，"要将一名不羁的美国公民培养成士兵，无异于驯服一头兽性十足的野兽"。对这一说法，许多教官深表认同。1941年12月7日之前，对美国人而言，所谓的"敌人"既抽象又遥远，美军对他们没有刻骨之恨，也没有与之交战的冲动。据《时代》周刊报道，珍珠港前夕，士兵还对罗斯福和陆军参谋长乔治·C.马歇尔将军的新闻纪录片嘘声一片，而对不参战主义则大声表示支持。

装备和武器也不容乐观，士兵训练时以排水管当反坦克炮，以大礼帽当迫击炮管，以笤帚当步枪。采购武器需要大量经费，美军资金短缺，而且轻武器远比重武器便宜，所以采购轻武器较多；而每款武器都要钱。1939年他们只造了6辆中型坦克。一首讽刺小调唱道："坦克就是坦克，坦克很珍贵，今年也不会有坦克。"这从一个侧面反映了他们对战马的忠贞不渝。即使德军闪电战标志着机械化战争的到来，《骑兵杂志》在1940年依然载文道："大军迅速出击不过是一句空谈，燃油和轮胎可不像饲料那般俯拾皆是。"1941年，陆军骑兵司令向国会保证，4名一字排开的骑兵可以进攻半英里的开阔地带，不损一毫一发即可捣毁一个敌军的机枪点。珍珠港事件4天前，他对美国骡马协会说："这帮汽车狂是鬼迷心窍，妄想将战马排除在战争之外。"事实上，连最后一个陆军骑兵团也贱卖了自己的坐骑，以飨菲律宾巴丹忍饥挨饿的驻军。一阵就餐铃，就这样轻描淡写地为骑兵时代画上了句号。

1940年动员令发布之初，美国陆军只有1.4万名职业军人，后来却发展成多达800万的大军。两次世界大战间的美军实属一帮乌合之众，一位权威人士称之为火灾隐患；轻便手杖这种旧军队的法宝，只配充当烧火棍。以反腐委员会著称的陆军部秘密委员会着手清理了数百名昏庸无能的年迈军官。1941年在职的军官，没有一个人曾在"一战"中指挥过一个师的兵力，校官平均年龄48岁。国民警卫队则更加僵化保守，近四分之一的中尉年过四十，高级职务多由没有从军经历的政客掌握。此外，18个州的国民警卫队均劣迹斑斑——贪污、弄虚作假、收受回扣和任人唯亲。

不过，这位巨人在渐渐苏醒。1940年，国会为军队拨款90亿美元，远超自1920年来陆军部军费的总和。这座传说中的民主国家的兵工厂渐渐发展壮大，尽管1941年生产的军事物资有近一半到了租借法案受益者的手中（包括租借给苏联1.5万副截肢锯和2万把截肢手术刀）。一大批有为的职业军官开始崭露头角。2年3个月又7天的备战期结束，现在到了开战的一刻。

★★★

不过，从何下手？20世纪20年代初，美国军事家认为最有可能的敌人是东京，因为美国和日本都觊觎太平洋霸权。但在1938年，美国与英国进行了一系列非正式会晤，两国之间的友谊日益增进。在英国的影响下，华盛顿日益深信德国极为可怕，大西洋航道应始终控制在友军的手中。在所有潜在的敌人中，德国拥有雄厚的工业基础和军事实力，因而成为美国的心头大患。美国在1940年12月的一份战略报告中指出，如果英国战败，"我们将面临严峻的问题，或许我们哪里都不会输，但同时我们哪里也不会赢"。

经一改再改，美国的作战方案最终确定为"彩虹5号"战略计划：倘若美国参战，1941年春由美国、英国和法国实施联合行动，会合较早前派去的美军部队，"一举消灭德国或意大利，或一箭双雕"。驻守太平洋的部队留在原地作为战略防守，直至欧洲敌人缴械投降。即使珍珠港全军覆没，也没有动摇罗斯福及其军事顾问的信念，他们始终认为要"先取德国"，这仍是"二战"中最关键的一项战略原则。

珍珠港上空的硝烟尚未散尽，丘吉尔即抵达华盛顿作进一步的会晤。这次代号为"阿卡狄亚"（ARCADIA）的会议未能拿出一个具体的英美进攻方案，但首相和总统重申了"先取德国"的决定。此外，1942年1月1日，26个自称"联合国"成员的国家签署了一项协议，声明在达成一致意见前，绝不单方面与法西斯集团媾和，并且以谋求"生命、自由、独立、宗教信仰自由、维护人权和正义"为己任。

美国人摧毁第三帝国的计划简单而直接：直捣柏林。陆军参谋长马歇尔将军宣布："借道法国这条捷径直捣德国的心脏。"法国西北部沿岸距德国首都不过550英里，平坦的土地上纵横交错的公路和铁路网也是切断德国战争工业的关键。倘若希特勒是攻击目标，美国人的本能"无疑是尽快借这条捷径，将他生擒活捉"。一位英国军官说，美国佬"好大喜功，他们想报仇雪恨、他们想打仗"。

集中火力是尤利西斯·S.格兰特在内战流传下来的美式作战方针。要想取胜，最稳妥的办法莫过于彻底歼灭敌军，打得他们无力翻身，再也无法重新发动战争。作为世界上最有实力的工业大国，且拥有一支1 200万士兵的军队，美国有获胜的实力，尤其是现在，美国和英国、苏联、中国结成了强大的联盟。对此，一位出身堪萨斯州的青年美国将军道出了憋在美国人心中的怒火，他的勤奋程度、组织才能和灿烂笑容让他成为陆军部的后起之秀。"我们必须去欧洲作战，"1942年1月22日，德怀特·艾森豪威尔在日记中写道，"我们不能再浪费全世界的资源，更不能再浪费时间。"

身为陆军参谋部新任作战计划局长，艾森豪威尔协助起草了变战略冲动为行动的蓝图。1942年春，一项分三个部分的美国提案终成定稿。按此代号为"波列罗"（BOLERO）的计划，美国将用一年的时间，运输军队和物资横穿大西洋,到英国筹建基地。按"围歼"(ROUND UP)计划,他们将在1943年4月集结兵力,在5 800架飞机的增援下,出动美国和英国48个师,横渡英吉利海峡,登陆法国,先头部队之后夺取比利时港口安特卫普,再向莱茵河推进,倘若登陆前德国仓皇撤退,或苏联在东线吃紧,需要牵制敌人,将启动代号为"大锤"(SLEDGEHAMMER)的计划,于1942年秋出动5~10个师的兵力,发动一次小规模的"紧急"突击,占领法国滩头,可能是瑟堡或加莱,尽可能多地牵制德军。

丘吉尔和手下的司令官原则上一致赞同1942年4月的作战计划,随后即刻动身回国。在这场战争中,英国被逐出欧洲大陆已达3次,分别在敦刻尔克、挪威和希腊,他们不愿冒第4次败北之险,仓促横渡英吉利海峡,发动进攻。"我们会再度被赶出欧洲大陆。"艾伦·布鲁克警告说。眼下驻扎在法国的德军不下24个师,德军可以调整内陆战线,从东线调动部队,追加兵力,封锁盟军的任何一个滩头。

"大锤行动"着实难为英国,此行动出动的兵力多为英军,而美军此时仍在横渡大西洋。一项对英吉利海峡此前10年天气的研究表明,一如1588年西班牙舰队全军覆没时的天气,秋季频繁的大风或许会让盟军远征军栎断樯折。与此同时,轴心国在空中占有6对1的优势,可以3倍于盟军的速度增援进攻地点;驻法德军很可能根本不需要苏联前线的增援,就可以封锁或剿杀盟军桥头堡,因为后者不堪一击,甚至被一些怀疑人士称作"小钉锤"。在北至北极圈、南至比斯开湾的西班牙边界,希特勒已动手建设了一道庞大的沿海防御工事,不少设计者认为欧洲壁垒坚不可摧,在他们看来,盟军只能登陆利比亚,即非洲西海岸的中段,由此打开一条通道。

丘吉尔和手下的各路司令一样忧心忡忡。"他惊恐地否决了一切正面进攻欧洲的提议。"一位英国将军事后回忆道。首相警告说,盟军如果兵败法国海岸,"我们就很可能输掉整场战争"。即使急于讨好从北美洲远道而来的救星,他也没有忘记"一战"中的百万亡灵。他认为,登陆一次法国,就要损失50万条人命;如果失败,他们就白白牺牲了。"漂浮在英吉利海峡上的尸体在他心头挥之不去。"乔治·马歇尔事后说道。提到"大锤行动",马歇尔认为这是帮助苏联人的"亏本买卖",简直让人如鲠在喉。

美国首推的战术是集中兵力打一场大规模会战,而英国却恰恰相反,他们本能地想要避免大规模登陆战。几个世纪以来,英国凭借庞大的海军队伍保护本土,维护英国遍布全球的利益。英国惯于持久战,尽量降低损失和风险,以谋制胜,将战火限制在帝国的外围。1914～1918年身陷堑壕战的绝境,则是英国战略原则的一次例外。丘吉尔甚至希望,通过包围和压制希特勒的帝国,盟军可以扶植被德国奴役的欧洲民众起来反抗,民众的反抗将使德军元气大伤,此时英美联军就可以一举消灭疲于奔命的德国。

北非看来是实施这一计划的理想之地。1941年8月,英国军官首先提出英美在此采取联合行动的可能性。当年年底在华盛顿举行的"阿卡狄亚"会议期间,丘吉尔重提了这一设想,这项计划当时的代号为"超级体育家"(SUPER GYMNAST),凭着传教士般的孜孜热忱,他整个春天都在翻来覆去地提出这个议题。

每逢说到一个重点,首相以他标志性的雪茄一指,向在场的众人一一陈述种种裨益:占领摩洛哥、阿尔及尔和突尼斯,可以围歼陷于新英美联军和在埃及抗击隆美尔的英国第八集团军之间的德国非洲军团;北非的盟军领地可以重启穿越苏伊士运河的地中海航线,缩短目前绕道好望角的数千英里的航程,节省高达百万吨位的运力;初上战场的美军士兵不必承受正面进攻法国之苦,且能积累作战经验;这次行动所需的登陆艇和其他战争物资少于横渡英吉利海峡;维希政府说不定会重返盟军阵营;为了实现罗斯福尽快援助苏联、实现盟军参战的愿望,此次行动可以提前到1942年。

序　幕　北非：美国的发家之地

"这始终与你的观点一致，"丘吉尔对总统说，"其实，这是你首推的意见，是1942年名副其实的第二前线。"

此计划却遭到美国军方上下的强烈反对，他们认为北非是失败主义者在外围玩弄的一个游戏，纯粹是分散兵力。早在珍珠港事件前，陆军部的一份备忘录就曾经声称，出兵北非不过是为"粉碎纳粹助兴罢了"。1942年的上半年，美军的这一信念愈发坚定。1942年的另一份备忘录断定，登陆北非"不可能促使德军调动其在苏联前线的一兵一卒、一辆坦克或一架飞机"。

在众多美国军官看来，英国的提议与其说是速战速决，倒不如说是实现伦敦的帝国野心。数个世纪以来，地中海和联合王国及其在埃及、波斯湾、印度、澳大利亚和远东的利益休戚相关。尤其是日军横扫香港、新加坡和缅甸，直逼印度后，"美国人要为保卫大英帝国血洒疆场"这老一套的猜忌重新在华盛顿盛行。美军军官又想起1917年一个辛辣的段子："AEF"一词代表的不是"美国远征军"（American Expeditionary Force），而是"步英国失败的后尘"（After England Failed）。

1942年6月中旬，丘吉尔再次出访华盛顿后，这对兄弟间的龃龉愈演愈烈，英美进入了事后证明是这段战争联姻中最不痛快的几个星期。同年7月10日，马歇尔和海军战争部长欧内斯特·J.金上将向罗斯福提议，英国如果硬是要在北非"分散兵力"，"那美国应在太平洋对日本采取果断行动"。这位一度被罗斯福斥为急性子的上将进一步嘲讽道，英国绝不会进攻欧洲，除非"跟在一队苏格兰风笛手后"。罗斯福认为他们如此抨击先取德国的计划太无礼了；他要求马歇尔和金当天下午就送来详细的"太平洋作战"方案，但他其实知道这套方案根本就不存在。

罗斯福高深莫测、不露声色，他手下的各路将领往往要通过英国人去了解他的想法。在一些将领心里，罗斯福非但没有听取自己军方智囊的意见，反而愈来愈听信丘吉尔的蛊惑。虽然罗斯福没有阐明自

15

己的作战方针，但这些方针很可能已经被记录下来，其中最主要的一条方针是在5月写下的："苏军剿杀的轴心国官兵、摧毁的轴心国物资，超过其他25个联盟国的总和，这是一个不争的事实。"陆军部现在估计，苏联红军要抵抗225个德军师，仅6个德军师在埃及对抗英国。如果苏联抵挡不住，希特勒将获得高加索和中东取之不尽的油田，况且几十个在东线作战的德军师可转而增援西线。陆军部的分析人员认为，战争会持续10年，届时美国要投入200个师，现在行动兵力则可节省一半。租借法案将体现英美对支持苏联抗战的诚意。自5月允诺莫斯科，美国"有望"年底前开辟第二战场后，罗斯福于7月告诉手下的副官："如果美军地面部队在1942年对敌人采取行动，将具有极为重要的意义。"

其他因素同样影响总统的想法。珍珠港事件一年半后，固守孤立主义的美国人仍在质问美国为什么要攻击轴心国。12月的国会大选要提交一份事关罗斯福这个作战领袖的全民公决，民意调查显示，他和民主党可能要落败。伦敦特拉法尔加广场和各地的示威者喊着"快开辟第二战场"，以声援兵临城下的苏联人。占领非洲，盟军可消灭轴心国或将建立的进攻南大西洋航路、甚至攻打美国的基地。太平洋战争虽不能为盟军翻牌，但稳定了战局，可实施"彩虹5号"计划中的战略防守；但除非在大西洋对岸另开辟一条战线，否则美军将流入太平洋。同年5月，美国海军在珊瑚海攻击了一支为开赴所罗门群岛和新几内亚侵略军护航的日本舰队，双方损失大致相当。一个月后，4艘日军航母在中途岛被击沉，标志着美军在这场战争中首次获得明确胜利。盟军首次反击日本的"瞭望塔行动"（WATCHTOWER）即将拉开帷幕，1.6万名美军官兵将登陆所罗门群岛的瓜达尔卡纳尔岛。

但是，打击德国和意大利的战役却始终举棋不定。德军已越过顿河，直逼伏尔加河上的斯大林格勒。除英国和西班牙、瑞典、瑞士等几个中立国外，欧洲已悉数臣服轴心国。在埃及，德国的非洲军团距埃及港口城市亚历山大和尼罗河谷这两个通往苏伊士运河和中东油田的门户仅有60英里。

在开罗，难民们涌向火车站，吓破了胆的英国官员忙着焚烧秘密文件。经过旷日持久的围困，隆美尔俘获了驻利比亚港口城市托布鲁克的3万名英联邦士兵。希特勒为此奖励了他一根陆军元帅权杖，对这一奖赏，隆美尔答道："我要再接再厉，进军苏伊士！"

丘吉尔获悉托布鲁克的坏消息时，碰巧就在罗斯福的椭圆形办公室。读着这条消息，丘吉尔后退了半步，红润的脸顿时变得苍白。罗斯福的反应是让身处危难之中的朋友为之动容的慷慨姿态。"你需要我们提供什么援助？"总统问道。

从短期来说，美军能够也确实做到了。他们从刚刚装备第1装甲师的新谢尔曼坦克中抽调了300辆，运送给驻守埃及的英军。马歇尔、海军上将金和哈里·霍普金斯一起飞抵伦敦，回访丘吉尔，作进一步战略谈判，但谈判僵持不下。美国人也不得不承认，在那年横渡英吉利海峡发动进攻是不可能的。为了缓和气氛，3个美国人回国前，英方带他们去参观了英国护国公奥利弗·克伦威尔的塑像和伊丽莎白女王的戒指。

罗斯福无法再等，眼下已经到了打破旷日持久的僵局并参战的时刻。7月25日，在告知其高级军事顾问及丘吉尔美国打算攻打欧洲的计划后，他关起门来拒绝作进一步的探讨。7月30日上午8点30分，他将副官召集到白宫宣布了他的决定。鉴于他是总司令，他的话一锤定音：北非"目前是我们的首要目标"；取消进攻法国的"大锤行动"；进攻非洲"越快越好"，最好在两个月内。

总统完全抛弃了他的将军和上将的建议，做了一个意义深远的战略决策。与其说他相信自己的同僚，倒不如说他将赌注押在了英国人身上。他打破了美军直捣敌人心脏的惯常战略，认为欲击杀敌人，应先断其四肢。他凭直觉和对时局的判断发布了指令。

选择登陆北非的"火炬行动"方案,罗斯福也有不少失算之处。他对马歇尔的一再警告充耳不闻,认为即使在1942年将兵力分散至北非,1943年横渡英吉利海峡的登陆战依然有可能发生。他不能高瞻远瞩,没有预料到地中海围剿战将消耗掉其他无形的战略资源。在随后的3年里,不下100万名美军官兵和数百万吨物资将沉入地中海,大大损害了美国在英国人心中树立的形象。他还一再辩称:"打败德国就是打败日本,兴许不用再发一枪一弹或伤一兵一卒。"

尽管如此,总统的决策就算不十分明智,但也不无道理。说到横渡英吉利海峡,布鲁克说:"胜算较小,况且取决于许多未知因素,惨败的概率更大。"美国战略规划人员认为英国支持"火炬行动"的原因出于"被诱导而非理性选择",而美方的"大锤"和"围歼"计划则两者皆非。正面进攻的时机尚未成熟,但其拥趸却如此多,这种现象说明美国的战略思维仍显青涩,还需经历战争的锤炼。

美国军方人员大多数被满腔热情与急功近利的欲望驱使,这二者不是不能助美军取得最终胜利,但前提是他们能在战役和战术上得到足够锤炼。一位将军后来说,美国军需官们连这座法国港口在哪里都不知道,更不用说码头的具体情况和军队该从何处登陆;然而他们却信誓旦旦地说可派10个师支援盟军登陆瑟堡。仅出动一个装甲师就需要动用45艘运兵舰和补给船,外加战舰护航;出动50个师登陆所需的舰只远超盟军现有的能力。与此同理,登陆艇这个关键问题也被完全无视。"谁来负责制造登陆艇?"1942年5月的一份备忘录中,艾森豪威尔写道。有人估计登陆法国至少要7 000艘登陆艇,还有人认为这一数字要三倍于此,但严峻的事实却表明,截至1942年秋,英方的登陆艇总共只够运送2万名官兵。美国陆军部的一项研究还断定,将一定数量的德军诱出苏联前线,至少要向法国投入60万兵力。"你们当我们横渡英吉利海峡是要去勒图凯打牌,或是去巴黎海滩游泳还是怎么着!"布鲁克怒气冲冲地说。

序　幕　北非：美国的发家之地

罗斯福虽然事实上拯救了一腔热情的同胞，但他的决定却遭到全国一片反对甚至唾弃，在接下来的几十年间饱受争议。后来提及同僚时，马歇尔说："我们万万想不到，一位民主党领袖必须得取悦于民。"艾森豪威尔认为，应将取消"大锤行动"当作史上最黑暗的一天载入史册。相比其他暗无天日的日子，这一说法实属天真、过于夸张了。美方许多高级将领与一帮英国伙伴的分歧，从8月末一封陆军部的电报中即可见一斑，电报指出，"中东能守则守，守不住会因祸得福也未可知"，让英国人罪有应得，醒醒脑子。

但最终决策已定。用艾森豪威尔的话说，"举棋不定的摸黑时期"终于告一段落，僵局已被打破。亟待解决的问题不胜枚举，上至登陆大军的规模和构成，下至登陆的时机和地点。8月初，"火炬行动"的计划人员移师伦敦圣詹姆斯广场诺福克酒店的办公室，统归最近从华盛顿派往伦敦任欧洲战场总司令的艾森豪威尔领导。出于示好，且料到美军日后的力量，英方提出盟军由应美国人来指挥。丘吉尔提名马歇尔，但罗斯福不肯放走这个臂膀。而艾森豪威尔已身在海外，并且勤奋拼搏，令人印象深刻。因此，在8月13日，他受命担任"火炬行动"的总司令。

白天越来越短，转眼到了1942年秋，前线传来的消息却不容乐观：

> 德军已抵达伏尔加河，斯大林格勒保卫战打响了第一枪。德军潜艇运用狼群战术横冲直撞，无数舰只被击沉，其速度远快于美军造船厂建造的速度。一支往苏联北部运送补给的船队，40艘船中损失了13艘，尽管有一支77艘舰只组成的舰队护航。在远东，中国的抗日战争形势日益严峻。所罗门群岛的战斗将瓜达尔卡纳尔岛夷为废墟。苏伊士运河岌岌可危。美军参战伊始，7艘航母就损失了4艘。英美同盟间的龃龉日益加深，还未等到和共同的敌人交手，这一联盟的根基就已动摇。

恐怕只有先知或盲目乐观者才能猜到这些不祥之兆预示着胜利。盟军尚未胜利，但他们即将走向胜利。黑夜终有尽头，大潮终有消退之时。趁着退潮之际，一支大军将涉水登陆非洲，决心扭转这个误入歧途的世界。

第1章
枪声响的地方就是前线

罗斯福启动了"火炬行动",意在歼灭北非的德意军队,占领法属摩洛哥和阿尔及利亚,最后夺取突尼斯。但法国在此三处驻军20万,他们是否会抵抗盟军的入侵?崭露头角的美军将领、七拼八凑的美国杂牌军,在1942年11月8日午夜,和英国混合成10万大军,搭乘500多艘舰艇,兵分三路奔赴北非。如此招摇的舰队如何躲过精明狡诈的纳粹侦察机?一场最大规模的两栖作战在前方等候他们。

PASSAGE

A Meeting with the Dutchman
★★★

"火炬行动"方案

　　1942年10月21日星期四上午10点左右，一架双引擎海军运输机冲破华盛顿天际密布的阴云，在流经华盛顿的波托马克河上空一摆机身，斜刺飞向阿纳卡斯蒂亚机场。在远方国会大厦的圆顶隐约映入眼帘之时，亨利·肯特·休伊特少将轻轻舒了一口气。黎明前，休伊特决定从诺福克附近的司令部乘机飞抵华盛顿，免受驱车5小时横穿弗吉尼亚之苦。突然，阴云笼罩，机身在首都上空焦急地盘旋了一个小时，寻找云层中的突破口。这一耽搁，即便是极有耐性的休伊特也按捺不住了。罗斯福总统亲自召见他前往白宫密谈，虽说这次会议不过是礼仪性的召见，但身为"美国解放欧洲打头阵的大将"的休伊特认为，自己万不可让总司令久候。

　　从外表看，休伊特不像个军人，时年55岁的他额头凸出，头发花白，一副双下巴形同挂在脖子上垂下来的鱼篓。一身军常服的他出现在军舰驾驶台上，一位英国海军上将曾亲切地称其为"穿军装的肥佬"，似乎也不无道理。即使这天早上他身着礼服，袖口上饰以海军将领的

22

金穗带，但仍略显窝囊。休伊特是土生土长的哈肯萨克人，父亲是机械工程师，祖父是特伦顿钢铁厂前董事长，一位叔叔是纽约市前市长，另一位则任大都会博物馆馆长。但休伊特却选择了从军。据说，在安纳波利斯帆具舱做海军军校生的日子，患有恐高症的他恨不能"挤出索具中的焦油"。年轻时期的他喜欢跳一步舞，近几十年来却爱摆弄量尺或出入共济会。

然而，休伊特最终成为一位老练的水兵，曾乘美军军舰"密苏里"号，随西奥多·罗斯福的大白舰队环球航行了15个月。他精通航海，且运气非常不错。身为"一战"中的驱逐舰舰长，他骁勇善战，获过海军十字勋章。此后，他也曾担任海军学院数学系主任，在德国入侵波兰后的两年间，他负责护送来往纽芬兰和冰岛、运输战争物资横渡北大西洋的船队。

1942年4月，休伊特奉命前往汉普顿锚地（位于弗吉尼亚州，是世界最大的海军基地，包括诺福克海军基地、诺福克海军造船厂、小克里克海军两栖基地、奥申纳海军航空基地和约克敦海军武器基地。——译者注）任大西洋舰队新组建的两栖作战部队指挥官。那年夏天，罗斯福启动"火炬行动"，意在夺取北非。两支舰队要将10万余人送往登陆海滩。一支舰队要从英国远渡2 800海里去阿尔及利亚，多半是运送美军的英国舰只。另一支命名为第34特遣舰队，隶属休伊特的麾下。他要带领100艘美国军舰，33 843名美军，从汉普顿锚地等美国港口出发，航行4 500海里远赴摩洛哥。10月13日的一条电报中，"火炬行动"总司令艾森豪威尔将军将这次任务总结为一句话："此次行动的整体目标是占领法属摩洛哥和阿尔及利亚，尽快夺取突尼斯。"罗斯福和丘吉尔早就为盟军确定了"火炬行动"的大方向：控制大西洋到红海一线的北非。

透过机翼上方的一扇小舷窗，可见首都小阳春的美景。从林肯纪念堂四周的榆树到国家大教堂外的橡树和枫树，都染上了猩红、橙黄、琥珀色和枯黄等斑斓色彩。飞越波托马克河的途中，可见阿灵顿公墓与波托马克河之间新建的五角形建筑。谈起这座五角形的庞大迷宫，民众已经开始打趣道：西部联合电报公司的见习生周五走进五角大楼，下个周一出来就成了中校。尽管如今它号称世界第一大建筑，但军方仍在市区租了35座办公楼，看不过眼的人揶揄道，军方要是像迅速占领华盛顿那样拿下敌军地盘，准能在一个星期内结束战争。

飞机降落在跑道上，缓缓滑向机库。休伊特扣上夹克，匆匆下了舷梯，走向一辆等在柏油路上的海军指挥车。车驶出机场大门，过了安那考斯迪亚河，直奔宾夕法尼亚大街。踏入白宫前，休伊特尚且有充分的时间取道市内的海军部去查看情报。

他常说："竭尽全力，然后往好处着想。"自接到第34特遣队这一绝密命令以来，他可谓殚精竭虑。每天都有许多问题要解决，要不断纠正错误，安抚士兵的焦虑情绪。"火炬行动"登陆演习十分仓促、混乱。鉴于轴心国一个月内击沉了近200艘盟军舰只，其中不少是在美国沿海被击沉的。因此，一切两栖作战训练都转移到了切萨皮克湾内，那里潮缓浪平，不像摩洛哥沿海那般惊涛骇浪。演习中，切萨皮克湾内风平浪静，星稀月朗，还有一座灯塔，但却只有一艘船抵达指定海滩，其他船只则四散在马里兰沿海数英里处。在诺福克以北90英里的科夫角的一次训练中，纪律涣散，士兵们蜂拥上岸，迎接他们的是一位颇有经商意识的冰激凌小贩。在苏格兰，准备登陆阿尔及利亚的演习也好不了多少：训练时并没有真船真舰等"累赘"作演习之用，部队只能徒步穿越一片假想的海洋，登陆假想的海滩。

维希政府在北非的8个法国师是否会抵抗？无从知晓。盟军情报部门估计，这些部队倘若拼命抵抗，艾森豪威尔的部下前往突尼斯的行程就要耗时3个月。倘若法国的潜艇在大西洋航线上攻击一艘美国的运输船，那需要多少艘驱逐舰才能救起生还者？休伊特不敢肯定，自己能否作出痛苦的抉择，以避免危及特遣队。一想到要抛弃落入水中的士兵，他不禁心如刀绞。远征军的行动是否会走漏风声？每天他都接到报告称某人在某地正对此事津津乐道。两栖作战部队成立最初几个月，登陆被封的机密一直被严守，彼此通讯时也仅用一个邮箱作通讯地址。了解休伊特作战目标的人屈指可数，但一支意在夺取敌军海滩的庞大舰队，要想深藏不露，简直比登天还难。就在几个星期前，休伊特还收到了沃尔特·迪斯尼的一封信，信纸的信头凸印着"斑比：一段美妙的爱情故事"，信中提出要为两栖作战部队设计图标。休伊特秉持一贯的绅士做派，在10月7日的回信中礼貌地表示了谢绝。

指挥车缓缓驶过国会山，往独立大道而去。全国范围内的汽油限额配给即将开始，但近3年来，华盛顿的人口翻了一番，如今街上人满为患。咖啡的限额配给可能来得更快，每人定量一天一杯。有些饭馆为了日后多招揽顾客已经开始做咖啡储备，就像非法经营的酒吧在禁酒令之前囤积白酒那样。街角的报童吆喝着当天来自各个前线的头条新闻：瓜达尔卡纳尔岛落潮时分之战；红军在斯大林格勒击退纳粹坦克的进攻；又一艘美国商船在大西洋沉没，这是自珍珠港事件以来被潜艇击沉的第500艘美国船只。国内新闻也脱离不了战争的主题，不过相对还是显得较为平静：纽约首个没有肉类供应的星期二平安无事；身负重罪指控（仅一项）的犯人被敦促保释，以便其报名参军；华盛顿百货商场调查显示，"无论拉关系还是花钱，都买不到一双尼龙袜"。

车停在海军部坚固的灰色大楼前，大楼就在国家广场南面。休伊特下了后座，匆匆走上台阶。他知道尼龙袜的去向。当天早上座机从诺福克起飞，他看见码头工人将5万吨食品、汽油和军需品推进停泊在汉普顿锚地的船舱。密封在那些箱内的秘密货物中，有6吨女袜和亚麻睡衣等，是用来和摩洛哥当地人换购的物品。军需采购人员暗中将东海岸沿线商场的货架扫荡一空。

对休伊特来说，要保守的是另一个秘密。

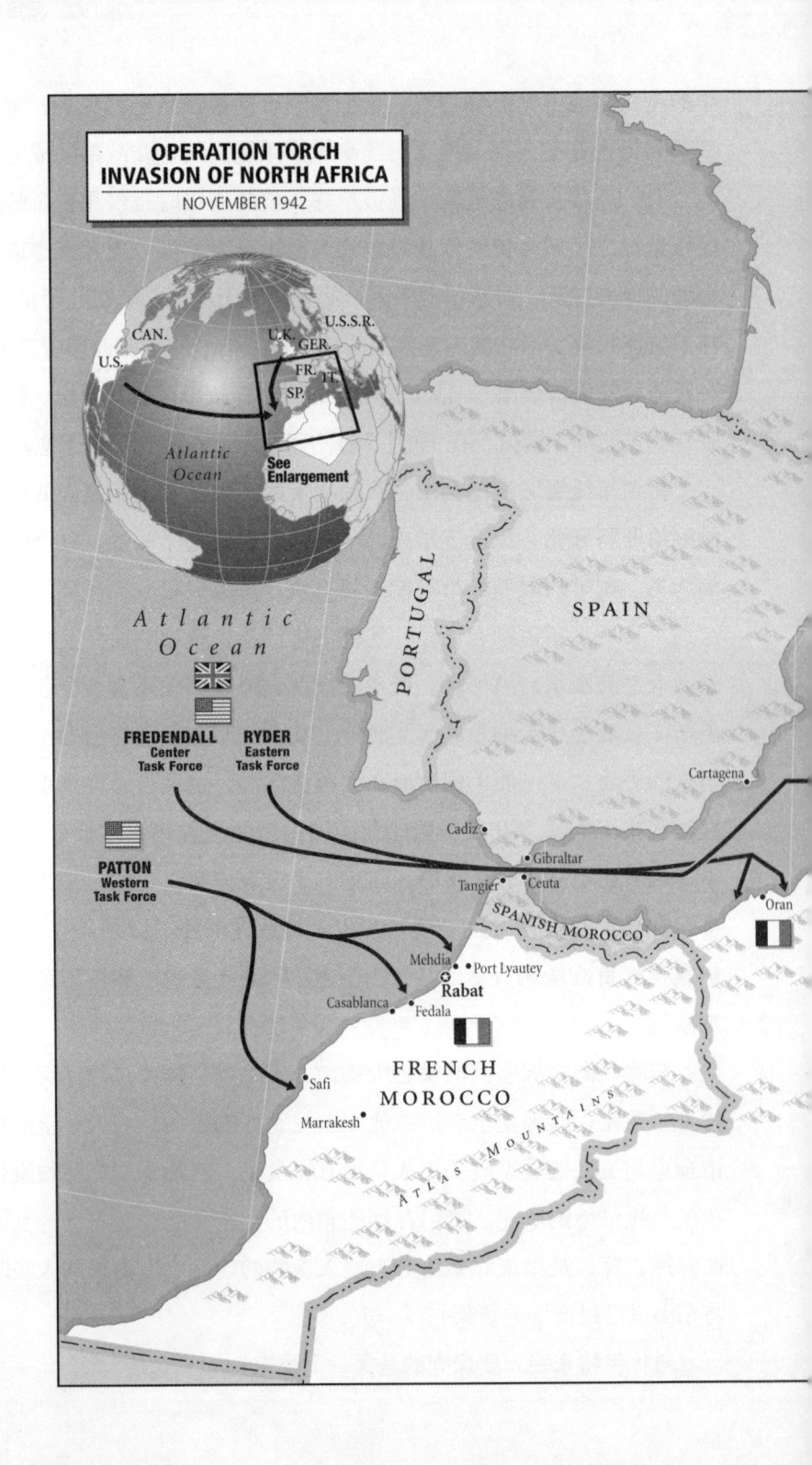

**OPERATION TORCH
INVASION OF NORTH AFRICA**
NOVEMBER 1942

FREDENDALL
Center Task Force

RYDER
Eastern Task Force

PATTON
Western Task Force

Atlantic Ocean

PORTUGAL

SPAIN

Cartagena

Cadiz

Gibraltar

Tangier Ceuta

SPANISH MOROCCO

Oran

Mehdia Port Lyautey
Casablanca **Rabat**
  Fedala

Safi

Marrakesh

FRENCH MOROCCO

ATLAS MOUNTAINS

第 1 章　枪声响的地方就是前线

1942 年 11 月，登陆北非，"火炬行动"

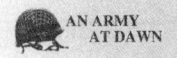

FREDENDALL Center Task Force
弗雷登多尔中路特遣队
PATTON Western Task Force
巴顿西路特遣队
RYDER Eastern Task Force
赖德东路特遣队
ALGERIA 阿尔及利亚
CAN. 加拿大
CORSICA 科西嘉（岛）
DJERBA 杰尔巴
FRANCE(FR.) 法国
FRENCH MOROCCO 法属摩洛哥
GERMANY(GER.) 德国
ITALY(IT.) 意大利
LIBYA 利比亚
MAJORCA 马略卡（岛）
MALTA 马耳他
MINORCA 米诺卡
PORTUGAL 葡萄牙
SARDINIA 撒丁岛
SICILY 西西里岛
SPAIN(SP.) 西班牙
SPANISH MOROCCO 西属摩洛哥
SWITZERLAND 瑞士
TUNISIA 突尼斯
U.K. 英国
U.S. 美国
U.S.S.R. 苏联
YUGOSLAVIA 南斯拉夫
Adriatic Sea 亚得里亚海
Algiers 阿尔及尔
Atlantic Ocean 大西洋
ATLAS MOUNTAINS 阿特拉斯山脉
Bizerte 比塞大
Bone 波尼
Bougie 布日伊
Cadiz 加的斯
CAP BON 卡本半岛
Cartagena 卡塔赫纳
Casablanca 卡萨布兰卡
Ceuta 休达

Cherchel 歇尔谢尔
Constantine 君士坦丁
Fedala 费达拉
Gabes 加贝斯
Gafsa 加夫萨
Genoa 日内瓦
Gibraltar 直布罗陀
Gulf of Gabes 加贝斯湾
Kasserine 凯塞林
La Calle 拉卡列
Mareth 马雷特
Marrakesh 马拉喀什
Medenine 梅得宁
Mediterranean Sea 地中海
Medjez-el-Bab 迈杰兹巴卜
Mehdia 梅地亚
Messina 墨西拿
Naples 那不勒斯
Oran 奥兰
Palermo 巴勒莫
Philippeville 菲利普维尔
Port Lyautey 利奥泰港
Rabat 拉巴特
Rome 罗马
Safi 萨菲
SAHARAN ATLAS
撒哈拉阿特拉斯山脉
Setif 塞提夫
Sfax 斯法克斯
Sidi bou Zid 西吉·布·吉特村
Sousse 苏斯
Spezia 斯佩齐亚
Tabarka 塔巴卡
Tangier 丹吉尔
Taranto 塔兰托
Tebessa 泰贝萨
Toulon 土伦
Trapani 特拉帕尼
Tripoli 的黎波里
Tunis 突尼斯
Tyrrhenian Sea 第勒尼安海

第 1 章 枪声响的地方就是前线

自从 7 月 30 日罗斯福发出最后指示以来，"火炬行动"的形势愈发复杂，计划文件装满了整整两个邮包，每个重达 50 磅。其中有两大问题让英美战略家伤透了脑筋，而自称"固执的荷兰人"的罗斯福总统对这两个问题均强调了自己的观点，且毫无商量的余地。

其一，他坚持第一波登陆不要英军插手。维希法国的反英情绪在过去两年来不断高涨，因英法之间有过几次过节。皇家空军轰炸机打击巴黎郊外的雷诺发电厂期间，意外炸死了 500 名无辜的法国平民。英国插手法国海外领土叙利亚和马达加斯加的独立，唆使戴高乐领导的自由法国进攻法国设在塞内加尔的达喀尔港，结果以失败告终，戴高乐被贝当元帅和法国官员斥为傲慢的叛徒。最要命的是，1940 年 7 月，英国军舰向驻阿尔及利亚奥兰市附近的米尔斯克比尔港的维希舰队发出最后通牒，要求各舰舰长立即驶往英国或中立国港口，以免舰只落入德军之手。该通牒遭拒后，英军立即开火。5 分钟内，英军屠杀了1 200 名法国水兵。

8 月 30 日，罗斯福致电丘吉尔时说道："我有理由相信，英美同时登陆，势必会遭到非洲法军的全力抵抗。反之，如果英国地面部队不参与第一波登陆，那么法国人就不会抵抗，或者只是象征性地抵抗。"为检验这一说法，罗斯福总统委任新泽西普林斯顿一家公司审慎调查北非的民意。一份受调查人员不足 150 人、不十分准确的民意调查结果坚定了罗斯福的信念。

伦敦方面也不乏持怀疑态度者。一位英国外交官认为，罗斯福的"拉法耶特式气概"（马奎斯·德·拉法耶特，1757～1834 年，法国将军、政治家。美国独立战争时，曾率领法军援助美军。——译者注），不过反映了一个多愁善感的美国佬的巴黎情结，"那里堪比美国人希望死后到达的天堂彼岸"。

然而，在登陆非洲还是法国这个大是大非问题上赢得一局的丘吉尔，这时候站到了总统一侧。"我愿听从你的号令，"他致电罗斯福，"这是美国的事业，我们是你们的助手。"总统进一步提议，要英军等登陆一个月后再去北非，但遭到婉拒，因为这项计划需要英国兵紧随美国佬进攻阿尔及利亚。

其二是登陆地点。英方战略家大部分都建议，须在轴心国从西西里和意大利本土赶来建立一个桥头堡前，盟军就要登陆非洲，并在两周内控制突尼斯，这一观点得到了艾森豪威尔的支持。一份英方电报指出："'火炬行动'能否成功，就取决于盟军能否尽快占领突尼斯。"一旦拿下突尼斯，盟军就等于控制了地中海的航运。隆美尔的非洲军团将困死在利比亚，如此一来，盟军在南方就拥有了一个进攻西西里或欧洲大陆的跳板。

这些理由证明，英美应将登陆大军部署到阿尔及利亚沿地中海的海滩，甚至是东至突尼斯的第一大港比塞大。英国三军司令指出，先落脚突尼斯，"我们势必要冒极大的风险"。越往西的登陆地点，越应避之如"瘟疫"，因为之后"向东推进将极为缓慢，给了德军大批抵达突尼斯的可乘之机"。8月末，艾森豪威尔拿出了"火炬行动"的初步方案，登陆地点集中在地中海，即奥兰、阿尔及尔和波尼三个阿尔及利亚港口。

不过，马歇尔将军和陆军部参谋却另有打算。突尼斯和阿尔及利亚东部在西西里轴心国作战飞机的打击半径内，而身在直布罗陀的盟军战斗机却鞭长莫及。在德国空军打击半径内的地点登陆极其危险。况且美军担心希特勒借道中立国西班牙，关闭直布罗陀海峡，犹如收紧麻袋口，将他们困在地中海，来个关门打狗。他们认为摩洛哥的大西洋沿线至少要有一个登陆点，以确保大西洋上有一条不受限制的补给线。

几个星期以来，电报来往频传，艾森豪威尔戏称之为"横跨大西洋的作文比赛"。皇家海军深信，虽然直布罗陀海峡最窄处宽仅8英里，一如英吉利海峡，但绝不会受敌军控制。英方计划人员同时推测，即使马德里同意德军借道西班牙（不过英方认为马德里不太可能同意），德军要想夺取直布罗陀，至少也得出动6个师，且耗时不下2个月。

不过，在美方看来，这样做代价太大。马歇尔认为，"火炬行动"必须成功，否则美军第一次大规模反击战落败只会"落人笑柄，动摇军心"。

罗斯福表示认同。"我要强调一点，"8月30日他致电丘吉尔，"其中一个登陆点必须在大西洋沿岸。"总统一口驳回了轴心国可能于盟军登陆前在突尼斯建防守阵地的观点。他在另一封给首相的电报中重申："我方认为，第一波进攻后的两周内，德国空军和伞兵部队不可能大批抵达阿尔及尔或突尼斯。"

丘吉尔再次默认，尤其是因为帝国总参谋长布鲁克将军和美国人一样忧心忡忡，认为让"休伊特的舰队转而去摩洛哥"是个更为明智的方案。

就算不明智，从短期来看也较为稳妥。但打仗不能急功近利，实施"大锤行动"，无异于让英军去法国海滩自杀；此举将彰显美国人鲁莽到了愚蠢的地步。休伊特手下的第34特遣队要在突尼斯1 000英里外招募三分之一的兵力。登陆大军要兵分两路，一路向东，一路向西，打破一度奉为金科玉律的集中歼灭原则，斩断敌人的手脚。在伦敦，艾森豪威尔转变了"可迅速攻占突尼斯"的观点，认为该目标将遥遥无期。

9月5日，盟军最终决定在摩洛哥的3个地点以及阿尔及尔和奥兰附近的6个海滩登陆。"请务必在大选前落实。"罗斯福指示马歇尔。在这一点上，总统要失望了。因为种种原因，登陆时间的确定一拖再拖，9月21日，马歇尔才终于将时间定在12月8日星期天早晨，即国会大选5天后。

"火炬行动"之大胆令人叹为观止，其凸显的领导人的才智和胆识亦超乎想象。但在这关键的一刻，盟军已无暇多想。

★★★

从海军部出来已是下午 1 点,休伊特发现天气已经转暖,温度接近 21 摄氏度。指挥车接上他,往东上了独立大道,然后向北经过位于第 15 大街的国家广场。

到了白宫,一名特工指挥司机进了东南角的大门,然后领着休伊特兜了个圈,避开了八卦记者。穿过一条狭窄走廊时,这位海军少将看出这座大楼为防止战火而进行了加固。窗户拉上了窗帘,天窗统统上了黑漆。这座易着火的老楼,每个房间都准备了一桶沙子和一把铁锹,外加一个个叠好的防毒面具。乱糟糟的"鱼舱"收藏了总统参加钓鱼大赛的奖品,让这位海军少将想起最近一次见到他的情景。1936 年 12 月,任"印第安纳波利斯"号舰长的休伊特带罗斯福踏上了为期一个月的南美之旅。他清晰地记得,这位乘客从艇甲板上抛下鱼钩,不久就哈哈大笑地拖上来两条鱼。罗斯福给两条鱼取名为"缅因"和"佛蒙特",因为当时竞选连任他在这两个州吃了败仗。

按计划,等待在椭圆形办公室一间拱顶小接待室内的是一位作战司令——小乔治·S.巴顿少将,休伊特将登陆大军送上岸后,将由巴顿来指挥摩洛哥的美军。为了避开媒体记者,他同样绕了个大圈才被送到这里,但巴顿的形象想不引人注目都难。一身笔挺的红绿色军装,裤缝仿佛刀锋般坚硬,他形象高大,外表整洁。他左手拿着一副手套,十足一位准备开赴疆场的军人。

即使和巴顿握了手,彼此微笑示意,休伊特仍然不能理解这个怪人。他显然是一位天赋异禀、魅力四射、为荣誉而战的军人。但那种魅力维持的时间十分短,他很快就会口出狂言,露出桀骜不驯的一面。战争后期,参谋们提出,从发布登陆指令到舰队启程,至少要 6 个月时间准备;而眼下这个慢半拍的决策,只给了第 34 特遣队 7 周时间准备,而这是美国史上最复杂的一次军事行动。看来乔治·巴顿故意要让每时每刻都变成煎熬。尽管巴顿口口声声骂"华盛顿那帮该死的白痴",但他非但不将司令部迁至汉普顿锚地,反而继续待在华盛顿国家广场军需大厦顶楼宽敞的办公室里。休伊特怒不可遏地写道:"我已经多番写信告知,请你务必尽快来见我们!"陆军谋士完全没有咨询海军的意见,就提议了摩洛哥的登陆地点:一处没有海滩,另一处则是布满诡雷的浅滩。

最近几天,巴顿终于从华盛顿"移驾"诺福克,但他仍质疑海军军官们,说他们是"一帮响尾蛇",其中矛头直指休伊特。休伊特先是困惑,继而恼火,最后恐慌起来。8月的满腹牢骚最终升级为9月中旬的正式抗议:"陆军不肯合作。"艾森豪威尔亲自为老朋友的人格做担保,才免了巴顿遭开除、辉煌的生涯尚未开始就结束的命运。私下会见巴顿时,马歇尔责备他说:"不要吓唬海军。"

另一次尴尬局面是,12月8日拂晓的潮汐预报是落潮,因此休伊特提出"火炬行动"推迟一周,趁涨潮时登陆,以免舰只遭遇海滩搁浅。巴顿大臂一挥,表示反对,就连休伊特的海军上司也认为不能再推。奇怪的是,巴顿似乎对休伊特的怨言和他们在战略上的异议不计前嫌。更怪的是,休伊特发现自己喜欢上了这个人,他怀疑巴顿也喜欢自己。对这段不打不相识的友谊,休伊特不禁暗自发笑。

2点整,罗斯福打开了椭圆形办公室宽敞的大门,说道:"请进,舰长和老骑兵,请告诉我好消息。"总统在没有扶手的轮椅上落了座,微笑着指了指室内的空椅子。巴顿不知道休伊特和罗斯福早年在舰艇上共事过6年,尴尬地看着这位海军少将将自己引荐给总统。

"请说吧,先生们,"罗斯福一挥手中的雪茄,说道,"二位有何高见?"

休伊特对此很有想法,然而他只是简明扼要地总结了"火炬行动"的方案。300艘军舰,外加近400艘运兵船和货轮要送10万余名士兵登陆北非,其中四分之三是美军,其余是英军。第34特遣队将于星期六起航,开赴摩洛哥。另一支舰队不久后将从不列颠开赴阿尔及利亚。

如果一切顺利，统治北非的维希政府不会抵抗登陆军。不论如何，盟军将以东部为支点，趁敌人赶到前直取突尼斯。

绿色的四壁给椭圆形办公室蒙上了一层船舱的格调。巴顿以浓重的鼻音插空嚷道："先生，我只想说一句，离开海滩时，我要么是个征服者，要么是一具尸体。"

罗斯福露出微笑，高兴地仰起头（马歇尔私下称之为"烟嘴姿势"）。他问巴顿，将军难道要将坦克炮塔当作马鞍，亲自挥刀冲向战场？

谈话漫无边际，但保留的东西更多。休伊特不想谈及"火炬行动"的种种风险。与多数高级将领相反，获悉不正面袭击法国海岸后，他觉得如释重负。

8月中旬，6 000名加英联军突袭德军占领的法国港口迪耶普以惨败告终，所以现在连"大锤行动"的积极鼓吹者也学乖了。出访英国期间，休伊特观摩了突袭迪耶普的演习，至今还难以相信其中一半热血青年如今已血洒战场或在德军战俘营。

但是，"火炬行动"风险依然存在。除了8月的瓜达尔卡纳尔岛登陆以外，这是美国45年以来最大规模的两栖作战行动，也是迄今最大胆的行动，甚至还有人说这是自公元前5世纪薛西斯横渡赫勒斯庞特以来最大的豪赌。海上长途颠簸后登陆敌方海滩，近代只出现过一次——1915年英国惨败盖利博卢，当时登陆的盟军达100万，伤亡达四分之一。最初占领卡萨布兰卡、阿尔及尔和奥兰三个港口城市的任务如今更加棘手，登陆点一分为九，战线绵延900英里。威胁第34特遣队的不单单是潜艇，还有长时间横渡大西洋给摩洛哥沿岸带来的排山倒海式的大浪。

罗斯福也不愿提及陆军部对"火炬行动"由来已久的怨言。对此，就连他手下的战争部长亨利·L. 史汀生也对他颇有微词，说他"四处留情"，北非是"总统的一个私生子"。登陆时间同样久而不决，但总统想必也发觉了民主党在两周内举行的大选中处境不妙。民主党人要丢掉 60 个国会议席，因为满腹怨言的选民不清楚祖国是否即将在这场战争中发起反击。

一个半小时后，会晤转而谈起了微不足道的琐事。罗斯福不厌其烦地给休伊特传授以尾锚固定舰身，保持船头迎风的技巧，这是他一度用在游艇上的绝技。巴顿做了最后一次努力，希望将话题引回"火炬行动"，他对总统说："鉴于战争的命运取决于我们的胜利，少将和我要不惜一切代价登上海滩。"但会议时间已到，总统最后挥了下烟嘴，答道："你们当然应当这么做。"他送两人出了大门，握了手，衷心道了一声："一路平安。"

巴顿回到军需大厦，休伊特驱车径直去了安那卡斯提亚机场，乘机飞往汉普顿锚地。下午晚些时候，他回到自己的办公室，即楠西蒙德旅馆一间改装的海景小客房。出去不过 10 个小时，递送给他的文件就积压了厚厚一摞，里面满是非洲和大西洋的天气预报、德军潜艇的最新情报。

尽人事，听天命吧。夜幕已经降临，休伊特登上停靠在维娄比海峡码头上的专用汽艇，艇长驾驶汽艇穿过汉普顿锚地，直奔门罗堡的钱伯伦酒店，他和妻子弗洛里德在酒店租了一间套房。他端详着停泊在这片大海湾里的一艘艘舰只的轮廓。庞大的舰身在天际若隐若现，要不是风雨甲板上间或闪着点点橙色的烟火，周围便是漆黑一片。两天内，这支舰队要满载 33 843 名士兵起航，这就是他肩负的责任。

休伊特在钱伯伦饭店匆匆吃了晚餐，在客厅的扶手椅上坐下，翻开下午的报纸。几分钟后，弗洛里德瞥了一眼客厅内的丈夫，发出一声惊呼——他瘫倒在地板上。休伊特慢慢坐起身，与其说虚弱，倒不如说昏昏沉沉。"我大概是刚刚摔下来的。"他说。其下属派汽艇去请军医。军医赶来为休伊特做了检查，然后说，他并无大碍，只是操劳过度而已。军医劝告少将务必要多休息。

Gathering the Ships
★★★

调兵遣将

10月22日拂晓，喧嚣声响彻汉普顿锚地。5座码头上停靠了12艘船只，身穿工装裤、头戴白桶帽的水兵揭下甲板上的油布、木板和隔热软木。另有数百名水兵用锤和铲刀刮去舱壁上的油漆。当年初秋在所罗门群岛，舰只燃起的熊熊大火让海军决定拆除第34特遣队的一应易燃装置，一时间这支舰队的战舰内舱形同一个个未完工的汽修厂。

从诺福克和锚地南缘的朴茨茅斯，再到纽波特纽斯和北部的汉普顿，只见拖轮顶着一艘艘货轮去靠泊。大队的码头工人涌上一艘艘船，将舱盖堆上后甲板，在敞开的船舱内忙活起来。梯口工人将吊索钩上码头上的托盘，冒着黑烟的绞车将另一批货物往船上绞。在焊工和铆工的嘈杂声及刺耳的刮削声中，仓库内不时传出"那儿，那儿"的叫喊声，那是"港口乐队"在排练一个战时保留节目，"美国佬来了，美国佬来了……"

坦克、大炮、橡皮艇、尾挂发动机、弹药、机枪、放大镜、活梯、闹钟和自行车被装进货轮，另有牵引车、水泥、沥青、100多万加仑汽油（多是5加仑一罐）、数千英里的电缆、打井机械、火车车厢、75万瓶驱蚊油、7 000吨袋装煤同时入仓，其中黑球鞋、3 000辆车、扬声器、1.6万英尺棉绳和价值10万美元的金币，交由乔治·巴顿亲自保管；除此之外，还有数只信鸽，每1 000名士兵6把苍蝇拍和60卷粘蝇纸，每个连队5磅老鼠药。

应10月18日一封给陆军部的加急电报要求，又送来了一个装着1 000枚紫心勋章的特制板箱。这些特制板箱都贴上了封条，设有专人看守，以免向法属北非泄露一星半点的消息。标注发音的外语短语手册要到海上再发，这很好地利用了法国人的矛盾心理，让他们认为美国人是在说"我是你的朋友"，但"你要抵抗，我就打你"。他们用从泽西市打捞来的一台发射机和南加利福尼亚一家轧花厂的发电机，拼凑出一座宣传电台，悄悄地安装在"得克萨斯"号上，外加一个对柏柏尔部落广播的底稿："各位，我们是神圣的美国勇士……我们是来解放你们的。"

军需官不仅将亚麻布制品扫荡一空，还搜罗了7万副护目镜，以及许多来自费城一家秘密工厂的护颈遮阳布，此外还有1亿盐片、6.7亿枚星条旗臂章、13.8亿枚安全别针。每个箱子上都用黑色笔写着："抵达目的地前，不得开启。"之后本打算托运30天用量的毒气炸弹、炮弹和地雷，但9月末这一计划被取消，因为美军司令官们认为，北非战役初期，敌军"多半不会"使用化学武器。

凭借米其林公司印制的一张摩洛哥旅游地图，设在华盛顿郊外的一家政府印刷厂在几周内赶印了60吨地图，连同已封好的一卷卷旅行指南、旧版《国家地理》杂志、法国旅游手册和上百万卷的各式百科全书，由搬运工一道抬进船舱。荷枪实弹的士兵送来了摩洛哥港口和海岸线石膏立体地图；陆军部发现，从糖果和糕点协会征来的士兵是模型制作能手。另有一些秘密板箱内装着直径54毫米的空心管和3磅撞针，外加说明书；特遣队没人听说过的"发射器、火箭弹、2.36英寸、

M9"，也就是即将面世的反坦克火箭筒。

这些货物应付一场战斗绰绰有余，但突击的一条关键原则是，按在炮火中登陆的需求，以相反的顺序装载。恰恰相反，现在，这条关键原则形同虚设。自9月末开始，物资源源不断地送来，由于车皮监管不到位，士兵将700个可疑的车厢指挥到里奇蒙德的一条岔道上，致使装货工作一度停止。

各个码头都是专线，这批被瞎指挥的货物还要用船横穿海湾驳回来。码头上堆满了材料。舱内货物随意堆放，士兵们只得爬过车辆寻找自己的装备，这一来，又踩碎了三分之一的挡风玻璃。用作压载的弹药来得较晚，一些船只只得返回码头补装。炮弹、散放的手榴弹、TNT炸药草草地倾倒在甲板上，或堆在过道、卧舱和运兵舱。"雷克赫斯特"号舰长私下里说，一枚鱼雷5分钟内就能将他的舰击沉，但如果舰上装载的汽油和弹药无意中走火，这种情况将来得更快。

一位想象力丰富、肚里有点墨水的军官，借《埃涅阿斯纪》（古罗马诗人维吉尔创作的史诗，叙述埃涅阿斯在特洛伊沦陷后到意大利建立新国家的经过。——译者注）的卷首语形容从汉普顿锚地启程："也许有一天，这些困难都将变成甜蜜的回忆。"也许是有这么一天，但要等很久以后。

★★★

这个乱糟糟的星期四，巴顿拎着铁皮手提箱，带领8名参谋，搭乘一架C-47运输机从华盛顿飞往诺福克。他用遒劲古朴的笔迹给妻子比阿特丽丝留了一封遗嘱和一篇长文，嘱咐她自己外出期间照顾好他们的马。他还写了几封道别信，给妻舅的信中写道："我出了名的好运即将应验。带一队人马饮血疆场是我毕生的心愿，我就要实现我的心愿了。"对一位世交，他说等她见到这封信，"我有可能已血洒疆场，倘若如此，请为我做完美的爱尔兰式守灵"。这时候，从停靠在码头上的一艘船跨上另一艘船，巴顿以一个决心战斗到最后一弹、一炮、一双球鞋的军人的决心，一一视察船上货物。他问起一名青年军需上尉，如何处置这些货物，这名军需官答道："我不知道，但我的卡车随时待命。"巴顿花了几分钟在日记中龙飞凤舞地写下这样一段话："这就是答案。如果人人尽了责，看似不可能为之的任务也能完成。想到我的责任之重大，不觉一惊，但转念一想，谁又能与我堪比？世间唯我一人。"

对于自从跨入西点校门那一天起为这一刻准备了40年的军人，这是一份中肯的自我评价。自1916年讨伐墨西哥，初尝战火的硝烟，算来已25年有余，那次他剿杀了3名土匪，将他们的尸体当战利品绑在汽车脚踏板上，一度被捧为国家英雄。"一战"那年他32岁，是一名上校，同时是装甲战的鼻祖。50岁这年，他读了J.F.C.富勒的《将才：弊病及其纠正》(*Classic Generalship: Its Diseases and Their Cures*)，不禁放声痛哭，因为书中列举的100名伟大的司令官，有89人比他年轻。现在他56岁，正是他时来运转的时候。

他是一个十分矛盾的人。一方面博学多才、通晓法语，有一大批追随者；另一方面又有故作姿态的怪癖和粗野放纵。这种矛盾的结合可谓后无来者。他在博览历史和军事史后归纳出一句战争宣言："集中一切力量，猛攻一个地点。"不出3年，他将成为20世纪驰名世界的美军司令，一如杰布·斯图尔特和菲尔·谢里登，是闻其名便可鼓舞骑兵冲锋陷阵的军人。不到4年，他将去世，《纽约时报》将发布一篇恰如其分的讣告："他不是一名和平年代的军人。"

"给我几员福将。"罗斯福最近对一位英方军官说。前一天下午在椭圆形办公室一见，罗斯福就敏锐地认为此人是员福将，并且相信他有运气。"巴顿是个令人愉悦的人。"罗斯福在接见后写道。但从巴顿的角度来看，他对总统总是感到失望，因为后者不曾向休伊特少将传达不成功便成仁的指令，而休伊特的决心至今令他生疑。"杰出的政治家未必是名杰出的武将。"出了白宫后，巴顿在日记中写道。

从备战"火炬行动"期间巴顿的一再表现来看,杰出的武将也未必是位杰出的政治家。在休伊特备好舰只时,巴顿也备好了人马,在此过程中他凭借将自己的意志强加于周围的人事物,踏上完成使命的道路。

此次"火炬行动",他麾下有从各单位抽调来的3个师:第9步兵师、第3步兵师和第2装甲师。为装备出征大军,其他8个师的人员和装备也被他搜了个底朝天,这8个师至少得花6个月才能恢复元气。过去两周,巴顿到横跨弗吉尼亚和北卡罗莱纳的中间集结区视察,鼓舞士兵的士气。一位指挥官事后回忆,根据他了解的情况,巴顿所到之处,受他"垂幸"的单位必定会打电话来报,有大小军官"因惹他动怒,被下令逮捕"。10月14日,巴顿给手下的高级指挥官发了同一封信:"你要是吃了败仗,就不要活着回来见我。吃了败仗,没有理由生还。我坚信,如果诸位全心投入战斗,我们必将凯旋,获得更大的荣誉。"

在一个基地的晚宴上,他举杯说道:"为妻子们干杯。唉,你们要留下多少寡妇!"他动员第9师打败德国人的口号是:"牵着那帮狗娘养的懦夫的鼻子,揍死他!"对另一个师,他说要对"那帮讨厌的杂种"大开杀戒。一次在布拉格堡(美国北卡罗莱纳州中南部城镇。——译者注),正对老部下第2装甲师士兵发话时,他突然泪流满面,继而一言不发地大步走下舞台。战场士兵掌声雷动。巴顿在日记中曾斥自己"感情用事,不是军人的风格"。

10月23日星期五早晨,150余名指挥官、舰长和高级参谋鱼贯进入诺福克一座戒备森严的军方仓库。休伊特以三言两语向与会者首次透露,他们要开赴非洲。"火炬行动"的策划者花了4个多小时,一一审查了此次行动的细节,并定下了安葬阵亡士兵和登记坟墓的程序。

随后,身穿马裤、脚蹬马靴、裤兜一边一把象牙柄手枪的巴顿走上舞台。他宣布,谁要胆敢调戏摩洛哥妇女,别怪他不客气,以此树立军规,激励士兵们的士气。

第1章　枪声响的地方就是前线

"谁要不清楚自己的职责，我可以给你们非常简单明了地解读，"他尖着嗓子喊道，"你们都要给我往前冲，枪声响的地方就是前线，这是常识。你们给我听好了：如果谁丢了一只手或打掉了一只耳朵，也许是擦破了鼻子，别以为这下可以去急救站了。要是叫我瞧见了，这将是你他妈走的最后一步路。身为军官，你就要往前冲！"

接着他效仿1864年在莫比尔湾（位于美国亚拉巴马州西南、墨西哥湾内。——译者注）冲向雷区的戴维·法拉格特的方式质问海军。不过，他接着说道："我不指望该死的海军能将我们送到距海滩100英里内，或在预定日期一个星期内出发。没关系。只要把我们送到非洲，我们自己有腿。"

他大手一挥，结束了讲话："我们要打60天的仗，如果需要，再打60天。如果我们玩命冲，如果边打边冲，我们将势不可当。"

巴顿阔步走出仓库，在场的军官全体立正。多半海军军官，甚至陆军同僚此前从未听说过乔治·S. 巴顿，今天总算见识了他。

★★★

随着出征时刻的临近，码头上一片混乱。巴顿时不时地成为这场混乱的祸根。一个风雨交加的早晨，他手下的军需官从上午8～9点，6次修改装船计划。

不过，巴顿、休伊特和他们的副官的决策一贯别出心裁，导致美军注定要打一场持久战。当天11点，军医突然发现，第34特遣队储备的血浆不足。近来的经验表明，这种滤掉红白细胞的液体在救治伤员时有神奇的功效，一旦脱水，无须冷藏即可保存数个星期。手握陆军部授予的大权，在港的军医当天征调了密西西比河以东的全部血浆，并组织了3架轰炸机调运。这时候，诺福克上空黑云压境，地面人员点燃了篝火为飞行员导航。卡车带着1 000份宝贵的血浆从机场火速赶到港口时，舰队刚刚起锚。

论险象环生，恐怕非"伯爵夫人"号莫属。陆军部几周来一直在找一艘吃水较浅的船，以便溯蜿蜒曲折的摩洛哥河去往一个主要目的地——利奥泰港机场。经满世界寻找后，他们发现"伯爵夫人"号是一艘船身覆盖着盐块、锈迹斑斑的敞口平底船，吃水不到17英尺，一直来往于加勒比海运送香蕉和椰子。船接令开到了纽波特纽斯，船长威廉·H.约翰是英国人，长着两条浓眉、一脸乱糟糟的胡子和松弛的长脸。获悉要装1 000余吨炮弹、深水炸弹、优质航空燃料去一个未知的港口，船员当即跳下了船。

"伯爵夫人"号卸空香蕉，于10月24日上坞，为的是迅速修好漏水的铆缝。约翰船长和一名叫A.V.莱斯利的海军预备役少尉即刻赶往诺福克监狱，那是狱警们认为全弗吉尼亚最乱的一所监狱。约翰和莱斯利面试了50名犯人。他们多半是嗜酒如命的海员，据说他们"四肢发达、眼光迷离、行为怪异"，但高薪水、高风险的一段航程远胜过待在诺福克的囚室。最终15人入选，并减了刑期。海军卫队鸣枪送他们登上"伯爵夫人"号。泵干了水，经过大修后，这艘舱底干干净净的水果运输船滑下坞台，移泊到X码头，即军火码头，开始装货。

装货期间的种种混乱如今都在汉普顿锚地集结的3.4万名士兵身上上演。收起帘子的运兵车隆隆穿过诺福克和朴茨茅斯，有时候找对了码头，有时候跑错了地方，颠簸了一整夜甚至几个星期，许多士兵筋疲力尽。一位炮兵指挥官怀疑要开赴热带战场，为让手下的士兵适应新环境，决定一路上都将车窗全部封死，一位生还的军官说，车厢形同"炼狱"。

宪兵在火车和汽车站来回巡逻，守候逃兵。过去的6个月间，军方检控了2 600余名士兵，90%判了刑。几周来，驻扎在弗吉尼亚东南部的各单位纪律涣散。切萨皮克湾所罗门岛两栖作战训练期间，被判关禁闭的人太多，禁闭室人满为患，有许多人排队等候受罚；仅10月3日一天，就有30人被军事法庭判处违反种种戒律。风闻要开赴战场，许多部队喝到烂醉如泥。指挥官分发小册子警告："纵欲过度会伤身，削弱士兵的战斗力。"但还是有不少士兵拖着虚弱的身体爬上码头。

风月之地的诺福克投了出航前想寻花问柳的人所好，尽管间或有招牌上写着"狗和水手不得入内"。这个镇的罪恶随着每一个兵团的到来与日俱增。每一个夜晚，成千上万的士兵涌上据说是"世上最大、啤酒馆最集中"的东大街。10月18日，缉捕队警察在"当地最大的一次突击行动中"，逮捕了115人。诺福克监狱人满为患，警察局长请求联邦政府"给我一座集中营……一座能容得下两三千名妇女的集中营"。战争的压力，再加上许多潜艇在弗吉尼亚沿海一带出没，让这个小镇近乎疯狂。此外谣言四起，说当地的黑人打算趁灯火管制屠杀镇上的白人，据传阴谋策划者甚至已在城里的五金店买了300把冰镐。

不管清醒与否，这帮人总算摸回了28艘运兵船。码头上的公用电话都被掐了线，港内的工兵在每一座码头区域都竖起了高高的围墙。"只要走漏了风声，你也许永远到不了目的地。"治安海报发出警告，但毫无意义，因为没几个人知道目的地。一些士兵将天然气充进安全套，系上纸条放飞到镇上，邀请愿意慰劳出征勇士的姑娘混入警戒区。最后一项愚蠢的决议是造成混乱的祸根，陆军部坚持要士兵按姓氏字母顺序，而不是作战单位登船。结果数千名士兵身背沉重的行军袋爬上跳板，在升降梯口徘徊几个小时，寻找自己的战友。还有一些人晚上上岸，在码头上安排重新集合，然后再登船。

一个单间卧舱要住上8～12名军官。士兵在货舱见缝插针，铺位摞到了4层，每一个空处都挂满了吊床。他们相互间打趣："上帝肯定最爱军人，要不他为什么创造这么多。"大兵们在梯井里纵情地玩着扑克和骰子。水手们反复弹着琴。刚刚长出胡子的孩子躺在铺位上，呆呆地望着舱壁，或者一个字一个字地用家乡话说着自己的感受："我害怕。我想你。我爱你。"

★★★

10月24日的曙光照着汉普顿锚地上林立的桅杆和桅楼，这支最大的舰队即将从美国领海出发。大西洋上一阵短暂的暴风，给一艘艘舰只笼上了一层灰雾。一艘艘蒙上灯的汽艇载着在钱伯伦宾馆和妻子度过最后一夜的军官。休伊特裹着斗篷，登上了旗舰"奥古斯塔"号。水手长一阵嘹亮的哨声，宣布上将登轮。

1907年，正是从这片锚地，在阵阵热忱的欢呼声中，由西奥多·罗斯福的"五月花"号汽艇引航，休伊特和大白舰队的16艘战舰起锚环游世界。为掩人耳目，休伊特定好与手下几艘最大的战舰在大西洋中部会合，其中包括从缅因州新挑选来的一艘新无畏级战舰"马萨诸塞"号。

此外，还有一支更大的分遣队等候在百慕大。这个大队包括唯一的航母"游骑兵"号，和4艘作战甲板上堆满油柜的"护卫"舰。舰上经验丰富的飞行员屈指可数；海军部还报告称，"曾见过大海的军官和士兵不下10人"。102艘舰只中，只有"伯爵夫人"号一拖再拖，此时仍在X码头装燃油和弹药，两天后独自起航，追赶大部队。

巴顿住进"奥古斯塔"号舰长舱。卧铺旁的写字台上放了一摞侦探小说，外加一本《可兰经》，以打发途中的寂寞。他时不时对镜摆出一副威风凛凛的神色，但这种表演多此一举。他只是个作战司令，此次出征不过是去一个偏僻的角落。

"这是我在美国的最后一夜，"他在出征前一晚的日记中写道，"也许一去数年，也许一去不返。愿上帝保佑我尽忠，对属下尽责。"他想起3天前在华盛顿的星期二早晨。去白宫前，他驱车驶上第16大街，去沃尔特里德陆军医院拜见老英雄约翰·J.潘兴将军。82岁高龄的潘兴追忆当年在墨西哥的经历，当时巴顿还只是个未授衔的副官。"我爱挑战士的毛病，"潘兴说，"你切记鲁莽是将之大忌。"巴顿亲吻了潘兴枯瘦如柴的手，请他为自己祝福。"再见，乔治，"老将军答道，"上帝保佑你，保佑你凯旋。"

"鲁莽是将之大忌。"他偏不信这个邪。给身在伦敦的老朋友艾森豪威尔的信中，他写道："我们准备在卡萨布兰卡殊死一战。"他又龙飞凤舞地给比阿特丽丝写了两封短信，其中一封写道："或许有一段时间我不会给你写信，但我会日日牵挂你，爱你。"而另一封，落笔一行写道"如若有一天，你接到我以身殉国的消息"，他承认实难向一位从16岁起相识相知的女人表达自己的感情，他仿佛从另一个世界对她说："你对我的信任，是这个变幻莫测的世界唯一确凿无疑的东西。"

上午7点不到，"约瑟夫·T.迪克曼"号解缆离泊，带"托马斯·杰斐逊"号和"伦纳德·伍德"号等一支船队浩浩荡荡地汇入舰队。驱逐舰迎着海雾在前面劈波斩浪，旗舰不过是个荣誉位置，因为船队已组织了一道保护汉普顿锚地的反潜网。由于无线电管制，调整航向时，整个舰队号灯频闪、旗语纷飞。巡逻机和两艘银白色的飞艇在向东折向亨利角和查尔斯角间一条畅通的航道上空盘旋。舰队以14节的速度隆隆驶出潮水淹没的詹姆斯河口，越过顶针浅滩和马掌沙。士兵们系上救生衣，扶着风雨甲板的船舷，默默地出神望着老波因特康福特（位于汉普顿。——译者注）。

黎明时分，天色放晴，狂风呼啸。一个个天使隐在支桅索和横桁上。有幸在半个世纪后得享天年的军人将永远记住这一刻，记住黎明时分，一支大军为了一桩未知的事业奔赴大洋。当这支庞大的舰队缓缓驶过之际，上岸回家拥着心爱的人入眠从此成为每个军人的梦想。

Rendezvous at Cherchel
★★★

突击队的秘密任务

　　舰队从弗吉利亚起锚前,一艘小型登陆先锋艇已先期抵达非洲沿岸。这支特遣队不到12人;无论是勇气还是胆识,他们要执行的任务都将是彪炳"二战"史册的一次秘密行动。

　　10月21日,一束光线闪过,马克·W.克拉克少将登上皇家潜艇"六翼天使"号舰桥,扶着望远镜看着阿尔及利亚岸边一座雪亮的灯塔。他双脚稳站在颠簸的潜艇上,扶着望远镜掠过2英里外波光粼粼的浪花。潜艇以4节的速度半潜,悄悄从直布罗陀历经数日横穿地中海后,克拉克恨不得立刻上岸。虽然"六翼天使"号每晚浮出水面充电,但舱内本就腐臭的空气愈发浑浊,想点根火柴都难。为了打发日子,克拉克和艇上的4名美军突击队员打了不知多少局桥牌,吃了艇上英军突击队员的亏后,他们又改玩克里比奇牌。克拉克额头上青一块紫一块;他那6.3英尺(约1.9米)的身高,怎么都躲不过潜艇内密密麻麻的管子和把手。

　　"左边是一座圆锥形的小山,我可以看见它在天际下的轮廓。"克拉克对"六翼天使"号副舰长诺曼·L.A.朱厄尔说道。一点若隐若现的灯光标明了歇尔谢尔（阿尔及利亚西北一个临地中海的小渔港。——译者注）渔港的方位，传说这座渔港是马克·安东尼和埃及艳后（公元前70～前30年，古埃及女王。——译者注）的女儿塞妮涅所建。克拉克又将望远镜对准一座孤零零的农舍面海一侧耀眼的山墙，说道："农舍下是一片海滩，海滩后是一个黑影，是一丛树。对，这就是我们要找的地方。"

朱厄尔下令备车。"六翼天使"号缓缓驶到距岸边400码处。一轮初升的明月将银色的月光洒在甲板和漆黑的海面上。突击队员熟练地组装好小艇，也就是一种胡桃木骨架、帆布外板的两人小划子。克拉克和美国人又检查了一遍各自的装备，以及装满了美钞和1 000加拿大金币的钱袋，这些金币是星期天下午从伦敦市中心英格兰银行地下保险库好不容易搞来的。一队人都穿了军装，在此之前6名身着便装的德国破坏分子由潜艇送上纽约和佛罗里达后被俘，两个月后在哥伦比亚特区的电椅上被处死。这次执行任务，谁都不想被误当成间谍而送命。

3组队员抓住横档，顺利地上了小艇。克拉克正要跨出潜艇，一个浪头掀翻了划子和身在其中的突击队员和戈弗雷·B.考特尼上尉。克拉克吼道："我要上去！现在！"另一艘小艇被叫了过来，一名美军将位子让给了克拉克。艇员翻过倾覆的小艇，又从海中救起考特尼。一切最终准备停当，一队人操起双头桨划离"六翼天使"，然后呈"V"字队形划向海滩上方的灯塔。

★★★

挑选朋友们唤作"韦恩"的马克·克拉克带队深入敌后执行秘密任务，着实叫人匪夷所思。身为艾森豪威尔的副手和参谋长，他比谁都了解"火炬行动"。他还是屈指可数的几个了解ULTRA（同盟国最高情报统合机构）的美国人，该机构收集了英方破译的德军电报，由于情报极为机密，被士兵们戏称为"BBR"（Burn Before Reading，阅前烧毁）。万一维希军方俘虏克拉克，将他交给盖世太保，无论是"火炬行动"，还是盟军的大业，后果都不堪设想。

艾森豪威尔力排众议，将这项任务交给克拉克，说明他对这位刚刚走马上任的盟军总司令非常信任。克拉克的父亲出身行伍，母亲是罗马尼亚犹太移民人家的女儿。初入西点军校时，他信奉"胸怀大志的将军必然多受磨砺"这条教义，受洗入了圣公会。在学校里，他凭借投身军营这个幌子私下在军营买卖甜点出了名。最重要的是，他结交了连军士，一位叫艾克·艾森豪威尔的学长。1918年，克拉克遭到榴弹炮轰炸，身负重伤。两次大战期间，这名小上尉受命带领一支由口技、话剧演员和瑞士敲钟人组成的文工团，巡回各州宣传从军的好处。

最近担任陆军部参谋期间，他奉命拟定扩充军队的方案。1941年6月，他的顶头上司评价他是"一位集勇敢和机智于一身的难得的人才"。珍珠港事件后，乔治·马歇尔让他列出10位才华出众的准将名单，看谁最适合出任一项新作战计划的主帅。克拉克答道："我要把同一个名字列10次，德怀特·D.艾森豪威尔。"几年后，艾森豪威尔对克拉克说："我幸蒙你的提携。"

1942年8月，艾森豪威尔调克拉克到伦敦任参谋和"火炬行动"副司令，还了他这个人情。没多久，这两位深受丘吉尔宠爱的美国人时常半夜出没于唐宁街10号或首相的乡间官邸契克斯别墅，以磋商要务。克拉克绘声绘色地描述丘吉尔，说他一身宽松的罩衫，跐一双便鞋，一边喝着白兰地或大口吃着宵夜，一边阐述作战方针。

汤一端上桌，他一把捧过，弓着背，嘴凑近汤，只见勺子在嘴和盘子之间纷飞，没等你看清，他就咕噜咕噜、吧嗒吧嗒地将盘子一扫而空，继而大喊一声："添汤来！"然后转身对着客人说："好汤！"

和艾森豪威尔一样，过去的两年间，克拉克平步青云，从少校一路晋升至少将。谨慎和精明让他脱颖而出，但也开罪了不少朋友，惹恼了对手。巴顿就属于后者，他在9月末的一篇日记中坦诚："我看他是一门心思地经营自己的未来，而不是要打赢这场仗。"还有一位将军称克拉克是盟军中的"奸臣"，这个绰号贬损了他的贡献。其实，他是一个天赋异禀的助手，每天提交给艾森豪威尔的备忘录，都堪称精准高效的杰作。他为身负的重任担惊受怕。他曾说："所得荣誉越多，爬得越高，你暴露的问题也越多，人们始终在找机会曲解你的一举一动。"

此行是应查尔斯·伊曼纽尔·马斯特将军的密约而仓促启程的。这位维希政府驻阿尔及尔的高级指挥官传话称，他要和美军高官共商盟军"不费一枪一弹，即可登陆北非"的大计。克拉克主动请缨，对这一冒险且肩负此战中美国最伟大的外交使命，他高兴得如同"一个新得了一把匕首的孩子"。

除了靠ULTRA收集情报，同盟国还通过引诱和窃取等途径窃取意大利、维希法国和西班牙的外交密电。华盛顿在北非组建了一个间谍网，即12名美国副领事，人称"十二使徒"，借维希和华盛顿间尚且有效的贸易协定，以食品检查员的身份做掩护。可惜"十二使徒"多半是外行，一位曾是密西西比的可可粉销售商，另一位不过是"巴黎酒吧的一件摆设"，第三个后来承认，"我连撬办公桌抽屉都不会"。前哈佛考古学家、使徒之一的肯尼斯·彭德坦承："我们犹如飞到非洲这片仙境的爱丽丝。"一名目空一切的德国间谍向柏林汇报："他们满脑子的性和烹饪。"虽然"十二使徒"收集了一些港口、海滩和沿海工事等方面的情报，却解答不了最根本的问题："法国会不会参战？"克拉克就要解答这一问题。

克拉克和考特尼上尉等在离岸200米外的水中，只有一只狗的吠声和沙沙的浪花打破夜空的宁静。此刻刚过10月22日午夜。月光和天窗里一只灯泡照见悬崖上这座红瓦、藤蔓绕着粉墙的农舍。海滩上发出"无危险"的信号：一长一短一长，"K"字母的摩斯密码。两人按下手中的桨，敏捷地掠过碎浪，跟上已将划子拖上沙滩的突击队员。

悬崖边上一丛橄榄树中闪出一位身穿圆领毛衣、脚蹬一双帆布胶底鞋、头戴一顶棒球帽的高大驼背的男人，罗伯特·墨菲，他是美国驻阿尔及尔首席外交官，同时也是"十二使徒"的头子。"北非欢迎你们。"他随口说道，犹如一个精于世故的主人在迎接客人。克拉克抛开早用法语准备好的一大段寒暄，只答了一句："我总算到了。"一行人扛起小艇，跟墨菲上了山，穿过一扇绿漆大门，进了一个棕榈成荫的院子。站在暗处的房东叫亨利·泰西耶，是一名法国的爱国者。一眼看见克拉克手上的卡宾枪，另一名法国人嘟囔道："带步枪的将军！这是一支什么样的军队？"将划子在厨房的储藏室藏好后，一行人走进一间杂乱的小屋，举起斟满威士忌的酒杯互道问候，然后才去好好睡上一觉。

墨菲兴奋得难以入眠，此次接头是他的功劳。他相信，此行倘若成功，不必流血，他即可将北非交到盟军手中。他是美国密尔沃基市人，现年47岁，皮肤白皙，是个"快乐可以感染他人的人"，早年电梯事故导致一只脚残废，"一战"期间他未能从军。

投身外交事业前，他学过法律，通晓德语和法语，性情随和、温文尔雅，在巴黎待过10年。德军南下，他应华盛顿的指示随残余政府去了维希。他曾协助安排一艘美军巡洋舰暗中将2 000吨黄金从"法兰西银行"运至塞内加尔首都达喀尔。一向赏识人才的罗斯福任命墨菲担任自己在北非的私人代表，叫他"不必费神得到国务院的批准"。几个月间，他不时假扮一名中校，频繁来往于华盛顿和伦敦，用马歇尔将军的话说，"中校是个不起眼的人物"。借频频出入北非之机，他在外交行李中夹带了不少无线电发射机。

由于性格较保守，墨菲遭到自由法国领导人的戴高乐猜忌，因"他动辄就认为法国人都是当初和他共进晚餐的人"为由将他解职。英国外交官哈罗德·麦克米伦下过定论，说墨菲"可看出人性的每一个善良之处，且一一予以赞赏，这是他改不了的毛病"。墨菲坚信自己一直在遵从罗斯福的指示，对这些讥讽，他一笑了之。

上午6点，马斯特将军率5名参谋驱车从阿尔及尔赶过来。墨菲叫醒克拉克等人，一一为他们作了介绍，然后去客厅享用咖啡和沙丁鱼。马斯特五短身材、孔武有力，通晓英语。1940年，他曾被德军俘虏，在萨克森柯尼希施泰因一座臭名昭著的监狱度过几个月，后被遣返回国。尽管他身居维希第十四集团军副司令这一要职，但一直不忘起义。马斯特告诉克拉克，美军要登陆北非，不妨考虑春天行动，届时起义军会鼎力相助。克拉克接到严令，不得透露已然启动了的"火炬行动"，只含糊地答道："最好趁早采取行动，我们有兵力和能力。"

两位将军言不由衷地交谈了4个多小时。马斯特劝美国人与自己的恩人亨利·吉罗结盟，这位新近逃出柯尼希施泰因的上将激起法国人新一轮抵抗热潮。马斯特保证，你方若能将吉罗从法国南部的藏身处接到阿尔及尔，整个北非将"纷纷起义"，团结在这个重振法国的偶像周围。提起衣衫褴褛的维希军队，马斯特近乎哽咽道，有了足够的装备，在吉罗的号召下，北非可投入30万兵力，与盟军结为联盟，同仇敌忾。他还劝盟军同时登陆法国南部，以免这片维希统治下的领土落入德军之手。

审慎考虑了马斯特的提议后，克拉克即刻答应送北非2 000把自动武器，这是一个无法兑现的承诺。他以罕见的率直承认，同时登陆北非和法国超出了盟军的能力。但他要马斯特放心，进攻不外乎8月在迪耶普的游击战，登陆非洲要出动50万士兵和2 000架飞机。这一数字夸大了5倍。

"请问谁出动这50万士兵？"马斯特问，"他们身在何处？"

"美国和英国。"克拉克答道。

"岂不是太远了？"

"不远。"

空话和误解也许在所难免，即使马斯特信誓旦旦，克拉克也不敢透露即将采取的"火炬行动"。到了上午 10 点左右，登陆时间、维希北非的政治用意、双方出手相助的多寡，最关键的是谁领导谁，他们在这些问题上产生了分歧和猜疑。11 点，马斯特起身说自己必须返回阿尔及尔，以免因外出而引起怀疑。上车前，他提醒克拉克："我们手下只有陆军和空军，海军不归我们管。"

马斯特重申了一遍早前的意见，吉罗将军要统领包括盟军在内的北非部队。克拉克未置可否，马斯特挥手作别，驱车缓缓驶过有人在打牌的咖啡馆和老人在玩保龄球的歇尔谢尔广场，带着要为盟军登陆准备几周甚至几个月的美梦上了路。

窝藏这次密谋者 12 个小时后，泰西耶先生的焦急非常明显。尽管如此，他还是拿出丰盛的辣鸡、红酒和橙子款待这帮谋士。马斯特将军手下的几名参谋留在农舍商量细节，呈上标着秘密汽油和军火库、机场、兵力部署等军事机密的地图和海图。克拉克则和法国人换了一身衣服，到院子里透透气。

傍晚前，这场愉快的会晤在一阵急促的电话铃声中草草收场。泰西耶接了电话，继而惊喊一声，扔下听筒。克拉克事后说，当时泰西耶喊的是："警察 5 分钟内赶到！"这条消息不啻往"桌上扔了 50 只死臭鼬"。一名法军参谋操起装着地图的包裹夺门而出，其他人则翻窗逃进了灌木丛。美国人叮叮当当地将法郎、加拿大金币和美钞抛在地板上，方便泰西耶行贿。克拉克撺着英军突击队员，要他们带步话机到海滩上提醒"六翼天使"号，然后带着 6 个人挤进天井下一个潮湿的酒窖。他喊道："请别把我们锁在里面。"泰西耶嘭地关上了暗门。蜷缩在黑暗中的几个人紧紧地攥着手中的步枪和装满文件的折叠袋。

墨菲和泰西耶说好佯装醉汉闹酒，骂骂咧咧地行着酒令，丁零当啷地碰着酒瓶。晚上 9 点半，一名和泰西耶交好的海岸警卫队士官生来到门口，解释早先电话通风报信的缘由：一名下班的官吏汇报一座

第1章 枪声响的地方就是前线

农舍形迹可疑，警察怀疑存在走私活动，准备来个突然袭击。墨菲请士官生尽量敷衍那帮警察，说道："我们开了个小派对，请了几个姑娘，吃个饭，喝点酒，大家这就走，我保证不干违法的事。"

克拉克等人即刻钻出地窖。"快去海滩。"墨菲催道。一行人翻出小艇，飞奔下悬崖。不远处风车欢快的吱嘎声表明起了风，让克拉克叫苦不迭的是，海面上卷起六七英尺的大浪拍向岸边。他脱下裤子，将钱袋和卷起的裤子塞进划子的座位下，踏着浪一阵疾奔，和一名突击队员上了划子，拼命地划桨。一个排浪掀起船头，克拉克倒着栽进汹涌的浪花。"别管裤子，"不知是谁在岸上喊，"保住船桨。"

赤着下身、浑身哆嗦、落汤鸡似的克拉克躲进农舍要了一条内裤，一眼瞧见吓破了胆的泰西耶。"行行好，"这个法国人央求道，"赶快走吧。"克拉克一句话打断了他。"我不喜欢慌慌张张。"他带了一片面包、两件"借"来的毛衣和几瓶酒，裹着一条台布赤脚跑回海滩。为了取暖，克拉克拼命地做着下蹲运动。与此同时，一行人掂量了一番，看是否要冲进歇尔谢尔，偷一艘渔船？兴许可以买一艘，墨菲建议出20万法郎。一名法军参谋指出，这两个方案，不是招来警察，就是引来士兵。

凌晨4点，不知是谁注意到一个风浪相对平静的隐蔽处。克拉克和一名战友爬上划子，另外4组人涉着齐肩深的海水推着划子。浪卷又倒着掀起划子，但划子这次处于浪尖。朱厄尔上尉驾驶潜艇缓缓滑向岸边，由于离海床过近，龙骨一阵抖动。至少都倾覆了一次的另外几艘小划子终于冲出浪区，划向若隐若现的锥形小山。墨菲沿着海滩欢蹦雀跃，兴奋地抱着法国参谋，后者正在收集突击队员丢掉的冲锋枪，并扫平沙滩上的足迹。

克拉克的手下将湿透的文件铺在船舱内烘干。喝了两杯"六翼天使"号朗姆酒桶中的"纳尔逊之血"（即朗姆酒，纳尔逊是英国人心目中的英雄，他每次出征前都要带上大量朗姆酒以激励士气。1805年特拉法尔加海战中，纳尔逊不幸战死。他死后，水兵们把他的遗体浸泡在朗姆酒

53

中运回国内。据说饮用了浸泡纳尔逊遗体的朗姆酒，可以增加勇气。——译者注）后，克拉克给伦敦拟了一份电报：

> 艾森豪威尔亲阅……除法国下达最高指令的时间，所有问题都圆满解决……预计法国陆军和空军大部分都不会抵抗……海军情报指示法国海军和沿海守军负隅顽抗，但随着我军登陆，这一抵抗将迅速全线崩溃。

朱厄尔掉转船头，向西驶向直布罗陀，同时响起下潜的铃声。

On the Knees of the Gods
★★★

美军初出茅庐

休伊特率第 34 特遣队载着巴顿的大军，绕道驶向摩洛哥之际，另有 300 余艘舰只从克莱德锚地和英格兰沿海赶赴阿尔及利亚。各色舰只依次直插直布罗陀海峡，如期抵达巴巴里（埃及和大西洋间的北非伊斯兰地区。——译者注）各海滩。用丘吉尔的话说，两周的航程必须一环紧扣一环，如同一串"宝石手镯"。这个号令让皇家海军热血沸腾，舰队整齐划一，全速前进，"唯有车叶掀起的汹涌而洁白的浪花不听舰队的使唤"。

盟军采取了 8 套障眼术方案，用以制造假象，让人以为这支军队正要开赴斯堪的纳维亚（瑞典、挪威、丹麦、冰岛的泛称。——译者注）、法国或中东。这些障眼术包括：大肆收集挪威货币，公开讨论冻伤，公开装运御寒服装，大批采购法语词典，培训做米饭的炊事员，一队新闻记者躲到苏格兰北部接受滑雪和雪地行军训练。这些假线索制造得非常巧妙，且不管对轴心国情报部门造成了怎样的影响，连美军内部也被蒙骗了，尤其当舰队往西掉转方向盘时，许多人断定他们正要启程回国,实际上那是为了躲避潜艇的狼群战术,之后舰队兜了一圈才掉向西南,直奔地中海。

一如休伊特的船队,这支舰队在英国装载了数万吨战争物资。舱单上还包括价值50万美元的茶叶,送北非土著的5 000套手工工具,39万双袜子,针线街英格兰银行地下保险库的30个小保险箱、价值500万美元的黄金。此外还增补了法语词典、英美英语特殊词汇对照表。

相比伦敦各港口的装货,汉普顿锚地的后勤考验不过是小巫见大巫。9月8日,艾森豪威尔给华盛顿发了一封长达15页的电报,承认手下的军需官稀里糊涂,近26万吨、够维持一个半月补给的物资、弹药和武器运抵伦敦后被弄丢了,能否请陆军部再送一批过来?电报解释称,美国的货物标记和派送体制混乱,比如美军一个团和装备分乘50艘船运往英国,英国的仓储工序更是一团糟。盗窃损失了20%,许多箱柜埋在码头边的上千个堆场,理不出来。艾森豪威尔羞于启齿但不得不提的是,让后勤部门追加其他物资,诸如理发椅和一辆普通外观的7座"防弹"车等。

这让几位有资格见到这封电报的高级官员怀疑艾森豪威尔的管理能力,看来他和巴顿都是仓促上阵。陆军部10月发给伦敦的一封电报尖锐地指出:"我们发往伦敦的物资至少是你开列清单的两倍,甚至三倍。"鉴于"火炬行动"刻不容缓,后勤部门已没时间追究损失。截至10月16日,他们又往大西洋对岸发送了18.6万吨物资,还向英国借了1 100万发弹药。这些货物现已运往非洲。

从英国登舰的7.2万士兵,了解或关心这摊事的寥寥无几。两倍于英国战友的美军,多半抽调自驻扎在英格兰、苏格兰和北爱尔兰的3个师,分别是第1步兵师、第1装甲师和第34步兵师。在海上颠簸几天后,单调乏味的船上生活只能偶尔借舷边拳击赛聊以解闷,身着无袖衬衫的拳击手往往把对手打得不省人事。一份标题为《船上生活指南》的军方小册子,说的尽是"晕船、御寒、稳定情绪"和"痢疾等传染病"。《精神问题》这篇同样叫人气馁的文章指出,"应予以克制的一项内心冲动是性",这一忠告反而助长了没完没了的情欲和征服欲,或真实或幻想,比如贝尔法斯特的贝尔格莱维亚区宾馆被戏称为"贝尔格莱维亚马术学院",那里是第34师最爱的神游之地。强制性的身体检查为不少浪子查出性病,他们也算是自作自受了。

团乐队下午组织的军歌和苏泽(1854～1932年,美国军乐作曲家和指挥家。——译者注)进行曲,往往轮流以美国国歌《星条旗之歌》、英国国歌《天佑国王》和法国国歌《马赛曲》告终。苏格兰阿盖尔郡和萨瑟兰郡的高地联队士兵踏着风琴节拍,在"中国"号船头船尾踏步。尽管上头已经下令让士兵们摘掉各部队的标识,但大家一致认为,要是有敌人,谁都能认出行进中的高地联队。带着吉他或口琴的美国佬弹起《进军佐治亚》或者一首名叫《验兵不合格的查利》的下流小调。英国兵唱的则是,"大洋此岸当不了官/去他妈的蛋/去他妈的蛋/去他妈的蛋"。"奥特朗托"号上的节目较为脱俗,一名士兵通过有线广播,为舰上的第34师士兵朗诵《哈姆雷特》中的一段独白。

对军官来说,此行却极为倦怠,就如同乘坐冠达邮轮去旅游。服务员每天早晨将茶水端到床头,侍者每餐开饭前将印刷好的菜单贴在餐厅。"德班堡"号上的一名美国军官事后回忆,他们"身着短上衣用餐,餐后在休息室喝咖啡"。每天晚上,一身黑白制服、身材匀称的印度男侍者为浴缸放上热海水,问道:"沐浴吗,先生?""百慕大君主"号上,手下的参谋提第一行,第1步兵师副师长小西奥多·罗斯福准将便背诵大段吉卜林(1865～1936年,英国作家、诗人。——译者注)的诗,为大家解闷。他还安慰部下,要他们注意舰尾几百码后的师指挥舰,似乎比"百慕大君主"号颠簸得更厉害。"我们解缆,奔赴一个陌生的港口,"10月26日,小西奥多·罗斯福在给妻子的信中写道,"我再次踏上了征程。"

水线以下的运兵舱人称"鱼雷的天堂",此行似乎并不惊心动魄。

汗水味、汽油味和毛毯味直扑鼻腔，叮当作响的骰子和此起彼伏的鼾声不绝于耳，仿佛能扯断树枝。铺位摞到了 6 层，上铺一名士兵拿铅笔在离鼻子仅几英寸的钢板上写诗，或者画费城的旅游图以打发时间。为管制灯火，夜间要关上舱盖，空气因而愈发的浑浊，几名冷溪近卫团的士兵支起了帆布通风井，但无济于事。舰队半途遭遇大风大浪，供晕船士兵使用的大桶盛着令人作呕的呕吐物在甲板上推来拖去。仅以海水涮一涮的脏桶导致痢疾爆发，救护室和厕所前排起了长龙，等不及的则排在舷边解决。

偷吃应急口粮巧克力的士兵被戏称为"巧克力兵"，他们被罚饿两餐以示惩戒。这是一种令人愉快的处罚，因为正餐让人难以下咽。厨房每天都做许多肥羊肉，以致护航队上嘲讽的"咩咩"声此起彼伏，第 13 装甲团甚至开玩笑将作战口令改作"咩咩"。面包里嘎嘣脆的"葡萄干"实际是象鼻虫，因此士兵们学精了，吃之前先对着光线举起面包片查看，就像对着光源检查鸡蛋似的。"太平洋公主"号上的第 1 步兵师组织人手去筛面粉中的小虫子。"凯伦"号上生蛆的肉点燃了第 34 师士兵们的怒火，以至于上头不得不派军官到食堂维持秩序。"利蒂希娅"号上的士兵们质疑船上法国厨师的手艺，后者"顿时大发雷霆，扬言要跳海"。肚子遭罪，士气低落，手足间也起了嫌隙。美国士兵吃不惯英式伙食；一直以来享受朗姆酒供应这一特殊待遇的英国士兵发现舰上最烈的酒就是姜汁汽水时，感到十分懊恼。为监控纪律，美方监察官从 8 000 余封家信中摘录了一些话，其中一名牢骚满腹的士兵写道："英国人都是卑鄙的杂种，拿猪狗不吃的伙食给我们吃。"另一位写道："别怪我满嘴牢骚，我不过是憎恨自己，憎恨这种生活，对这一切深感厌恶罢了。"

★★★

"将一队优秀的士兵培养成一支能征善战的队伍，需要 3 年时间。"

西点军校美国军事学院创始人西尔维纳斯·萨耶尔19世纪初就下过定论。1942年10月奔赴非洲的士兵，多半服役不过3年，有些甚至不到3个月。他们都是优秀的军人，但远非一支优秀的队伍。其实，他们还算不上一支队伍，不过是一支在"火炬行动"号令下拼凑起来的杂牌军。

如此说当然事出有因。1940年组建、被世人熟知的老铁甲军——第1装甲师便是典型的例子。该师不下一半兵力留在英国等待下一批航运，由于仅有的登陆艇艉跳板窄了两英寸，这个师的中型坦克多半留在了后方。无奈之下，士兵们只好上了配备37毫米口径小炮的轻型坦克，有几个部队又重回骑兵年代。年初横渡大西洋去北爱尔兰前，老铁甲军因频频转移混乱不堪。士兵们可以在邓德拉姆湾钓马鲛鱼，每人只要付50美分就能吃很多新鲜龙虾，这些过往都令人十分惬意，但他们在英国狭窄的小巷和石头篱笆地里训练时根本施展不开手脚。英国官员跟在美军坦克屁股后面，每轧毁16英尺篱笆赔付当地农民1个先令。这个师不少优秀的士兵自愿报名参加游骑兵、伞兵和突击队，而补充进来的士兵没受过多少训练，有不少坦克兵仅开过3次坦克。老铁甲军作为唯一要参加"二战"沙漠战的坦克师，却没接受过沙漠训练。第1装甲师师长、未来的四星上将汉密尔顿·H.豪泽后来评价道："这个师不堪一击。"

鲜有人会想到，更没人相信的是，其他部队的情况也如出一辙。第34步兵师作为美军派往欧洲战场的第一个师，曾在北非等战场立下汗马功劳，是"二战"期间美军最终投入的89个师中历经磨难且凯旋的典范，因此这个师尤其要反省。

20个月前，第34师形同虚设，其属下的一个团是爱荷华州国民州卫队，另一个团则驻扎在明尼苏达。和平时期，国民警卫队队员一周集训一次，通常是在周一晚上，两个小时的集训津贴是一美元。战术训练无外乎对着橄榄球场的门柱练刺刀，穿过镇广场作侦察，各个排在这里演习包抄当地的内战纪念碑，擒拿格斗仅限于两周夏训。部队多半调去应洪水、收割或苏市斯威夫特肉联厂罢工之急。在1938年的一次罢工时，警卫队员在工人架好机枪前赶到码头，呈楔子队形突破工人的防线。这是他们有史以来唯一经历的"短兵相接"。

1941年2月10日，在发生9次假警报之后，陆军部将爱荷华和明尼苏达两个团合并组建了第34师。这是最后一批纳入陆军的8个国民警卫师之一，按国会法令，国民警卫队员将服役一年，保卫西半球的国民。各团匆匆出台动员令，招兵买马、扩充队伍，然后开赴路易斯安那州集训。团部设在明尼阿波利斯的第151野战炮兵团，开出了新兵津贴一个月21美元和"随明尼苏达炮兵南方游"的待遇。一名国民警卫队少将给集中到州训练场走廊上的新兵训话："我希望诸位的钢盾上挂着希特勒和墨索里尼的人头凯旋！"此话令应征一年服役期的新兵颇感不安，他们宁愿把注意力投向罗斯福总统，因为总统在波士顿曾对着人群说道："我之前说过，但还是需要一再重申：你们的儿子不会被送往国外参战。"中西部的社论无一例外地领会了这一精神。"'二战'拼的是空军和海军，"爱荷华韦伯斯特市的《弗里曼日报》评论道，"即便美国应该参战，但谁都不希望步兵出国。"

10个月后宣战，迎来的却并非一场不需要步兵的文明之战。1942年1月，第34师火速赶赴英国是美国对同盟国一致对外的一个承诺。到了英国，这支卫戍部队卸下装备，负责警戒各个司令部，几乎没有机会上前线杀敌，错失了路易斯安那和卡罗莱纳这一让美军各部队受益终生的大规模作战演习。一如第1装甲师，数百名精兵强将离队组建了新单位，譬如新组建的第1游骑兵营就多半抽调自第34师。"火炬行动"一声令下，身在英国的第34师可供调遣，随即被派往阿尔及利亚。下级军官仍是初出茅庐的孩子，还算不得该师的骨干，不过多亏了陆军对国民警卫队军官的大整肃，第34师总算保住了几位将他们带出中西部的领导。整肃一旦开始，混乱的局势一发不可收拾，比如仅在过去的一年，该师第168步兵团就换了3次血。

第 1 章 枪声响的地方就是前线

罗伯特·R.穆尔逃过了整肃一劫。这个可爱的平民军人如今身在"凯伦"号。自英国启程以来,他一连数日在食堂平息士兵们的怨气,打发手下做健身操消磨时间。穆尔中等身材,长着一双灰色眼睛,帽檐下露出一排垂发,一张爱尔兰式的阔脸笑容可掬。他生在爱荷华西南的一座人口仅2 011人的小镇维利斯卡,开了一间药店,店门前有条纹伸缩雨篷,橱窗上贴着美登高冰激凌招贴,让人感觉宾至如归。1922年,年仅16岁的穆尔加入爱荷华国民警卫队,6年后升任第168团第2营F连连长。被称"鲍勃上尉"或"娃娃上尉"的穆尔,可爱、倔强、严厉,清除了连里一帮"无用之徒"后,带领手下的国民警卫队员备战谁都不曾料到的战争。

14年后,37岁的穆尔早不是个孩子,也不再是个小上尉,如今他已升任少校副营长,是第2营的二把手。到了夜间,穆尔或在拥挤的"凯伦"号舱室,或借着风雨甲板上的月光写家信,他时不时想起在爱荷华州的最后一段日子,1941年2月,这个团准备开拔,当时大家都以为不过是为期一年的训练。这段日子是衡量一队普通美国士兵化身为打垮第三帝国勇士的分水岭。士兵们扯下军装上"爱荷华"字样的纽扣,换上"美国"字样的帽徽,这一情景穆尔至今历历在目。他还给F连114名士兵去信,命他们带上"3套内衣(有长有短)、6块手帕、6双袜子(禁止携带丝袜)、1件白衬衫(如有)"赶到维利斯卡训练场报到。他们头戴父辈在默兹河—阿尔贡(法国东北部,"一战"的主战场。——译者注)戴的汤碗头盔,操着同一杆斯普林菲尔德步枪,练了3周武器操作。他们在镇广场上支起帐篷,抱怨着脚上的四搭扣鞋,嘲讽军方成心将鞋帮设计得比烂泥平均深度矮1英寸,然后他们到长老会教堂地下室吃嫩牛扒。卫理公会教徒在镇上举办了一次盛宴,一队身着红、白、蓝制服的家政学学生端上烤火鸡,犒劳即将出征的勇士。宴后的节目有独唱《如果我不能回来》,以及伊娃·阿尔布克尔小姐朗诵的《星条旗之歌》。当地一位支持者献上一首振奋人心的歌曲:"小伙子们武艺精，你们都无须担心，因为过去三年他们每周都练兵。"小镇居民踏着《天佑美国》的节拍，继而是连号手哀怨的"熄灯"号，美好的夜晚最终落幕。

出征的日子到了。1941年3月第一周，各部到各自训练场集结期间，爱荷华32个镇的居民在通往兵站的街上夹道欢送。上了年纪的"一战"老兵拖着雪地上长长的影子，跺着冻僵的脚，追忆近四分之一世纪前自己应征入伍的日子。在得梅因，电台全程直播第168团600人从东一街过格兰大道桥去联邦车站。在乐队演奏苏泽的《野战炮兵进行曲》这首令人难忘的"一战"圣歌之际，一位跟在儿子身旁的母亲厉声喊道："那帮狗杂种！他们保证过决不再发动战争！"反坦克连登上伯灵顿专列时，克拉林达一支高中乐队演奏的是《上帝与你同在，直到我们再次团聚》。在雷德奥克，M连的军官劝母亲们留在家中，"以免触发训练的士兵情绪失控"，但几十位痛哭流涕的母亲拥上月台，搂着自家儿子不肯放手。

3月2日，汽车排在维利斯卡镇中广场，1 500名士兵出了兵站，涌向邻近的街巷。"我这辈子都没见过维利斯卡礼拜天早上来这么多车。"谈起1917年出征情形，几位老人如此说道。上午8点不到，不知谁看见了第三大街挥舞的军乐队指挥棒。"他们来了！"人群交头接耳。罗伯特·穆尔带领手下，迈着整齐的步伐跟着F连旗手越过高架桥。到了兵站，他下令解散，让士兵们最后和亲朋好友拥抱握手，说几句谁都不相信的宽心话。一架飞机在头顶盘旋，不知哪个促狭鬼嚷了一句："德军轰炸机来了！"只听见人群中发出一阵紧张的窃笑。出发的命令传达了下去，士兵们挣脱亲人的怀抱，提着背包上了车，隔着车窗和亲人道别。列车一震，冲了出去。月台上的人群发自肺腑地呼喊着，声音中带着骄傲、希望和对未卜前途的恐惧。

"小伙子们武艺精湛，你们都无须担心。"从那一刻算起，已过了87周，远不到西尔维纳斯·萨耶尔认为将一队优秀的士兵培养成一支能征善战的队伍所需的3年。罗伯特·穆尔深知自己是一名优秀的军官，手下是一队优秀的士兵，但这个师是否能打仗，有待检验。

★★★

舰队11月初临近地中海，士兵们才得知目的地是阿尔及利亚。舰上的抱怨声顿时消停。士兵们发现自己即将发动战争史上最大的一次两栖作战，一种新的使命感不禁油然而生。

"所有人都按捺不住内心的兴奋。"一名二等兵写道。皇家军舰"阿尔斯泰君主"号误将两只嬉戏的海豚当作鱼雷，虚惊一场。第1步兵师说法语的军官答应教法语，结果蒙着一身粉笔灰绝望地走出设在餐厅的教室。身穿救生衣的美国兵边在甲板上跳跃边用法语唱着"我们是美国兵，我们是你的朋友"。为掩饰"火炬行动"中英国的角色，英国兵都在袖口缝上了美国国旗。"只要能保命，就算缝上中国国旗也是可以的。"一位英国军官说。一份刚拆箱的小册子写着忠告："不得当着穆斯林的面抽烟或吐痰""看见两个大男人手牵手，不要大惊小怪，他们不是同性恋"。小册子三令五申要士兵们顾全阿拉伯人的面子，据说许多士兵将北非人当作"穿着浴衣的弗吉利亚名门望族"。

12月5日日落后不久，舰队掉头向东，过了世界尽头（直布罗陀海峡两岸的悬崖。——译者注），兵分两路，一路3.3万名士兵奔赴阿尔及利亚，另一路3.9万人奔赴奥兰。艏楼穿过缕缕雾气，防空炮手竖起粗呢上衣领口，扫视着星斗满天的夜空，却不见一架敌机。直布罗陀海峡在左舷若隐若现，渐渐远去。北边西班牙海滨城市阿尔赫西拉斯和南边西班牙在摩洛哥的飞地休达灯光闪烁，数千名士兵涌上甲板围观。他们大多数人已经数月甚至数年不曾见过灯火通明的城市，此情此景让他们更加思乡情切，渴望和平。

"骰子丢了，"特德·罗斯福给妻子写道，"结果如何全凭天意。"

A Man Must Believe
in His Luck
★★★

战事中的政治博弈

英军密码作"TUXFORD"、美军作"DURBAR"的直布罗陀（也作"要塞"解。——译者注），单听其名就令人生畏。3英里长、1英里宽的侏罗纪石灰岩上枪炮林立。英国卫兵驻守边疆，打击帝国的一切敌人，尤其严密监视"元首的侦察机"从西班牙一侧的边界窥视"岩石（直布罗陀的别称。——译者注）"。加拿大工兵坚持不懈地以格里炸药和专门对付坚硬岩石、装有9克拉人造钻石的特制钻头开凿，一条长达30英里的隧道慢慢穿过直布罗陀海峡。气锤凿下的碎屑被工兵填进海中，延长了250码的机场跑道。港内挤满了油轮、货轮以及前来加油的军舰，仿佛磨坊水坝后横七竖八的原木。水手闲来信步在直布罗陀镇狭窄的鹅卵石街上，听说酒只要10先令一瓶时，顿时欢呼雀跃。

侦察机要监视的目标不在少数。14个中队的战斗机装箱后历经数周水路运抵这里，如今在殖民墓地四周比肩排开。直布罗陀跑马场起跑马厩如今改建成了世上最繁忙的指挥塔台。数百名飞行员轮番驾驶喷火式战斗机和飓风式驱逐机，侦察和控制当地局势。猎猎的狂风叫人捉摸不定，跑道两头的风向袋往往指向对方。

1942年12月5日下午晚些时分，正当赶赴阿尔及利亚的舰队刚刚驶入地中海时，5架从英国远道而来的B-17空中堡垒降落在机场上。由于英吉利海峡的大雾，几架飞机从伯恩茅斯起飞的时间一推再推，用一位飞行员的话说，"连鸟儿都在地上走"。为避开敌军战斗机的耳目，以几百英尺的高度紧贴大西洋飞抵这里后，飞机又在直布罗陀上空兜了一个小时的圈子，等待拥挤的跑道清空。

数辆指挥车停在几架轰炸机下的舷梯前，挡住来往乘客好奇的眼睛。走下"红精灵"号飞机的首长，此行化名"豪将军"。不过，他的行李被货车运着穿过小镇送到曾是修道院的总督府，上面赫然印着"德怀特·艾森豪威尔中将"。格林尼治时间晚8点，他电告伦敦："请相关单位知悉，直布罗陀指挥部于12月5日格林尼治时间晚8点成立。"

艾森豪威尔出了二楼的客房，对总督客厅内的一大桶雪莉酒视而不见，径直去了折向港口上方米瑟里山的地道。"火炬行动"总司令一行阔步去指挥中心的路上，哨卡内的一名警卫"啪"地敬了个礼。在接下来的3周，艾森豪威尔将深入地道半英里，但今晚的行程仅10分钟，英方东道主对这条即将用作司令部的地道做了简要介绍。

这里如同一个地下村落，坑道内下水道、暖气管和供水总管密布。一块块指示牌指向通往洗衣房和猴洞休养所的斜巷道。地道内每隔25英尺一盏裸露的灯泡，在滴滴渗水的石灰岩墙壁上投下阴森可怕的光影。水坑上架着跳板，咔嗒咔嗒的换气扇叫人不敢出声。地下鼠患肆虐，连开封的肥皂都被啃。巷道分割成36间办公室，衬着楞纹护板。一个个痰盂接着滴滴拉拉的渗水。

艾森豪威尔短暂的来访也让英方对他评头论足。当然，据说他灿烂的一笑"抵得上战场上的一个军团"。他的双眼间隔较宽，但目光坚定不移，宽厚的肩膀上架着一颗宽额脑袋。他的脸和手一刻不得闲，浑身上下散发出一股谁都想与他结交的亲和力。正如一位仰慕者所言，也许是因为人们凭直觉认为他"正直善良",或者用一位空军上将的话说,或许是"艾克具有讨人喜欢的孩子气"。

他平步青云,未必不是集才智、机会和运气于一身,在世人看来,似乎是上天垂青。年初和艾森豪威尔以"你是老朋友"相称的巴顿,私下里说"D.D."("德怀特·D."的缩写。——译者注)代表的是"神圣天命"(Divine Destiny)。两年半前,艾森豪威尔还是个不曾带兵打仗的中校。他的父亲是中西部一位转行去冰激凌店打工的落魄商人。艾克排行第三,年轻时投身行伍是因为西点不收学费。辗转各地实习后,他谋了个参谋,在少校这个不上不下的位置上一坐就是16年。原地踏步将近20年后,他首次有机会觐见高层领导班子,但并没有受到重视:1942年2月9日的白宫来访记录上,他的名字被写成了"P.D.艾森豪乌尔"(P.D.Eisenhauer)。

他的世界观趋于保守,生性谦虚,笃信盟军的正义:"轴心国倘若得逞,我等怕是真要尝到压迫、奴役和失去自由的滋味了。"他天生行事果断,乐于担负重任,但在两次世界大战之间怀才不遇。"放空话、搞桌子的人不少,干实事的却少之又少!"他愤懑地写道。他以不关心政治为傲,认为这正是军官的基本素质。一位英国上将后来指出,他给人的印象是"真诚、坦率和谦虚",但"缺乏自信"。

但他胸有城府,深不可测。战地记者唐·怀特海德后来写道:"他远非表面那么简单,他行事巧妙,常常成人之美,且以此为乐。"艾森豪威尔外在的真诚和公正,反而掩盖了他敏锐的才智。他博览群书,思虑周全。"一战"后不久,他即断定"二战"在所难免,战胜方势必要结为联盟,一致御敌,朋友们都说他危言耸听。他以第一名的成绩从陆军参谋学院毕业后,被分配到华盛顿和菲律宾,在美国的"马基雅维利"(1469~1527年,意大利政治家及历史学家,主张为达目的可以利用权术、不择手段。——译者注)道格拉斯·A.麦克阿瑟手下做了6年参谋,深谙宫廷或司令部中的逢迎拍马之术。

他吃苦耐劳，在过去 11 个月里，只请了 1 天假，去伦敦郊外练手枪枪法。他下笔有神，出口成章。一位历史学家总结道，白宫那段出了名的"前言不搭后语"的话，不过是为了掩饰他"觊觎总统宝座"。他给马歇尔的信往往以一句"敬爱的将军"开头，简洁明了，时而不失谄媚，比如 1942 年 10 月 20 日的一封信就写道：

每每稍有懈怠，我即刻想到你要肩负的重任，有你率领我们建功立业，实属这支部队三生有幸。

对马克·克拉克等几名心腹，艾森豪威尔则说自己更想带一个师上前线拼杀，不过这话听起来不太真诚，因此他还要磨砺严酷的意志。10 月，他写道："我发现，手下的高级指挥官全都对玩忽职守和失职的表现睁一只眼闭一只眼。"给朋友的信中，他仿佛在为自己开脱："沽名钓誉、伶牙俐齿和做表面文章蒙混不了多久，需要受到严厉的谴责。"

"火炬行动"临近，他信心陡增。10 月 12 日，即他 52 岁生日前两天，他写道："这是我这辈子最开心的日子，随着这一天的临近，我觉得自己能打败泰山。"其实，他一直心情烦躁，常常情绪低落，一天要抽 4 包骆驼牌香烟。他对马歇尔说："在众人面前保持自信和乐观，不过是小事一桩。"多年后他才承认"这是一段凝重甚至恐怖的日子"。而当时掩饰自己的焦虑不过是一种策略。

直布罗陀镇的格林巷和大北路对面，几座半圆形活动板房组成了作战指挥中心。从英国出发的舰队缓缓沿着地中海海图的线路向东挺进。一幅东大西洋海图标出了休伊特舰队的大致方位。一名委屈的英国军官带艾森豪威尔看他要和克拉克共事的办公室，这是一间 8 平方英尺的小格子，仅有一面挂钟、一幅欧洲和北非地图和几把硬背椅。艾森豪威尔忙于指挥直布罗陀堡垒，无暇顾及这里简陋的陈设，看后不觉一惊。

艾森豪威尔来回踱了48小时的步,抽了48小时的烟。与华盛顿和伦敦的海底电缆畅通,却无要事可报。除气象专家预报摩洛哥浪高15英尺的恶劣天气,从英国出发的舰队悄无声息,休伊特手下的特遣队也音讯全无。艾森豪威尔发电报给休伊特:"尊敬的肯特,谨祝你和巴顿将军旗开得胜,马到成功。如有需要,我愿随时效命……艾克。"

12月6日,艾森豪威尔抽空致电伦敦,询问自己的爱犬——黑苏格兰犬泰莱克的近况。他私下又向克拉克叫苦:为何不登陆法国,偏要登陆非洲?驻北非的法军是否抵抗尚且是个未知数。尽管马斯特将军信誓旦旦地保证,奥兰等要塞附近的机场不会抵抗,但11月14日,罗伯特·墨菲却从阿尔及尔转来一位法军最高司令官的警告,透露法军"奉命不惜一切代价保卫法属北非,以免在进攻中失利"。墨菲又发来一封急电,要求"火炬行动"推迟至少两周,先摸清维希政府的意愿再说,这一请求被一票否决,艾森豪威尔说这项提议"不可理解"。他和克拉克一致认为,墨菲是"大惊小怪"。

11月7日,艾森豪威尔乘车去观看短尾猴。一位肩负保护直布罗陀短尾猴苦差的官员让英国坚信,短尾猴一旦灭绝,帝国将丢失直布罗陀。艾森豪威尔拍了拍一只短尾猴,祝它好运。午后的阳光在身后投下长长的影子,蓝色的探照灯在机场和西班牙边界上空交织。1 400英尺下方,一艘艘小船在港湾内兜着圈子。欧洲之角以南14英里,正是影影绰绰、仿佛布满了黄色污垢的非洲。

"我们箭在弦上,不得不发,"他当天上午致电马歇尔,"我们将不惜一切代价,确保登陆成功。"艾森豪威尔脱了帽子,驱车沿大北路一路颠簸,返回地道。"火炬行动"舰队发来了第一条消息,情况不容乐观。

★★★

直到轴心国侦察机发现了地中海西部的舰队,德军统帅部才怀疑盟军要发动登陆。轴心国猜测登陆地点在法国南部到埃及一线,德国海军认为目的地不可能是法属北非。希特勒认为,盟军舰队要赶赴黎波里或利比亚港口城市班加西,意在夹击隆美尔的沙漠军团。沙漠军团吃了蒙哥马利第八集团军的败仗,眼下正从埃及北部村庄阿拉曼仓皇撤退。希特勒调集35艘潜艇和76架飞机,妄图将盟军舰队一举歼灭在西西里海峡。"我等着看你们发动一场无情的进攻,一举获胜。"可惜为时已晚,届时元首将会发现,他几乎把手下大部分伏兵都安插在东边,距离战地太过遥远。

11月7日星期六拂晓,"托马斯·斯通"号在西班牙海岸35英里外,以11节的速度紧随左侧一列舰队。"斯通"号是这支舰队为数不多的一艘美国运兵舰,满载第9师第39步兵团2营的1400名士兵,这支部队虽未参加过两栖作战训练,艾森豪威尔却在突袭阿尔及尔最后一刻增派了这艘舰。驾驶台上一名机警的驾驶员发现左舷数百码外一道白色的鱼雷尾迹。"右满舵!"他一边命令舵工,一边将车钟推到全速。随着一声爆炸撕裂船尾,船掉向90度,几乎与鱼雷的轨迹平行。一声猛烈的爆炸使600码外的"塞缪尔·蔡斯"号还以为击中的是自己。

早上准备换岗的士兵涌上甲板。第39团随军牧师B.弗兰克·考克兰上尉早起朗读《圣经》,只听见水兵垂死的尖叫,以及消防队将弹药箱拖向另一舷的喊声。鱼雷摧毁了船尾甲板,将"斯通"号螺旋桨传动轴一折两段,9名士兵当场阵亡。舵向右卷起,船慢慢飘了半圈,一动不动地定在阿尔及尔160英里外的海面上。上甲板腾起两枚白色的火箭,发出"我中了鱼雷"的信号。根据上级下达的命令,舰队中的其他舰只不得减速,继续航行,圆睁眼睛的士兵扶着船舷看着"斯通"号。

第2营营长沃尔特·M.奥克斯少校现年38岁。"斯通"号没有沉没之危,且从直布罗陀搬来了救兵,奥克斯将手下的士兵集中到甲板上,在一片欢呼声中宣布,他们将分乘24艘登陆艇,继续赶赴阿尔及尔。考克兰牧师要留在"斯通"号,安抚不久于人世的水兵,下午3

点，士兵爬下攀登网，上了小艇。一位大厨不肯留下，偷偷上了登陆艇。他对新战友说："这个营的士兵英勇无畏。"

不多久，士兵们一个个都晕了船。风浪中颠簸到天黑后，这支木质舰队以8节的速度分3列向南行驶。晚上8点，打头的小艇出了故障。90分钟后，这支小舰队重新起航，结果又有2艘艇机器失灵。发动机过热，爆裂的油管仿佛天女散花。每次维修，一行小艇只得停止前进。海面上起了东风，掀起滔天大浪，士兵们只得拿头盔往外舀水。晚上11点，奉命带领这队登陆艇前往阿尔及尔湾的皇家小型护卫舰"斯佩"号突然掉头向东，去调查4英里外一个神秘的雷达信号。这支磨磨蹭蹭的舰队正等着，只见一束白光和22毫米口径大炮的轰鸣声撕裂了夜空。护卫舰返回后，久经战火的舰长告诉手下，他误将掉队且走错航向的28号登陆艇当作敌军潜艇。所幸没有命中。

午夜后不久，9号艇报告，因与另一艘艇相撞，该艇正在下沉。艇上的士兵打开海底阀，仓皇跳水。此时，舰队的航速不足4节，尚有百余海里的航程。拖缆绷断，发动机卡死，数百名干呕的士兵吊在船舷两侧，祈祷着重登陆地。奥克斯少校答应他们上7艘适航的小艇，其余的一概凿沉，"斯佩"号的炮手以难得的热情欣然接受了这一任务。

即便当时迷失了方向，巨浪滔天，艇如风中落叶，落汤鸡似的第1营士兵和偷渡的厨子还是战战兢兢地上了"斯佩"号，冒着巨浪和超载700人的倾覆之险，千方百计、毅然决然地奔赴阿尔及尔。

★★★

数小时后，艾森豪威尔获悉"斯通"号的第一条噩耗，和大多数前线传来的噩耗一样报好不报坏：船没有倾覆，船上的士兵也没有遭遇全军覆没。当确切消息传到直布罗陀时，一个不啻鱼雷的挑战将考验艾森豪威尔，让他无暇旁顾：那个法国人到了。

两天前，及时雨"六翼天使"号从科特达祖尔救出亨利·奥诺雷·吉罗将军。他满脸胡渣,头戴一顶灰呢帽,身着一套皱巴巴的西装,脖子上吊着一架望远镜。从渔船登上潜艇时打湿了衣服,他的风度却丝毫不减。他态度傲慢,翘八字胡显得神色威严,气度不凡。身材高挑的他仿佛上了香榭丽舍大街,昂首阔步地走进大北路的地道。这时是11月7日下午5点。

吉罗的手提箱里装着他的作战方案,登陆北非、解放法国、直捣柏林。他走进艾森豪威尔和克拉克恭候多时的小办公室,"请勿打扰"的红灯在身后的门外一闪,他即声明:"吉罗将军在此。"接着又说:"就我所知,一登陆北非,我要统领盟军,担任北非盟军总司令。"克拉克一时语塞,艾森豪威尔嗫嚅着说了一句:"恐怕是误会了。"

确实如此。鉴于指挥权至今悬而未决,艾森豪威尔想方设法回避这次会面。但将军亲自到直布罗陀来询问,艾森豪威尔已躲避。

吉罗绝对是员猛将。据美国情报部门汇报,他1940年被捕前发的最后一条电报是:"深陷百辆敌军坦克的重围,我正一一予以摧毁。"一位军官说他高喊"冲啊,小伙子们",指挥手下的士兵作战。一提起威武的法国军队,他就模仿拿破仑一手叉腰,一手指天。身陷德军囹圄期间,他的信中一概签着"决心、忍耐、果断"这三个词。

但英雄也有气短时。他的一位同胞说,吉罗的眼睛仿佛瓷猫,迷茫困惑。哈罗德·麦克米伦写道,"这位将军高贵而糊涂",对"奉承和祝福"一概来者不拒。美国人背后称吉罗为"该死的老爹"。

这位将军最傲人的经历似乎是被俘和逃脱。1914年,他首次被俘,但不久就化装成屠夫、马夫、煤炭商人和巡回马戏团的魔术师逃到荷兰,继而又辗转到了伦敦。和另外90名法国将军身陷牢狱两年后,他于1942年春逃离柯尼希施泰因的经历则更充满戏剧性。他用节省下的礼品包装线搓了一根索子,又拿经猪油罐夹带进来的铜丝加固,绞了胡子、用砖灰染了头发,将索子抛过栏杆,不顾63岁的高龄,溜了150英尺,跳进易北河。他化装成阿尔萨斯的工程师,带着一颗被悬赏10万马克

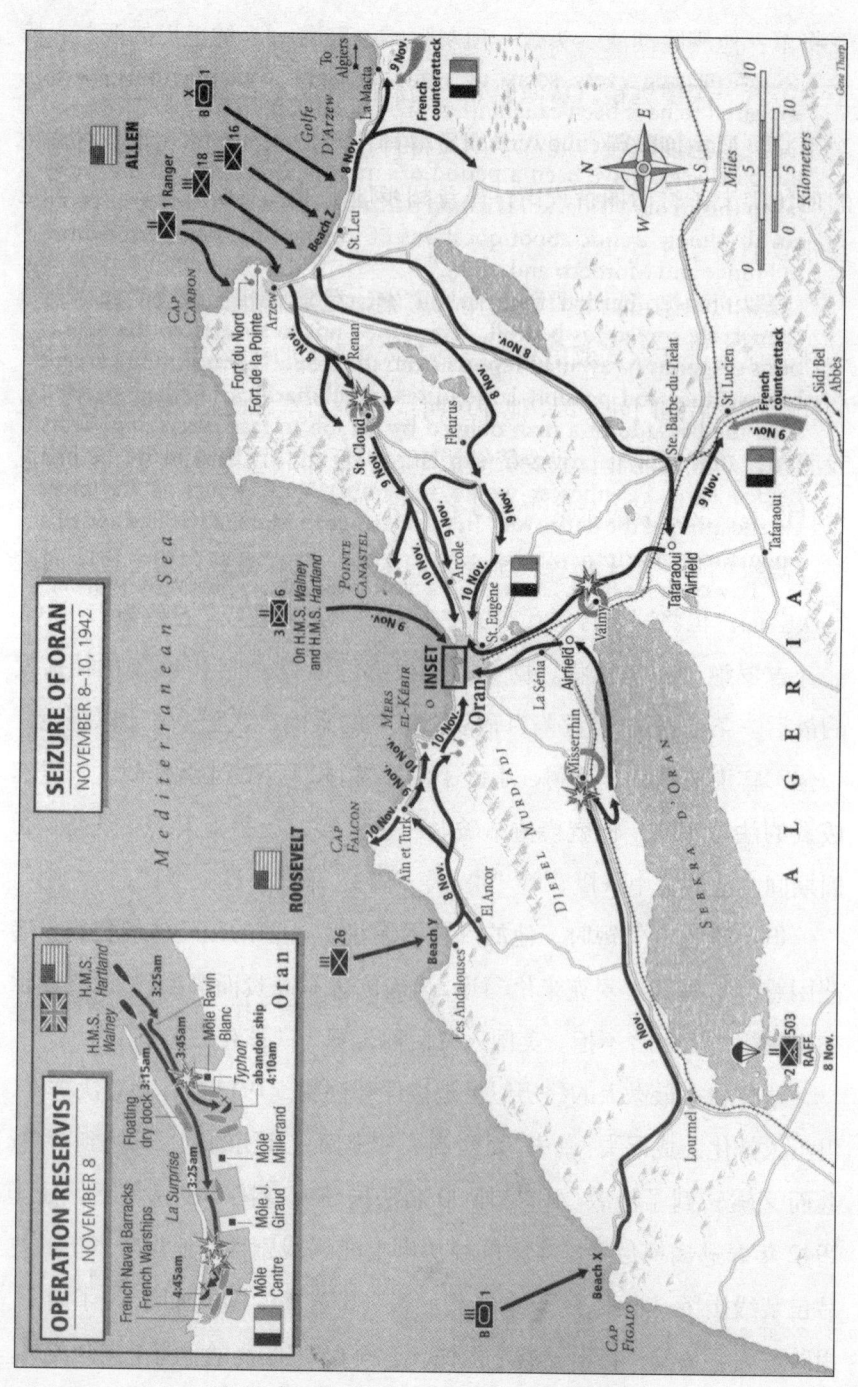

1942年11月8～10日，占领奥兰

第 1 章　枪声响的地方就是前线

1 Ranger 第 1 游骑兵营
3 and 6 On H.M.S.Walney and H.M.S.Hartland
第 3 营和第 6 营在"沃尔尼"号和"哈特兰"号上
ALLEN 艾伦第 1 步兵师
French counterattack 法军的反击
RAFF 8 NOV. 11 月 8 日拉夫第 509 伞兵团第 2 营
ROOSEVELT 罗斯福第 26 步兵团
To Algiers 往阿尔及尔方向
ALGERIA 阿尔及利亚
Ain et Turk 艾因图尔克
Airfield 机场
Arcole 阿尔科莱
Arzew 阿尔泽
BEACH X X 滩头
BEACH Y Y 滩头
BEACH Z Z 滩头
CAP CARBON 卡尔邦角
CAP FALCON 开普法尔孔角
CAP FIGALO 开普费加罗角
DJ EBEL MURDJADJ 米尔贾卓山
El Ancor 安苏尔
Fleurus 弗勒吕斯
Fort du Nord 北部堡
La Senia 拉塞尼亚
Les Andalouses 莱桑达卢塞
Lourmel 鲁蒙尔
Mediterranean Sea 地中海
MERS EL-KEBIA 米尔斯克比尔港
Misserrhin 米瑟尔林
Oran 奥兰
POINTE CANASTEL 纳斯特尔角
Renan 勒南
SEBKRA D'ORAN 奥兰盐沼
Sidi Bel Abbes 西迪贝勒阿巴斯
St. Cloud 圣克劳德
St. Eugene 圣尤金
St. Leu 圣列伊
St. Lucien 圣吕西安
Tafaraoui Airfield 塔法拉乌伊机场
Tafaraoui 塔法拉乌伊
Valmy 瓦尔米

73

的人头，搭乘火车辗转布拉格、慕尼黑和斯特拉斯堡，潜过瑞士边境，最后逃到维希法国。

现在他在艾森豪威尔的办公室，要对后者逼宫。吉罗不谙英语，克拉克的法语也不如人意，只得让一位美军中校为这个惯以第三人称自居的人翻译："吉罗将军不能屈居人下，他的父老乡亲不会理解，也施展不了他的才华。"艾森豪威尔解释，按歇尔谢尔达成的含混协定，经罗斯福首肯，同盟国希望吉罗只指挥法军，不可能答应他统领盟军。为减轻吉罗的负担，美军驻瑞士专员筹备了1 000万法郎，分存数个账户。他传来一名参谋，命他带地图来讲解登陆阿尔及尔和摩洛哥的地点。

吉罗固执己见。虽然这个方案让他有所触动，但法国南部的桥头堡又如何？他认为20个装甲师足以为之，但是否万事俱备？四星上将对三星上将，艾森豪威尔是否明白吉罗地位在自己之上？关键在于由谁统领盟军登陆法国领土。他说："吉罗不会妥协。"

翻来覆去地谈了4个小时后，艾森豪威尔面红耳赤地走出他如今所谓的"地牢"。艾森豪威尔答应到海军部食堂用餐，吉罗则去了总督府，享受总督的盛情款待。早在几天前，艾森豪威尔就通知马歇尔："统一指挥是个微妙的问题……我将如履薄冰，相信我不至得罪任一方，顺利解决。"可惜第一次会晤结束，克拉克如此对吉罗说道："老先生，希望你能明白，从现在起这儿没有你的位置。"艾森豪威尔致电马歇尔，表示"我已疲惫不堪"。

总督府的美酒和佳肴也平息不了吉罗的怒气。晚上10点半回到艾森豪威尔的办公室，红灯再次亮起，对艾森豪威尔的所有要求，他都一口否决。你来我往地争论了2小时后，吉罗告辞。谈判陷入僵局：吉罗要的是最高指挥权，而非美方开出的只是指挥法军这个有限的指挥权。他最爱开的一句玩笑是"将军起了个大早却一事无成，外交官却可以奔同一个目的赶个晚市"。第二天拂晓他想赶个早市，准备到镇上的巴扎去买内衣和鞋子。克拉克再次要挟他，尽管这次稍显礼貌。"请将军阁下明白，美国眼下用不着你光复法国，"他通过翻译说，"从今往后，我们用不着你。"

吉罗肩一耸，最后以第三人称宣布："吉罗将作壁上观。"艾森豪威尔小声开了个恶意的玩笑，说要为客人安排一次"小空难"，说完后他走向门外思考良策。

从直布罗陀看，夜空下一望无际的地中海仿佛片片靛蓝。艾森豪威尔生来是位玩牌的高手，看出吉罗不过是虚张声势。吉罗赌的也许是时间，坐观登陆的成果。大局一定，艾森豪威尔猜他又会回来。

此外，各方传来的消息振奋人心。阿拉曼交战两周后，隆美尔已从埃及全线撤退；英国第八集团军将非洲军团各个击破，将隆美尔赶进不久将占领突尼斯的"火炬"大军张开的虎口。轴心国在地中海的伏兵不仅安插得过远，一支从塞拉利昂出发的英国商船队还将一支德军引出了摩洛哥。商船队十余艘货轮沉没，休伊特手下的第 34 特遣队却毫发无损。这一机密能否守到凌晨？安保出了不少大纰漏，比如送到伦敦盟军司令部销毁的秘密文件碎片飞出了烟囱，一帮惊慌失措的参谋飞奔过圣詹姆斯广场，见到白纸片就捡。此外，"火炬行动"似乎让轴心国大军始料不及。

艾森豪威尔致信马歇尔："我无须告诉你连续几周来的紧张和苦闷。我想我们已顶住了压力……面对法国和摩洛哥的天气、政治、人身攻击种种问题，任何人都会心烦意乱，如果被允许的话。"

艾森豪威尔返回地窖的途中，又掏出一支骆驼牌香烟。打开铺盖时，他打定主意，在等候前线战报期间，不出作战指挥中心一步。"我最担心的是恶劣的天气和潜艇将造成大批伤亡。"这位肩负重任、草木皆兵的军人故作威武地说。数年后，艾森豪威尔参与拯救的文明世界授予他种种荣誉后，他将会想起整个战争期间最关键的时刻。在给马歇尔的一封电报中，他的附言一语中的："在某种程度上，人只能相信自己的运气。"

第 2 章
登 陆

1942年11月8日，盟军计划采用两翼包抄攻占奥兰及各码头：特里·艾伦的两个团在阿尔泽海滩登陆，小西奥多·罗斯福则率军登陆X滩头。"村夫行动"中美军首次空降作战，战果却不尽如人意。为加速盟军在北非的进展，11月9日，克拉克奉命前往阿尔及利亚与法属北非当局谈判。但"二战"中备受争议的法军上将达尔朗却态度暧昧，出尔反尔、一再变卦。与此同时，盟国远征军总司令艾森豪威尔则对"火炬行动"的进展一无所知……

LANDING

"In the Night,
All Cats Are Grey"
★★★

"漆黑的晚上谁认得是黑猫白猫"

奥兰市面临大海，位于直布罗陀东南230海里处，是欧洲在非洲沿海的一块飞地。市内人口数量20万，其中四分之三是欧洲人。据说该市在公元9世纪由西班牙南部的摩尔人所建，历经数番洗劫与重建后，顽强生存下来，并繁荣至今。据说，建造大清真寺的资金就是基督教奴隶的赎金。海盗时代已经一去不返，奥兰海港却留存至今。在这道海盗时常出没的古老海岸上，坐落着继阿尔及尔之后的第二大港口。码头上堆着成千桶等待出口的红酒和柑橘，防波堤上用白漆刷着贝当元帅空洞的口号："勤劳、家庭、祖国。"港内一家家酒馆都呈现出一幅山雨欲来的景象。码头和防波堤围成一个长1.5英里的繁忙港口，扼守两岸的要塞和炮台一直延伸到海平面，使得奥兰成为地中海沿岸一个易守难攻的港口。

盟军准备出动海岸警卫队的两艘小汽艇和半个营的兵力，从正面发动进攻，登陆北非。在肯特·休伊特手下的第34特遣队前往摩洛哥沿海之际，来自英国的舰队则兵分两路，一路赶赴阿尔及尔附近的3

个登陆海滩，另一路前往奥兰附近的3个海滩。鉴于驻守非洲的法国守军反应尚不明朗，因此盟军在摩洛哥和阿尔及利亚的行动要速战速决，控制各个港口以便加快人员和补给的登陆。北非登陆的成败关键就在奥兰，因此艾森豪威尔亲自批准了1942年11月8日拂晓奇袭奥兰、控制各码头的行动提议。

行动方案由英方在8月策划，代号为"预备役行动"。一如6个月前英军在马达加斯加完胜维希政府军，这次突袭也要先发制人，以防法军破坏奥兰港。英国情报机关估计，法军水兵只需3个小时就能凿沉停靠码头的商船，另外还需12个小时凿沉入口一线的巨型浮码头（指用锚碇在岸边、供船舶停靠的趸船组成的码头。——译者注）。为应对奥兰港守军的反攻，英方还提出将两艘"五大湖"汽艇上的美军悉数投入突袭战。这两艘汽艇曾一度用作缉私船，如今按照租赁法案，移交给皇家海军，之后更名为皇家军舰"沃尔尼"号和"哈特兰"号。漆黑的夜晚，法军炮兵是否能认出突袭美军并不清楚。丘吉尔也说，"漆黑的晚上谁认得你是黑猫白猫"。这两艘长约250英尺的皇家军舰可以抵挡北大西洋的风暴，但无法承受敌军炮火的猛烈攻击，因此驾驶台和下层甲板都装上了铁甲。各座码头、兵营以及目标都以鲜艳的色彩为代码：洋红、柠檬黄、紫红、明黄、淡紫和深红。

英方任命口齿伶俐的53岁老兵弗雷德里克·桑顿·彼得斯为"预备役行动"指挥官。彼得斯长相阴柔，薄嘴唇、柳叶眉，在阔别军旅生涯21年之后于1939年重返海军。他早年曾带领一支小驱逐舰队执行一次护航任务，之后前往哈福德郡，担任一所特工培训学校的校长。彼得斯的门生包括金·菲尔贝和盖伊·伯吉斯，这两人在1951年前往莫斯科加入克格勃，被视之为叛徒。彼得斯刮胡子时很用力，因此下巴总是红通通的。他喜欢抽细长的方头雪茄烟，如果再有一个马屁精能及时为他点上就更妙了。彼得斯的一位朋友曾这样形容他："风雨、黑暗和秘密与他如影随形。"现在，彼得斯的目标是建功扬名，他不仅要阻止守军破坏港口，还要夺取要塞，接收奥兰的降军。他透露："这是我梦寐以求的机会。"

彼得斯和他的进攻方案令美国人忧心如焚。连丘吉尔都承认，8月迪耶普战役的惨败"说明对一座重兵把守的港口展开正面进攻注定会失败"。自霍雷肖·纳尔逊上将（英国海军上将，1805年英法战争中指挥特拉法尔加海战，成就英国海军史上最辉煌的一次胜利。——译者注）时代以来，皇家海军就谨记"用军舰去攻打要塞是愚蠢之举"这一格言。一位军事理论家曾辩称，"至少要让守军陷入枪林弹雨中，令其仓皇失措"，如此才有可能成功。然而事实上，"预备役行动"遭到的弹雨攻击史无前例，守军也不曾仓皇失措。突袭前曾有一份情报警告称："奥兰港内的舰艇数量激增，而且这些舰艇均能够发射猛烈的远程炮火。"突袭行动的进攻时机也令人不安。按照最初计划，"预备役行动"要和奥兰东西方向的两个登陆点同时发动进攻。但现在，彼得斯决定在另两支军队登陆两小时后再进港。因此无论法军顽强抵抗也好，俯首称臣也罢，他都有时间取消该次行动。皇家海军强调，"预备役行动"不过是"渗透，而非突击"。

获悉彼得斯准备不顾地面情况贸然发动进攻后，奥兰特遣队美军高级将领安德鲁·C.贝内特少将为艾森豪威尔分析其中利害关系并指出，"倘若法国海军负隅顽抗（似乎是普遍观点），这支小部队必定遭受灭顶之灾"。他在10月7日的一份报告中写道："倘若守军拼死顽抗，我认为5倍于此的兵力也不能成事。""预备役行动"是"自取灭亡，经不起推敲"。

另一位驻伦敦的美国海军上将伯纳德·H.比厄里也提出异议。但为了盟国间的和谐，艾森豪威尔要顾及英国，尤其是四星上将伯特伦·H.拉姆齐的面子。"请原谅我不能听取你的意见，"艾森豪威尔对比厄里说，"我只能采纳拉姆齐的提议。"于是比厄里去找拉姆齐，希望说服后者，但得到的答复却是，"就算这次行动不成功，对于执行这类任务的将士

第2章 登 陆

来说,也会备受鼓舞。倘若成功,那就可以极大地提升军中士气"。被指定为"预备役行动"投入兵力的第1装甲师师长奥兰多·沃德少将也颇有怨言,但这只招来马克·克拉克的一顿训斥。10月13日,克拉克要艾森豪威尔放宽心,"沿海守军若要开炮,这几艘军舰就立即撤退"。沃德顾虑重重,但在给属下的信中他依然写道:"我问心无愧。"

进攻奥兰港这项重大任务交给了沃德手下的第6装甲步兵团第3营。第6装甲步兵团于1789年组建,曾参加过查普特佩克、千塞勒维尔、圣胡安山和圣米耶等战役。杰斐逊·戴维斯(美国内战期间担任美利坚联盟国首任,也是该政权唯一的一位总统。——译者注)和扎卡里·泰勒(美国第十二任总统。——译者注)是第6装甲步兵团的明星人物。1837年圣诞节佛罗里达沼地与印第安塞米诺尔族一战令该步兵团名动一时:一位身负重伤的指挥官临终前喊道,"冲啊,战友们,占领那片高地!"第3营营长乔治·F.马歇尔来自佛罗里达州,现年31岁。这位西点军校的毕业生长着一颗大脑袋,马脸,下巴坚毅,曾在菲律宾担任侦察兵,后来娶了一位军医的女儿。最近几个月,马歇尔官运亨通,从上尉到中校,连升三级。即便对"预备役行动"有诸多疑问,他也只是在背后嘀咕几句。马歇尔告诉一位师部参谋,这次任务"安排得好",他要占领高地。

在英国进行了短期的挠钩和软梯训练后,马歇尔带领手下392名士兵以及所有能带走的小汽艇,登上一艘皇家巡洋舰赶赴直布罗陀。11月5日,艾森豪威尔及其参谋人员乘B-17前往直布罗陀机场为第3营饯行,之后这些士兵又分别登上从爱尔兰赶来的"沃尔尼"号和"哈特兰"号扬帆而去。26名美国海军军官和水兵、6艘美军潜艇、52名皇家海军军官和新兵以及汽艇上的英国水兵,组成一支反破坏特遣队。11月7日中午,士兵和下级军官获悉此行目的地。

横渡地中海这段短短的航程并不平静,严重超载的汽艇一路颠簸,吃饭的时候连汤都洒了出来。与此同时,罗伯特·墨菲手下的"十二使徒"

以及美国间谍机关战略情报局在奥兰市组织的一场暴动以失败告终，但彼得斯和马歇尔却对此事一无所知。尽管奥兰城内保皇党、犹太人、共济会和共产党人仍一心要占领港口等主要设施，法军高层中的同僚却犹豫不定。盟军设在奥兰的一座秘密电台给直布罗陀发了一封电报："预计全线抵抗。"可惜，这条消息没能送到盟军特遣队手中。

特遣队的每艘汽艇上都悬挂了一面台布大小的星条旗，其中两艘艇上还挂起了一面皇家海军军旗。英方士兵一意孤行，不顾此前说好的伪装方案，坚持悬挂己方的旗帜航行。彼得斯在"沃尔尼"号舱内和同僚碰面，进行最后部署。他信誓旦旦："我认为可以不发一枪一弹，就能完成任务。"

11月8日零点刚过1分钟，两艘艇上的士兵已各就各位，准备战斗。士兵紧挨着枪炮，伏在后甲板库房和一排堆在洗衣房的弹药箱旁。船舷抛下了攀登网。皇家海军中尉保罗·E.A.邓肯身穿美军作训服，腰后别着两把手枪、胸前抱着一挺机关枪，站在"沃尔尼"号黑漆漆的驾驶台上。他是彼得斯的翻译，操着一口美国腔，正小声地念叨一段法语，一会儿他要通过扩音器向港口的守军喊话。

"沃尔尼"号以6节的速度悄然驶向阿尔及利亚海岸，"哈特兰"号以600码的速度尾随在后，两艘军舰划开海水，在波光粼粼的海面拖出一条碧绿的尾迹。马歇尔上校的部下在住舱甲板上呷着咖啡，侧耳听着艇身嘶嘶而过的水声。军医助手在临时搭建的手术台上铺上白床单，其中一人名叫马文·P.克莱门斯，是西弗吉利亚埃克尔斯一座煤矿的司闸员。最近该营军医罗伯特·富勒将不服管教的克莱门斯贬为二等兵，因此后者打算抵达奥兰领到薪水后就开溜。克莱门斯一边帮富勒摆放手术器械，一边暗自策划出逃方案。

彼得斯、邓肯和另外15名士兵挤在驾驶台上。这些人脸上都抹了重重的伪装油彩，连最亲近的朋友都认不出他们来。奥兰市黑魆魆的山上泛着点点微弱灯光，凌晨2点45分，灯光突然熄灭。水面上远远

第 2 章 登 陆

地传来凄厉的防空警报声。"沃尔尼"号舰长 P.C. 梅里克少校大声朗读反破坏特遣队的指挥舰"拉各斯"号发来的一封电报。但电报语义含糊,让人摸不着头脑:"目前不得开火。登陆未遭遇抵抗。不到万不得已不得主动挑起战斗。"驾驶台上的一干人放声大笑。当右舷码头方向慢慢腾起一团火焰时,笑声戛然而止。彼得斯看到两条长 200 码的铁索拦在入港口。

梅里克急忙命舵手转向,前往港口东面的悬崖下隐蔽。几名士兵驾着两艘从直布罗陀带来的摩托艇着手释放烟幕。梅里克下令以 15 节的速度冲向铁索,"沃尔尼"号的车叶飞速旋转。凌晨 3 点整,彼得斯一点头,邓肯随即操起麦克风,憋着一口美国腔,对夜空用法语喊道:"不要开枪,我们是你们的朋友,不要开枪。"

红色的曳光弹划过水面,港口上方的洛慕纳炮台喷出一道道火舌,哒哒哒的机枪声在拉万·勃朗码头回荡。猛烈的爆炸声在漆黑的海面上此起彼伏。"卧倒,防碰!"梅里克下令,"我们正接近铁索。""沃尔尼"号猛地一震,撞断了第一条铁索,继而犹如砍瓜切菜一般,撞断几条由煤驳(即运煤专用的中小型散货船驳。——译者注)串成的第二道封锁,"沃尔尼"号进了港。

但欢呼声被一阵猛烈的撞击声打断。一艘摩托艇冲出令人窒息的烟幕,一头撞上"沃尔尼"号。所幸没人受伤,但摩托艇艇头被撞毁,之后消失在茫茫夜色中。码头附近释放的烟幕仿佛浓雾,在港口上空升起的照明弹下腾起滚滚白烟,探照灯疯狂地向水面扫射。甘贝塔炮台发出低沉的轰鸣声,掩盖了码头和防波堤上哒哒作响的轻武器。突如其来的爆炸声过后,"沃尔尼"号的驾驶台被掀翻,邓肯中尉请求停火的话刚说到一半就倒地阵亡,手里还攥着麦克风,枪套内的手枪一弹未发。

"沃尔尼"号驶过拉万·勃朗和米尔兰德两座码头,在接近港口西端的目标之际,炮火声突然沉寂了足足一分钟。因为法军炮兵盯上了

83

此刻暴露在探照灯下的"哈特兰"号，这两艘军舰一前一后相距几百码。"沃尔尼"号住舱甲板上的200名美军士兵听着头顶的交战声，先是热血沸腾，当听到机枪子弹打在船体上时，他们异常警觉起来。几名士兵在甲板上痛苦地挣扎，军医蹲在他们身边，摸索着找出士兵随身携带的吗啡。马歇尔上校奔前跑后，大声喊着集合令，然后冲向舣楼。英方水兵按照原定计划在一侧放下3艘小艇。其中一艘穿了一个洞，当即沉没，船上的士兵被抛下水；另两艘艇上的反破坏小组在摩洛哥海盆里拼命地划向码头。

沉寂突然降临，又骤然消失。透过驾驶台破烂的舷窗，彼得斯看见法军炮舰"奇袭"号加速向这边直冲过来，遂立即命梅里克掉转航向，准备与这艘舰迎头相撞，但法国舰长的反应速度更快。法军在300码外的一阵齐射，将"沃尔尼"号的驾驶台捣毁，舵手和他身边的士兵全部阵亡。彼得斯的左眼被打瞎，他冲另一名舵手大叫舵令，却发现后者早已身亡。"沃尔尼"号以4节的速度继续飘航，转瞬之间法军的枪口触手可及，相距仅25码之外的法国炮兵又发出一阵排射，对准"沃尔尼"号的甲板疯狂扫射。

更糟糕的事情还在后面。在"沃尔尼"号经过朱尔斯·吉罗码头的途中，一发炮弹击中机舱，造成大量士兵伤亡，润滑油柜也被损毁。机舱断流阀自动关闭，发动机卡死，"沃尔尼"号也失去动力。数发炮弹一齐射向两台锅炉，许多船员被烫伤。两艘靠泊的潜艇、港口上方的一座炮台以及数名法军狙击手向"沃尔尼"号的船头船尾一阵乱射。炮弹打进军官舱、舰长舱和驾驶舱。上甲板是一摞摞的尸体，下层的住舱甲板则形同停尸房，鲜血横流。

"沃尔尼"号飘向港口西端的桑特尔码头，打横接近锚泊中的驱逐舰"雀鹰"号。强行登船队的幸存者用挠钩钩住驱逐舰的烟囱，但"沃尔尼"号没有动力推进，绞盘不能启动，无法继续向驱逐舰靠近，士兵没法登船。与此同时，"雀鹰"号甲板上的炮火疯狂地扫射"沃尔尼"

号，驾驶台上的梅里克、医务室内的军医富勒以及在艏楼上与十余名劫数难逃的士兵一起往法国驱逐舰上扔手榴弹的马歇尔上校全部遇难。烈火舔舐着甲板。一个小时前站在驾驶台上的17个人，现在只剩下彼得斯。他冒着蔓延的烈焰，在一具具尸体之间穿行。

"哈特兰"号的情形也不甚乐观。由于与摩托艇距离太远，"哈特兰"号得不到烟幕的掩护，刚刚驶过洛慕纳炮台就引来了法军的猛烈袭击。曳光弹在甲板上飞舞，还没进港，舰上的一多半炮手就已经阵亡。榴霰弹片打断了蒸汽管，在战场的喧嚣中，一声尖锐凄厉的啸声划破夜空。这颗榴霰弹还在最不合宜的时刻炫花了"哈特兰"号舰长的眼睛。舰艇偏离航向，撞上伸出入港口6英尺的防波堤。"哈特兰"号暂时搁浅，被岸上探照灯的光束照得透亮。脱浅后它带着一个大洞和熊熊大火，继续向港内驶去。舰长戈弗雷·菲利普·比约少校命炮手还击，但他指挥的同样是一堆身穿马裤的尸体。"哈特兰"号的3英寸口径火炮只发射了三轮，就被彻底打哑。

在"哈特兰"号绕道拉万·勃朗码头、驶向敦刻尔克码头的途中，恰好处于驱逐舰"堤丰"号的火力之下。100英尺外法军的一轮排炮，打穿了"哈特兰"号没有装甲的船体。侧倾的"哈特兰"号摇摇晃晃地继续前进，驾驶台被榴霰弹炸得粉碎，在船头住舱以及设在军官住舱的急救站里，许多军医和伤员的尸体横七竖八躺了一地。机舱内弥漫着腾腾的硝烟和破裂管道泄出的滚滚蒸汽。一名十几岁的司炉手握铁锹倒在一旁。甲板上，法军的机枪仿佛花园喷壶，对准"哈特兰"号的甲板来回扫射。成堆的尸体挡住通道，幸存者竟无法拿到消防水管。水兵帮助负伤步兵穿上他们并不熟悉的救生衣，然后拽着他们翻过船舷。直到一枚4英寸口径炮弹喷着蓝色火焰呼啸越过"哈特兰"号的甲板，飞向其后的法国船只时，"堤丰"号才停止炮击。

凌晨4点，比约少校抛好锚，刚刚踏出驾驶台，就被飞来的弹片打伤肩膀和两条腿。炸弹迅速爆炸，"哈特兰"号火光冲天，烧红的甲

85

板就像炼狱。随即比约命令所有幸存者弃船逃生。

一英里以西,"沃尔尼"号也在下沉。船上的幸存者稀稀落落地穿过甲板,跳进海里。军士拉尔夫·高尔刚刚爬到上甲板,就昏倒在船舷旁。醒来之后,他发现自己身上压着一摞尸体。"死人动不了。"他后来说。被降职的军医助理马文·克莱门斯此时根本用不着当逃兵,因为富勒上尉已经阵亡。在克莱门斯泅水逃往码头的途中,他的腿上中了4弹。"沃尔尼"号随军记者小利奥·S.迪舍身中25处枪伤,穿着被炮火撕成碎片的救生衣,好不容易才逃上了岸。一名美国兵从水中伸出一只手拉住了迪舍:他的另一只手已经被打飞。

幸存的盟军士兵划过油渣,头紧贴残骸,躲避嘶嘶入水、滚烫的榴霰弹片。码头和"雀鹰"号上的一些法国水兵帮忙救起生还者,而其他士兵则拿步枪和机枪瞄准泅水的士兵,将其一一击毙。

凌晨4点15分,一声爆炸骤然响起,已被炮弹炸穿50余个洞的"沃尔尼"号,艇身微微一倾,就此葬身海底。星条旗和皇家海军军旗依然迎风飘扬。彼得斯顺着尾缆登上一艘小艇,和另外10名士兵上了岸,随后被法国水兵俘虏。

"哈特兰"号上的大火一直烧到早晨,摇动的火苗舔舐着旗帜。最终一阵雷鸣般的爆炸,不仅将"哈特兰"号炸成碎片,还损毁了拉万·勃朗码头附近的仓库。舰上200名士兵,只剩2人带着武器上岸,当即被俘。

拂晓出奇的平静。"哒哒哒"传出几声沉闷的步枪声后,又陷入一片死寂。海面上,一团团燃烧的浮渣仿佛篝火一般噼啪作响。远处圣克鲁斯圣母院神龛内,一尊斑驳的石雕圣母将手伸向港口方向,仿佛要赦免人类在她眼前犯下的种种罪行。

法国海军陆战队士兵将这些幸存者团团围住。不断呻吟、血肉模糊的重伤员被拖上卡车和救护车,其余的人只能步行。他们只穿一件内衣、满身油污,赤脚或者套一双破烂的胶底鞋,顶着细雨,一瘸一拐地穿过奥兰的街道,前往2英里外的战俘营。法国平民在道路两侧流泪；阿拉伯人则向幸存者吐痰、扔石头，嘲笑这群战俘。"预备役行动"的伤亡率高达90%，近一半士兵阵亡。马歇尔手下的393名士兵中，189人阵亡、157人负伤。皇家海军也付出了惨痛代价：113人阵亡，86人受伤；美国海军阵亡5人，伤7人。

英方自称，"预备役行动"参战人员的英勇气概，令法国海军肃然起敬，因此他们才没有"积极"破坏港口。但法军的行动证明事实远非如此。就在衣衫褴褛的残兵败将前往战俘营的途中，奥兰港司令即下令打开海底阀。不出几小时，27艘法国废船体紧随"沃尔尼"号和"哈特兰"号沉入海底，一时间水面上桅杆和烟囱林立。包括2.5万吨级"大码头"在内的数艘浮船坞（一种用于修、造船的工程船舶。——译者注）被凿沉，将港口入口阻塞，后来用了整整2个月才将船体打捞出水。皇家海军随即进行了一次小规模的报复行动，从奥兰突围的5艘法国战舰或被击沉或搁浅：黎明时分，"奇袭"号带着舰长和55名士兵葬身海底；"雀鹰"号陷入一片火海中，自行冲滩；"堤丰"号在港内的航道上被击沉。

在"预备役行动"结束后的几个星期内，陆续有尸体浮出水面。士兵乘小艇用挠钩将尸体拖上岸，裹上毯子。打捞出的300余具盟军尸体令生者手足无措：第一波登陆时，反破坏特遣队没有殡葬队。攻克奥兰后的数日内，由谁安葬阵亡将士以及在何处安葬地点在盟军各部队之间始终争论不休。最后由工兵在镇外选了一座小山坡，用风镐和气锤在白垩岩石上开了一条长壕沟将逝者掩埋。阵亡者中有29人身份不明。许多士兵失踪，包括乔治·马歇尔在内，他留下了一个寡妇和一双幼子。

为避免招致法国人的不满，艾森豪威尔手下的英方海军司令安德鲁·布朗·坎宁安上将坚称，在提到"预备役行动"时"最好保持沉默"。参加奥兰突击的英方高层幕僚个个都升了职。彼得斯被授予英国最高荣誉，维多利亚十字勋章以及美国第二大荣誉奖章——优质服务勋章。

据授予仪式上的一位目击者说，戴着黑色眼罩的彼得斯如同一个垂头丧气、丢盔弃甲的海盗。"预备役行动"结束5天后，在前去面见丘吉尔的途中，直布罗陀反复无常的大风导致飞机失事，彼得斯坠机身亡。维希政府幸灾乐祸地援引当地的法律，声称凡是驶进奥兰港的船只都要支付引航费，"预备役行动"的失败就是他们给盟军"沃尔尼"号和"哈特兰"号两舰开出的收费单。

在一次非公开的英美参谋长会议上，艾森豪威尔最终揽下了此次突袭行动惨败的责任。他的姿态无可厚非，但当初强烈反对此次行动的美军上将安德鲁·贝内特却得理不饶人，穷追不舍。这使英方和艾森豪威尔大为光火，后者声称，他要"立即把那家伙赶走"。贝内特仍喋喋不休，不久即被调往冰岛。

至于奥兰多·沃德少将，仍和手下的第1装甲师大部留在英国。当第3营全军覆没的消息传来时，他不禁动容，挥笔在日记上写下《鲁拜集》(*Rubáiyát of Omar Khayyám*)中的诗句：

旧日湖山同醉客，
只今寥落已无多。
几杯饮罢魂销尽，
——一生涯酒里过。
（——郭沫若译）

In Barbary
★★★

登陆北非

　　海风裹着刺鼻的碳烟、湿腥和腐臭味飘向4万余名突击队员，他们计划11月8日一早从东西两翼包抄奥兰市。此时这些士兵对于奥兰港内糟糕的战况一无所知，他们掏出口袋里可辨识各自部队的一应物件。各舰娱乐室内是一堆堆情书、舞伴卡、火车票根、会徽和驾驶证等来自和平时代的零碎物件。厨艺饱受诟病的大厨们打起精神，做了一顿"丰盛如上路饭、却没人会尝"的饭食。一名短波话务员别出心裁，想办法接收到"陆军—圣母玛利亚"橄榄球赛事，通过舰上的有线广播为第16步兵团播放。第26步兵团团长小亚历山大·N.斯塔克上校在最后发言中告诉手下的士兵："我们要给敌军一切体面投降的机会，不要逼他们打。一着不慎，将铸成大错，所以我们要三思而行。"黑暗中，只听一艘艇的甲板上有人说："我当然害怕，你个傻瓜。别告诉我你不怕。"马歇尔上校的兄弟单位——第6装甲师第1营的士兵呆呆地望着6海里外黑魆魆的海岸。除了港口附近不时出现的奇怪闪光外，海岸线一片平静。"看样子他们不想打。"士兵们互相安慰。

按照艾森豪威尔和克拉克批准的方案，参加这次行动的美军统一由劳埃德·R.弗雷登多尔指挥，计划登陆横贯50英里、命名为X、Y、Z的三个滩头，采用双重包围战术控制奥兰市。在拂晓前抢滩X、Z两个滩头的坦克呈钳形向纵深推进，协助占领奥兰以南的两座机场，"预备役行动"此间想必已经攻占了港口。步兵也将包围这座城市，阻断前往奥兰的法国援军。据盟军情报机关汇报，法军在这座城市的13个沿海炮台布下4 000名重兵，仅奥兰师的士兵就达1万人之多。

从美军第1步兵师和第1装甲师抽调的士兵组成了一支规模最大的登陆分遣队，这支分遣队将分乘34艘运兵船，攻占位于奥兰以东16英里的渔港阿尔泽附近的Z滩头。阿尔泽扁石滩由两座炮台把守，第1游骑兵营的任务是在盟军主力部队登陆前夺取这两座炮台的控制权。英方突击队为游骑兵营进行了6个月的培训，训练期间这些学员都效仿其教练，蓄起八字胡或山羊胡。这一传统要追溯到法印战争（英美为争夺美洲殖民地及世界贸易控制权于1754～1763年进行的战争。——译者注）期间的杂牌军，他们凭小偷小摸、旺盛的体力和无休止的内讧而久负盛名。第1游骑兵营的士兵多半是炼钢工人、农民、斗牛士、驯兽师、股票经纪人和滑稽戏团出纳出身。指挥官威廉·O.达尔比现年31岁，是一位来自阿肯色的炮兵，勇敢决绝、一呼百应。

500名游骑兵仿佛抽屉里的勺子，从"阿尔斯泰君主"号、"皇家阿尔斯泰人"号和"皇家苏格兰人"号挤上登陆艇，头盔下露出一张张苍白的脸。他们并未利用攀登网，而是直接在军舰甲板上跳入登陆艇，再用吊艇架和绞盘机将小艇放到水中。舵手启动沉闷的V-8发动机，登陆艇划出一圈圈涟漪，驶向海岸。在放一艘小艇入水的过程中，前吊艇柱的一根缆绳突然折断，将游骑兵、枪支和达尔比的电台一股脑全抛下海。水兵被这一幕逗得前仰后合，他们嬉笑着救起在水中扑腾的士兵。一时间咒骂声连天，最后一个伦敦士兵吼了声："还不多亏我们把你们救上来！"

W.H.达默少校带着2个连直奔阿尔泽港。到达后,他们发现法国驻军睡得如婴儿一般香甜,码头上放着成桶的腌制沙丁鱼。8艘登陆艇放下艇艏跳板准备登陆,但防波堤比预料中高,游骑兵一再滑下黏糊糊的石堤,最后揪着绳子才攀上码头。15分钟后,他们来到四周围有堑壕的普安特堡,悄悄蹲伏在古堡外。领头的小分队发现一名法国水兵,便一路跟踪他来到大门。一阵枪声和子弹打在地上噼里啪啦的声音过后,这名士兵抽搐着扑倒在地。随后,游骑兵活捉了指挥官夫妇和60个睡眼惺忪的法国士兵。一个兴高采烈的英国水兵在下面的登陆艇上喊道:"为国王和祖国而战!"普安特堡初战告捷。

同一时间,达尔比带领4个连越过港口北部1英里处一片乱石丛生的海滩。这支游骑兵在海上颠簸了几个星期,现在重回地面,感觉周围的陆地似乎都在翻滚。他们气喘吁吁地翻过一道陡峭的沟壑,从两翼包抄诺尔堡。3支连队并肩越过一道铁丝网,将掩体内和阿尔及利亚妓女鬼混的3个法国兵赶了出去。一阵猛烈的炮火逼得达尔比赶紧撤回手下的士兵,同时往碉堡方向一连扔了80发榴弹炮弹。随后,一些游骑兵咆哮着冲向被炸塌的炮台,将爆破筒(装上炸药的管子)塞进4个炮眼。其他人对准透气孔扔了一通手榴弹,还没等爆炸声响起,法军炮兵就顶着弹药箱冲了出来。

很快,一名法军指挥官匆忙在睡衣外套了件短大衣、趿着一双布拖鞋,带领60名水兵,打着白旗走出炮台。按照达尔比的吩咐,这名指挥官给附近一个用作外籍军团疗养院的兵营打了一个电话,敦促他们尽快投降。疗养院中,烂醉如泥的外籍士兵只得同意将步枪扔下井。牙关格格作响、哆哆嗦嗦地抱着听筒的阿尔泽市长也答应将这座城市交给盟军。

达尔比冲上一个居高临下、俯瞰海面的石丘。只有毁掉阿尔泽的炮台,皇家海军才能放心地将运兵舰开到海岸对面5海里处。事先确定的行动成功信号是点燃4枚绿色信号弹,然后是4组白双响满天星。

但达尔比的白色信号弹和电台全都掉进了海里,于是他一枚接一枚拼命地发射绿色照明弹。远处地平线上等待消息的士兵挤在军舰甲板上,望着空中一道道绿色弧线发出阵阵轻声的赞叹。经过一番激烈的讨论,特遣队指挥官准确地猜到了这些信号弹的真正意义:在当年汉尼拔(北非古国迦太基名将、军事家。——译者注)和大西庇阿(古罗马统帅和政治家。——译者注)治下的土地上,盟军攻克了这次行动开始后的第一座城镇。

一位下巴突出的少将神色坚毅,迈着骑兵特有的罗圈腿,在"太平洋公主"号的风雨甲板舷边踱来踱去,青铜色的头发在头盔里凌乱地竖起来。此人粗颈斜肩,而且从英国启程后一路用体操棒和健身球锻炼,一看就知道他膂力过人。这位少将一般要在早餐后慢跑3英里。在接下来的一天中,他会故意拍着空空的口袋,到处向部下讨烟抽。脸颊上两处对称的伤疤就像两个酒窝:在1918年阿尔贡战役中,一枚穿脸而过的子弹打掉了他的牙齿。最让他头痛的问题是口吃。只要一着急,说话时旧伤就会引起可笑的嘶嘶声,好像漏气的轮胎。他现在就急了,停下脚步,呼哧呼哧地研究了一阵追着登陆艇的橙绿色磷光。在第一波士兵冲向地平线之际,他嘟哝了一句:"登陆。"

一位崇拜者写道,单看特里·德·拉·梅萨·艾伦这个名字就知道这人不可一世。身为第1步兵师师长,特里·艾伦秉承了大红一师的一条非官方训言:"能吃能喝、敢打敢拼,因为他们盼着第一个冲锋陷阵。""梅萨"这个富有异域情调的中间名来自艾伦的母亲,她是一个在南北战争期间任联邦上校的西班牙人的千金。艾伦的父亲是一位长期驻守得克萨斯的炮兵军官,他将非凡的骑术以及吃喝嫖赌的嗜好都一股脑传给了儿子。在西点军校的最后一年,艾伦因军械和射击两门功课不及格而黯然退学,之后就读于一所天主教大学并顺利毕业,于1912年应征入伍。在1918年的圣米耶勒战役中,艾伦身负重伤,被担架抬下战场。他刚一恢复神志,就一把将急救标记扯下,冲回战场召集手下的士兵投入战斗。在第二颗子弹从右至左横穿他的下颚之前，他还在一个德军机枪手的头上砸折了自己的拳头。

据艾伦的一位副手称，对这位"最英勇的人"来说，这两次世界大战的间隙简直是无聊。1922年1月，得克萨斯牧场主协会打算举办一场马拉松式赛马，以了解步兵是否能与真正的牛仔一决高下，这次比赛让艾伦过足了瘾。艾伦少校代表军方挑战驯马世界冠军、在奇瓦瓦拥有400英亩牧场的车队老板基·邓恩。二人同时从两地出发：艾伦从达拉斯，邓恩从沃斯堡，他们都要骑行300英里，赶到终点圣安东尼奥的阿拉莫。

邓恩身穿马裤、头戴牛仔帽，骑一匹面部有白斑、名叫阿沃尔的卡尤塞马。艾伦则穿一身笔挺的骑兵服，骑一匹叫科罗纳多的黑色高头大马。二人均以每天60英里的速度策马在得克萨斯州穿行。每一名骑手策马越过得克萨斯州界之际，都有人群夹道欢迎，彩旗飘舞。一位评论员说："大家为这场比赛下的注足够造一艘战舰。"比赛进行到一半时，得知邓恩的马缺少草料，艾伦立即送给邓恩一车干草和燕麦。在马鞍上颠簸了101个小时56分钟之后，这位年轻的军官策马漫步越过终线，领先对手7个多小时到达终点。在人群的一片欢呼声中，艾伦骑着马去打马球。

艾伦在利文沃斯堡陆军参谋学院求学期间的表现却不尽如人意：艾森豪威尔少校以全班第一的优异成绩毕业，他却是全班倒数第一，因此被校长斥为"学校有史以来最差的学员"。不过，艾伦任本宁堡步兵学校教员期间，却深受副校长乔治·C.马歇尔的赏识。在1932年一份勤务评定报告的10个项目中，马歇尔给了他9项良或优（是"操行等级"一项唯一获得良好评价的教员）。艾伦年轻漂亮的妻子玛丽·弗朗西斯总结得好：马是特里战后的情人。当艾伦的照片和一篇谈论未来将才的文章一起出现在密苏里一家报纸上时，文章的简介中称他是"头号暴乱和反叛分子"。

经过战火的洗礼，这帮暴乱分子终成大器。军队中团级和师级部队的人数与日俱增，在物色合适的指挥官人选期间，马歇尔和作战训练部参谋长莱斯利·J.麦克奈尔的保险柜里保存了400余名上校的档案，他们的勤务评定均为"优秀"。既非上校、勤务评定也不优秀的艾伦并不在此列。而且1940年，上级决定将艾伦从中校晋升为准将，连升两级。在西点军校的同窗中，他第一个戴上将星。但他这时却因拒不执行命令而接受军事法庭的审判。知人善任、有时对于能征善战的军官犯下的错误一笑置之，马歇尔如此远见卓识恐怕无人能及。在艾伦晋级令下方的贺词中，上级用铅笔写了一行字："我们这帮警卫室的兄弟也想为你庆贺。"

晋升少将以后，艾伦哼着歌曲《得克萨斯深处》，阔步穿过大街，到第1师赴任，后者是美军历史最悠久的一个师。历经两次世界大战，大红一师几乎完好无损，许多西点军校毕业生和正规军军官云集于此。在艾伦的领导下，"敢打敢拼、能吃能喝"这一传统得以发扬光大，马歇尔背地里警告他："大白天喝酒……你要注意影响。"从伦敦出征前，艾森豪威尔发布了一份措辞严厉的备忘录，指出一个月前在英国因酗酒和违纪被捕的美军士兵中，有三分之二来自大红一师。

第1师傲慢、固执、暴躁，既是一支军队，也是一个好战的部族。弗兰克·U.格里尔上校向手下士兵发出号令："第18团的战士们，我们即将投入战斗！""火炬行动"前夜，上级给艾伦发来一纸通知，称不要将法国当作敌人，但他当即将其付之一炬。"你就当什么也没看见，"他对手下的情报官说，"这么晚才通知我们，法国人要和我们并肩作战，这对我军相当不利。"第1师对这名离经叛道的指挥官的忠心获得了回报。"从来都没有碰到过这么多急需解决的问题。"艾伦在写给玛丽·弗兰朗西斯及幼子的信中写道。不过，他说士兵们个个训练有素，已经做好了战斗的准备。"我现在对第1师信心倍增。他们比以往强上10倍……他们虽然年轻，但结实强壮。我会一直想念你和桑尼的。"

第 2 章 登 陆

艾伦将一条腿跨过"太平洋公主"号,以体操健将的身姿爬下攀登网,登上了等在下面的小艇。

阿尔泽附近的海滩一片混乱。一股意料之外的西向洋流使运兵舰和登陆艇偏离了航向。黑暗中,几十个晕头转向的艇长沿着岸边来来回回地寻找登陆滩头。士兵携带的装备多半重达 100 磅,每个人活脱脱一副全副武装、要被吊上马背的中世纪骑士模样。一到岸上,几个星期来船上饮食欠佳以及缺少锻炼的后果立即显现,士兵们跌跌撞撞地冲进沙丘,丢掉了防化服、护目镜、羊毛内衣和手榴弹。海滩上挤满了因落潮搁浅的登陆艇,士兵只好动用推土机将它们推出去,如此一来,损坏了许多车叶和船舵。

原计划用平底船将轻型坦克送上海滩,如此就不必涉水 300 英尺上岸。工兵用几个小时在水中筑了一条路。见英国水兵拿铅锤测深水深,一名美国军官吼道:"伙计,我们等的就是这一刻。我们快上!"他将靴子挂在脖子上,一脚跨过登陆艇的船舷,当即不见了踪影。他的部下连忙七手八脚地把他拽上艇,这时艇长正一点一点地将登陆艇靠向岸边。

翻译拿着喇叭用法语喊:"打倒德国!打倒意大利!法国万岁!"第 18 步兵团的一门迫击炮连连发射出一种鸵鸟蛋大小的特制炮弹;炮弹升上 200 英尺高的夜空,在五光十色的焰火中一面美国国旗徐徐展开,慢慢地飘向大地。现在总算有了明确的攻击目标,法国炮兵立即报以猛烈的炮火。"行,小伙子们,现在大开杀戒!"一名营长下令,"给我狠狠地打!"

有人开枪,另一些人却犹豫不决。突然来到一片漆黑陌生的海岸,许多士兵都怕误伤自己人。山坡上到处可听到暗号和对答:"喂,银币!""滚——!"尽管艾伦将军生性好斗,但他手下的军官深信不开第一枪的训诫,即使法军的抵抗让他们无所适从。因此,尽管法国炮兵猛轰己方部下,一位步兵营营长仍一连声地说:"他们打的不是我们,他们打的不是我们！"其他人则乱打一气，用阿尔泽附近的一名士兵的话说，他们"打断了北非一半葡萄藤"。在清剿阿尔泽郊外的狙击手时，第18步兵团K连的士兵打死了一名阿拉伯平民。第16步兵团第2营的士兵把装备堆在几头征来的骡子和几辆牛车上，继续向纵深推进。法军用一阵榴弹炮将他们逼进了一条水沟。一些士兵接到命令准备退回去重新集合时，军队中突然人心涣散，士兵犹如惊弓之鸟，溃不成军地沿着大路逃窜。

这支缺乏作战经验的军队就这样度过了战斗的第一夜，一个充满了混乱与失误、英勇和罪恶的夜晚。听到阿尔泽郊外可怕的叮当声和马达轰鸣声，第1步兵师的士兵用嘶哑的嗓子悄声说："坦克来了！"不知是谁下的令："不要乱开枪！"但夜晚的宁静被20名步枪手一阵猛烈的齐射打破，紧接着发出一阵窃笑：他们袭击了一辆运酒的卡车，司机中弹死在驾驶室内。"第一起伤亡、黑暗中截住老卡车司机这一幕，我们一辈子都忘不了。"一名士兵事后写道。

在审问俘虏时，一名法属殖民地士兵刚把手伸进口袋里拿身份证件，一个胆小的美国兵看守就一刺刀捅了过去，这名倒霉的俘虏立刻横尸当场。对某些士兵来说，战争不过持续了几个小时。第18步兵团一名大腿受伤的士兵被送到圣路野战医院，口中还念叨着："一切都好。"一位随军牧师一直陪伴他直到人生最后一刻。"他们是法国人，改不了的法国人，"一名受伤的记者评论打伤他的人，"这帮法国死硬分子。"

特里·艾伦见识过比这更糟糕的情况。据说在法国担任营长时，因为着实看不惯一名优柔寡断的下级军官，艾伦一把拔出这名军官的手枪，照着这个人的屁股就开了一枪。"好了，"艾伦说，"你不用打仗了，你负伤了。"但这种姿态此时却毫无用处。张扬的个性使艾伦成为众矢之的，他也讨厌"辣手艾伦"这个绰号，因为这显得他"像个江湖骗子"。在30年的军旅生涯中，艾伦将战争哲学归纳为几句常识性的格言。冲锋陷阵时，他逼着部下"迂回、冲上去、踏扁他们"。他教训手下的军官：

"士兵打仗不是为了拯救受苦受难的人,全是废话。打仗就是要证明自己的部队是全军最优秀的部队,证明自己以及这个部队的其他人一样勇敢。"

艾伦拿着一柄蒙上红布的手电筒,仔细研究地图,随即明白第18步兵团正向圣克卢稳步推进。与此同时,第16步兵团将南下包抄奥兰市。最初关于"预备役行动"的汇报表明战斗形势严峻,不过,如果奥兰以西的军队成功登陆,那么在接下来的24小时内预计会有1.8万名特遣队员登陆,这正是伦敦策划者最希望看到的结果。

他对"第1师的信心"就像他信仰上帝一样不可动摇。"我坚信,无论做什么事,如果你出于正义,"他常挂在嘴边的一句话,"自有神明相助。"迄今为止,就像艾伦离开"太平洋公主"号时祷告的一样,上帝真的眷顾着大红一师。艾伦瞧见师部旁边有一副血迹斑斑的空担架,就躺上去打了个盹儿。

★★★

在奥兰另一侧进行的登陆行动,成功和混乱的情况同样层出不穷。在该市以西近30英里处的X滩头上,意外不断。不过尽管许多船只受损、出现不曾预料到的沙洲,一台发动机失火致使一艘登陆艇燃烧到天亮,一支快速轻型坦克部队仍然成功越过浅滩,在上午时分抵达内陆。

Y滩头位于X滩头与奥兰之间,是欧洲人钟爱的一处海滨度假胜地。5 000余名步兵沿着莱桑达卢塞宽阔的海湾跌跌撞撞地冲上岸。在空荡荡的海滨浴室后,一个矮小精悍的身影站在一辆挡泥板上标有"骑兵"字样的吉普车顶,攥着马鞭喊道:"站起来!往前冲!"特德·罗斯福有一副雾角(安装在靠近港口的岸边或有发电设备的灯塔上,是雾天里向过往船只发出警告的喇叭。——译者注)似的嗓子。听到他的话,扑倒在Y海滩上的士兵使劲地眨眨眼睛,爬起身,又摇摇晃晃向纵深推进。罗斯福突然发现一支法军骑兵在侧翼巡逻,立即命司机追了过去。

他端起一挺卡宾枪，将一名骑兵击落，其他人见状四散奔逃。

　　第1师内的赌注登记人以1赔10的赔率，赌他们的副师长在这场战斗中活不过两周。几个月后，罗斯福获悉此事，特地花10美元请一名输了的赌徒吃饭，期间还给他讲了赌博的种种害处。尽管特德·罗斯福向来不顾个人安危，但要杀他也没那么容易。一如艾伦，罗斯福生来就是名军人。"说到对战争的热情，特德和你脾性相同。"乔治·C.马歇尔在给艾伦的信中写道。在认出一个老兵后，罗斯福对他吼道："你吓我一跳，他妈的，瞧你丑的！你越来越难看了！"被认出的老兵顿时喜形于色，反唇相讥："将军你也不是什么帅哥！"罗斯福一阵大笑，拿马鞭敲了一下腿，又驱车寻找下一个捉弄的目标。

　　罗斯福确实算不上英俊，跛着一条腿、斗鸡眼、近视，患有心脏病和严重的关节炎，走路时离不开拐杖。他总是穿一身邋里邋遢的迷彩服、戴一顶毛线帽，就像顶着一头廉价的假发，乍一看还以为他是个伙夫。一名副官承认，"在我见过的所有将军中，就他没个将军样儿"。用马歇尔的话说，他是"一名难得的勇士，更难得的是他拥有百折不挠的毅力"。据说特德·罗斯福和艾伦、巴顿都是乔治·C.马歇尔参谋长的爱将。

　　罗斯福的父亲，也就是第26任总统西奥多·罗斯福曾说他"这辈子都不会有什么大出息"。的确，从哈佛毕业后，特德·罗斯福便在一家地毯厂找到了一份日薪一美元的工作。不过，到1914年，他已经跻身于腰缠万贯的投行经理之列，那年他27岁。罗斯福任第26步兵团营长期间，曾身中毒气、受过枪伤。他的"一战"生涯，则以中校军衔、瘸了一条腿为代价，画上了句号。罗斯福曾一度深信战争的"统一目标"是"涤荡我们骨子里的柔情"，但一如他最终脱离了"美国第一"的孤立主义阵营，他渐渐摒弃了这个荒谬的观点。"一战"后，罗斯福协助创建了美国退伍军人协会，成为一位出色的作家，出任过海军部助理部长、波多黎各总督、菲律宾群岛总督、美国捷运公司董事长等职。

在担任道布尔戴出版社副社长期间,他开创了极具"美国特色"的健康养生系列书籍之先河。1941年,时年54岁的罗斯福重返军营,仍要解决与小自己7个月的艾伦的上下级关系。用马歇尔的话说,两人脾气太近,不可能意气相投。

罗斯福口袋里揣着本《天路历程》(Pilgrim's Progress)、背包塞了本《中世纪英国史》,随第26步兵团的一帮老部下上了岸。他与第一波突击队员趁天黑登陆,夜色中这些人只是"一个个模糊的身影"。刚刚踏出冰冷的海水,罗斯福就敦促胆小的士兵往"枪响的地方冲"。在牡蛎湾给家人写信时,他常常流露出对"和平日子"的渴望,但不是今天。他现在无暇分身,眼前的战斗场面蔚为壮观,此刻也不是吐露心事的时候。通红的炮弹从头顶呼啸而过,曳光弹在山间飞舞直到磷光燃尽。炮兵拖着一架架榴弹炮越过海滩,连他的儿子、炮兵连长昆廷也不例外。"他们肩上套着拖绳,这画面仿佛儿童版《圣经》中建造金字塔的插图。"罗斯福写道。

法军出动14辆古董级雷诺坦克反攻,其中5辆抛锚,只能拖上战场。不到几分钟,即被一举歼灭,它们的反击只不过弄脏了美国人的坦克。第一批殖民地俘虏是双眼灵活、脸上烙着部族标记的塞内加尔步兵,他们列队登上一艘货轮,之后被转送上一艘囚船。据一支侦察先遣队汇报,盟军控制了奥兰以南5英里、靠近拉塞尼亚的一个法军指挥部,但在办公室保险箱里只搜出来两个胸罩和一本淫秽小说。

"胆小鬼,你在那儿干吗?"罗斯福冲缩在土丘后的一个二等兵吼道。"快,跟我来。"这名士兵冒着嗖嗖乱飞的机枪子弹跟了上去。罗斯福停下吉普车,猛吸了一口气,然后宣布他要去前线搜寻准备投降的法军司令。"如果我两个小时内没有回来,你们要全力以赴。"说完,他掉头顺着大路向前驶去。

"我恨不能手握长剑,身卧沙场,"他在投给《哈泼斯》杂志(Harper's)的一首诗中写道,"四下遍地敌尸。"

Villain
★★★

"村夫行动"

　　每一个战场都充斥着各种各样的小道消息，半真半假令人难以参透。星期天早上从东西两翼包围奥兰的美军士兵只能依靠感觉分辨流言的真伪。看来法国人执意要打，但他们会怎么打、要打多久，谁都说不清。疲惫的士兵、登错滩头的队伍和突如其来的死亡已经与阿尔及利亚的风景融为一体。沙丘和山间如今到处回荡着"喂，银币！"和"滚！"的声音。就连指挥官对于奥兰附近的战况也只有大概的了解：部队会登陆X、Y和Z滩头；两面夹击该市的进展并不顺利；夺港一战显然凶多吉少。同时对于阿尔及尔和摩洛哥登陆行动的情况，他们一无所知。

　　但盟军尚未使出奥兰登陆的最后一招：美军将进行首次空降作战，参战者的胆识亦可谓空前绝后。前一天下午，即11月7日星期六，556名美军伞兵在英国西南沿海康沃尔两座机场集结。脸上抹着伪装油彩的士兵领到一份印刷小册子，上面逐一列明跳伞服上的各个装备：两支铅笔（左胸袋）和手纸（右臀袋），配4片刀片的剃须刀（右裤袋）

和 4 枚手榴弹（野战短外套口袋），几张印有加密电码的米纸（万一被捕，可以食用），如"燕八哥"（伞兵已空降）和"鸭子"（伞兵已空降，但找不到机场）。士兵们拿胶布把鼓囊囊的口袋捆上，免得碍手碍脚，然后准备登上 39 架 C-47 运输机。

"村夫行动"的目标非常简单：控制奥兰以南名为塔法拉乌伊和拉塞尼亚的两座机场，并坚持到海滩登陆部队前来增援。不过，简单到此为止。从康沃尔到作战区的航程达 1 100 英里，是以往空降作战半径的 3 倍，况且这些缺乏作战经验的飞行员和领航员还要在 1 万英尺的高空、夜间飞行 9 个小时横穿中立国西班牙。因受到德军在荷兰和克里特空降行动的启发，这次行动的盟军策划者对作战形式作出错误估计，并未料到会有惨重伤亡。许多英方指挥官对这次行动持有异议，他们告诉丘吉尔，不如将这些飞机和珍贵的兵力对突尼斯发动突然袭击。连负责攻占奥兰的美军策划者也断定，"村夫行动"没有任何"实质性意义"。艾森豪威尔和他们一样持怀疑态度。"路途太远。"他冷冷地说，但最终答应了一再鼓动的克拉克。"英方不过是要把我们的飞机据为己有，挪作他用。"克拉克告诉艾森豪威尔。

第 509 伞兵团第 2 营营长爱德森·D. 拉夫五短身材，是个固执的西点军校毕业生。该营士兵为这次行动接受了一番苦训，但跳伞训练多半在晴朗的白天进行，而且选用的是大降落区域。目前第 60 空运大队只有 4 套引航仪。经过紧急请求从美国发来的另外 35 套，据说在转运时"投错了地方"。在出发前的最后一刻，领航员终于收到了一批英国仪器，但他们既不会操作，在美军飞机上也无法使用这种仪器。地图和航线图奇缺，只有分队的领导才拿得到。许多飞机在预定起飞时间的前几个小时才抵达康沃尔，就连作战指示也只是"几分钟心不在焉的会谈"。一路颠簸，许多飞行员累得都睁不开眼睛。

克拉克在离开伦敦前往直布罗陀前批准了最后一套综合方案。鉴于驻阿尔及利亚的法军反应尚不明朗，盟军制订了两套应对方案。方案A：倘若法军抵抗，空降兵将于下午5点从英国起飞，在次日拂晓前空降，然后控制两座机场；方案B：倘若法军不抵抗，该营将推迟4小时起飞，于次日白天空降拉塞尼亚，准备执行下一项任务——进攻突尼斯。11月7日，拉夫中校和部下要收听由皇家空军转播发自直布罗陀的广播，确定应该执行哪一套方案。"挺进亚历克西斯"意即执行方案A，准备战斗；"挺进拿破仑"意即执行方案B，预计法军抵抗不力。

在伦敦司令部这个平静的庇护所，这种安排或许合情合理，却并不适合此次行动。艾森豪威尔和克拉克只想着到直布罗陀与吉罗将军谈判，没有充分重视阿尔及利亚方面关于法军动向的种种相互矛盾的汇报。直布罗陀的盟军无视墨菲的警告和其他征兆，对"村夫行动"普遍持乐观态度。

11月7日下午4点15分，艾森豪威尔的指示抵达圣艾弗尔和普雷达内科附近的康沃尔机场："挺进拿破仑。"和平在握。已经启动引擎预热的飞行员关掉发动机，逛到控制塔台又喝了一杯咖啡。4个小时后，伞兵各就各位，他们拉下飞机上的遮光窗帘，谈论着等待他们的阿尔及利亚的酷热天气。78台发动机"噗噗噗"一阵响，点着了火。晚上9点15分，领队飞机一仰头冲入稀薄的雾气中。卡洛斯·C. 奥尔登上尉搭乘的是"鲨鱼饵"号，这位31岁的军医在袖珍日记本上写道："上帝啊，用你的智慧帮助我平安归来吧。"

机队起飞后，几乎诸事不顺。比斯开湾晴朗的天空忽然乌云密布，风雨大作。为避开雷雨云砧（强烈发展的雷暴云的顶部，呈砧状结构。——译者注），许多飞行员间相互失去了联系。没过多久，39架飞机飞临西班牙上空，除3架飞机暂时失踪外，这支最大的机队仍完好无损。擅长天文导航（利用对自然天体的测量来确定自身位置和航向的导航技术。——译者注）的引航员屈指可数，密布的云层又从中作梗，许多飞行员只能靠航位推算飞行。身在英国的气象学家不曾料到，一股强劲的东风推着C-47不断向西飘移。不到几个小时，飞机不知不觉间至少偏离航线 50 英里。拉夫上校手下的伞兵盖着毛毯缩在寒冷的机舱里，以为法军见到自己便会缴械投降。他们啃着压缩饼干、嚼着口香糖，以防晕机。

为了帮飞机定位奥兰而紧急调来的两套助航设备也失灵。停泊在奥兰港对岸 35 英里处的英国船"阿林班"号原计划需发射 440Hz 无线信号，为"村夫行动"飞机提供归航信标。但不知何故，它发射的却是 460Hz，飞行员自然无法接收信号。第二套助航设备倒是精巧。这套代号为"雷别卡"的电子发射装置分别装在两个大箱子中，从直布罗陀转道丹吉尔偷运至奥兰。11 月 7 日午夜前，美国战略情报局特工戈登·H. 布朗藏在一辆法国救护车后座，来到塔法拉乌伊机场附近一片荒无人烟的牧场。布朗摸黑架起一根 9 英尺高的天线用拉索固定后，打开仪器，听着咕咕的鸮鸟叫，白白躲在灌木林里等了一夜，却不知道康沃尔机场的伞兵还天真得以为法军不会抵抗，推迟了出发时间。凌晨 5 点，天已破晓，奥兰附近传来了炮声，布朗才拆下天线，将雷别卡拖进一片沙漠，砸了个稀巴烂。

11 月 8 日早上 6 点 30 分准时升起的太阳告诉伞兵，他们已经散落在西地中海各地。一架飞机在直布罗陀降落，两架在法属摩洛哥的非斯。另外 4 架飞机在西属摩洛哥着陆，伞兵们沮丧地捶着墙一连声地骂，"见鬼，见鬼！"在这里他们要被拘禁 3 个月。有 3 架飞机奇迹般地找到了拉塞尼亚机场，不过迎接它们的是法军猛烈的防空炮火。这番"盛情款待"表明双方绝不可能握手言和，也让飞行员骑虎难下——燃料所剩无几，他们通过电台战战兢兢地交谈。"鲨鱼饵"号上的士兵开始动手给救生筏充气。在此次行动中，小威廉·C. 本特利上校是拉夫座驾的高级飞行员，他将飞机降落在一片谷地，看到一群一脸茫然的阿拉伯人像苏格拉底一样不停地问这问那，这些飞行员知道自己没来错地方，至少找到了非洲。

拉夫的飞机再次升空。上午 8 点，本特利发现在奥兰盐沼西端，一片沿着海滨向南延伸 20 英里的干涸湖床上，聚集着至少 12 架 C-47。附近有一支装甲纵队看来准备进攻这群刚着陆的伞兵。拉夫立即命令本特利后面 9 架飞机上的伞兵空降到装甲部队后方。拉夫第一个跳出舱门，来了个硬着陆，摔断了一根肋骨。得知这些坦克属于美军第 1 装甲师时，他还在吐血。登陆 X 滩头后，坦克部队打算赶往奥兰南部的机场，因为空降兵未能按照计划将其占领。因为拉夫手下数百名士兵大半个上午的时间都在躲避狙击手的子弹。本特利带着余下的飞机降落在盐沼东端，随即做了俘虏。法军看守将他关到设在圣菲利普堡的一座监狱中，与几百名盟军俘虏做伴，其中还包括满身油污的"预备役行动"幸存者。

"村夫行动"最后一幕绝不辉煌。经拉夫首肯，威廉·P. 亚伯洛少校决定带一支敢死队徒步前往塔法拉乌伊机场。但他们还没走出 1 浪（英制长度单位，相当 1/8 英里，约 201 米。——译者注），就发现盐沼干燥脆弱的表皮下尽是烂泥。在这块盆地行军，就像蹚着糖浆走路。这队士兵一路上把弹药和羊毛内衣全都零零散散丢在盐沼中，最后总算到了湖床南沿。筋疲力尽的士兵用头盔挖了几条又浅又窄的战壕，瘫在一堆杂草下不肯起来。

亚伯洛通过步话机命令 3 架 C-47 将被困飞机上的燃油抽尽，然后过来接他和手下。就在几架飞机带着亚伯洛一队人刚要起飞前往不远处的塔法拉乌伊机场时，6 架法军地瓦丁战斗机的一阵机关炮将这几架飞机机身打成筛眼。美军飞行员急忙掉转机头，放下机轮，以 130 英里的速度迫降在这片盐沼。期间地瓦丁又来扫射不下 3 次，造成 5 名士兵死亡，15 人受伤。杀人魔头终于扬长而去，只见一名排长的尸体头朝下挂在亚伯洛这架飞机的舱门口，副驾驶在座舱内倒地身亡，此情此景让胆量过人的空降兵也灰心丧气。

拉夫手下幸存的士兵多半于 11 月 9 日乘卡车抵达塔法拉乌伊。在康沃尔祈求上帝保佑的军医卡洛斯·奥尔登，是 11 月 8 日早上该营唯一乘飞机抵达战场的人。当其他伞兵跳下飞机徒步穿越盐沼时，他待在"鲨鱼饵"号上没下来。

英方对"村夫行动"的质疑并非无凭无据。这次行动对登陆确实毫无贡献，还白白浪费了盟军一个班的空降兵。在执行这次任务的39架飞机中，只剩14架完好无损，可以立刻起飞。在这种一个步兵班对盟军战争大业都弥足珍贵的时刻，只有15名伞兵可以在3天内执行下一项任务。

登陆第一天，盟军包围了奥兰市，以很小的伤亡使数千名士兵成功登陆。虽然皇家海军没有控制港口，但得到了制海权。与此前的"预备役行动"一样，"村夫行动"再次证明，一意孤行、草率行动势必会付出惨痛的代价。

To the Last Man
★★★

战斗到底

从环绕阿尔及尔的半月形海湾极目远眺，这座城市仿佛葱山翠岭间展开的一幅白色画卷。阿拉伯城区弥漫着恶臭，法国的殖民统治与穆斯林欲说还羞、若即若离的暧昧状态丝毫不影响这座城市的魅力，距离反而为它平添一分风韵。林荫大道两侧是鳞次栉比的电影院、商场以及别致的咖啡馆，昂首阔步的公子哥儿徜徉其中，让一个个夜晚顿添生气。在1492年出走西班牙的穆尔人来此地避难前，阿尔及尔还是一个不起眼的小村庄。与奥兰一样，这座城市很快靠海盗繁荣昌盛，庇护横行地中海的海盗船队长达3个世纪之久。高达400英尺的巴尔巴罗萨（德意志国王腓特烈一世。——译者注）王宫建于16世纪，如今仍屹立港口上方天际。20世纪20年代，一名西方游客站在王宫前浮想联翩，认为这座古老的建筑里"回荡着基督徒奴隶的呻吟"。

一个多世纪以来，阿尔及尔一直是法属北非帝国的中心，这座白色的城市里"苍蝇乱飞，街上满是乞丐和巴黎上等人"。在法国人的眼里，这座昔日的海盗城如今犹如"一个露着白花花的身子、倚门卖俏的半老徐娘"。但艾森豪威尔及其参谋人员认为,即使没有覆盖整条非洲海岸线,阿尔及尔也是阿尔及利亚的战略要冲。作为"火炬行动"最东端的登陆点,这座城市是随后盟军长驱直入挺进突尼斯的一块跳板。继英美联军登陆之后(打着美军旗号),英军转道东折直取突尼斯。

11月8日一早,罗伯特·墨菲开着一辆大别克,匆匆穿过阿尔及尔最繁华的城区,去履行他这辈子最重要的一项外交使命。在11月7日周六傍晚之前,这位美国外交官一直待在办公室里无所事事,对于即将发生的大事还浑然不觉。现在,用他的话说,"两年的酝酿和筹划"即将接受检验。此前艾森豪威尔和白宫一口否决了他提出将"火炬行动"推迟的建议,这令他颇为不快。墨菲致电罗斯福:"我深信,如果得不到法军最高指挥部的支持,那么北非登陆必将是一场灾难。"华盛顿的回电也毫不含糊:"总统决定,登陆行动按原计划进行。"墨菲接到指示,"务必确保目前与你接洽的法国军官的沟通和合作"。

他已经尽力。几位可靠的法国起义人员,包括马斯特将军在内都在几天前提醒他盟军在北非可能会有所行动。"你好,罗伯特,富兰克林来了",一听到伦敦发来这条事先定好的电报,墨菲即刻提醒这些起义人员,盟军的登陆行动即将开始。奥兰市内的兵变显然以失败告终,但在阿尔及尔,虽然克拉克无法兑现在歇尔谢尔会议中作出提供现代化武器的承诺,数百名法国游击队员仍开始占领一些关键设施,正如一位法国历史学者后来写道,旨在"消灭这座城市"。起义人员骁勇善战、足智多谋,很快控制了警察局、发电厂、阿尔及尔电台和电话交换台,还把许多法军指挥官关在司令部。许多维希官员乐得被拘禁,一位旁观者指出,"如此他们就不必苦苦寻觅自己的良知了"。至于墨菲一再致电直布罗陀,询问:"吉罗在哪里?"却始终无法得到一个满意的答复。

星期天中午12点45分,墨菲来到比亚尔这块飞地上一座戒备森严的黄色阿拉伯宅邸——橄榄别墅,与身材高大的塞内加尔哨兵擦肩而过,他敲了敲门。一名面色黝黑、留着小胡子的男子阴沉着脸走进

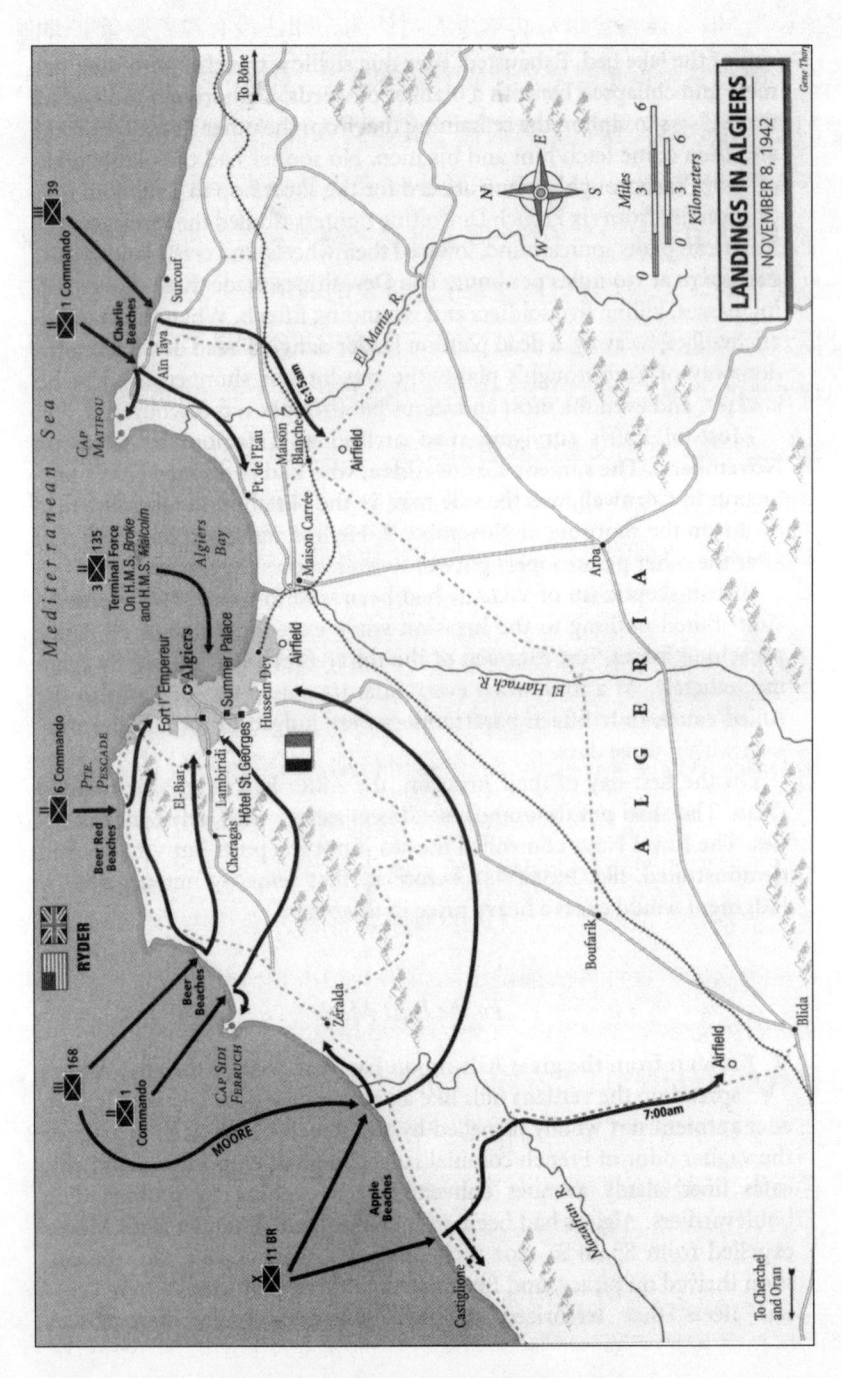

1942 年 11 月 8 日，登陆阿尔及尔

第 2 章 登 陆

1 Commando 第 1 突击队
MOORE 穆尔第 168 步兵团第 2 营
RYDER 赖德第 34 师
Terminal Force On H.M.S.Broke and H.M.S.Malcom
"布洛克"号和"马尔科姆"号上的"终极行动"部队
To Bone 往波尼方向
To Cherchel and Oran 往歇尔谢尔和奥兰方向
ALGERIA 阿尔及利亚
Ain Taya 艾因塔亚
Airfield 机场
Algies Bay 阿尔及尔湾
Apple Beaches 苹果海滩
Arba 阿尔巴
Beer Beaches 啤酒海滩
Beer Red Beaches 红啤酒海滩
Blida 卜利达
Boufarik 布法里克
CAP SIDI RERRUCH 西迪费鲁西角
Castiglione 卡斯蒂廖内
Charlie Beaches 查理海滩
Cheragas 舍拉加
El Harrach R. 哈拉彻河
El-Biar 比亚尔
Fort I'Empereur 拿破仑堡
Hotel St.Georges 圣乔治饭店
Hussein Dey 侯赛因代
Lambiridi 朗比利迪
Maison Blanche 白屋
Maison Carree 卡利神殿
Mazafran R. 马扎弗兰河
Mediterranean Sea 地中海
Summer Palace 夏宫
Surcouf 叙尔库夫
Zeralda 齐拉尔达

客厅。维希政府北非陆军司令阿方斯·皮埃尔·朱安将军的一贯装束是一顶巴斯克贝雷帽、一件泥迹斑斑的短斗篷，这次却穿着一身粉红色条纹睡衣。因为1915年右臂重伤，朱安获准以左手行礼。可这一次，他既未向墨菲敬礼，也没有与他握手。

"很荣幸受我国政府委派，前来知悉你，美英联军即将登陆北非。"墨菲说。

"什么？你是说，我们在地中海看到的舰队要在这里登陆？"

墨菲忍不住紧张地咧嘴一笑，点了点头。

"可一个星期前你还亲口对我说，美国绝对不会进攻我们。"

"我们受人之邀。"墨菲说。

"谁的邀请？"

"吉罗将军。"

"他来了？"

墨菲暂时不想透露吉罗这会儿正在直布罗陀的一个地下室里生闷气，便对朱安的问题置之不理，立即转移了话题："他很快就到。"

墨菲介绍了埋伏在非洲海岸的登陆大军，同时还不忘将军队规模夸大了7倍。"从你我这几年的交往来看，"他对朱安说，"你比谁都希望解放法国，但只有和美国合作这件事才有可能成功。"

现在，一出滑稽剧正式上演。朱安将军对盟军的事业深表同情，但碍于顶头上司不久便会来到阿尔及尔，他表示爱莫能助。"他可以立刻撤销我发布的命令，"朱安说，"这样的话，部下只会听命于他，而不是我。"就在这时，一阵急促的电话铃声响起，朱安匆匆派出一辆别克。20分钟后，"二战"中一个万夫所指的人物粉墨登场，走进了这座官邸。

在这个只剩下平庸之辈的国家，达尔朗上将是个最不起眼的角色。时年61岁的达尔朗出身于法国水兵世家，五短身材、鸡胸驼背，无疑是对德军自诩的高颜值一个莫大讽刺。虽然是美国人叫他金鱼眼，但他却对英国人恨之入骨，想必是因为他的曾祖父在特拉法尔加战役中

第 2 章 登　陆

葬身直布罗陀。他是法国舰队的掌权人，同时也是贝当元帅的继任者和维希政府三军总司令。作为一名亲纳粹分子，达尔朗为第三帝国提供托管地叙利亚的机场，并允许其借道突尼斯为隆美尔提供补给。丘吉尔给他的评价是"一个足智多谋却眼光狭窄的坏蛋"。

不知是上天刻意安排还是机缘巧合，此刻达尔朗正在阿尔及尔陪伴儿子阿兰。阿兰患脊髓灰质炎躺在马约医院，即将不久于人世。过去的两年间，这位上将在背地里曾不止一次暗示，如果条件允许，他愿意支持盟军。在艾森豪威尔从伦敦动身赴直布罗陀前，丘吉尔还对他说："如果能见达尔朗一面就好了，虽然我恨他，但若能争取他的舰队加入盟军阵营，哪怕要我跪在地上爬一英里，我都愿意。"罗斯福总统的想法与丘吉尔惊人的相似，10月17日他给墨菲也下达了类似的指示，命令他与这位对"火炬行动"极为有利的维希海军上将接洽。

但达尔朗态度暧昧，似乎不愿多谈。获悉盟军即将发动登陆战，他满脸通红地说道："我早就知道英国人极其愚蠢，但也深信美国人还是更聪明一些。但在这件事情上，你们显然要和英国人一样铸成大错。"

达尔朗抽着烟，在房间里来回踱步整整15分钟。墨菲放慢脚步，走到达尔朗身边，焦急地说道："眼下时机已到！"上将一挥手，回绝了他的请求。"我向贝当发过誓，"他不肯就范，"我不能违背诺言。"但他答应会致电维希政府，请求进一步指示。刚一走出室外，两人就发现原来的塞内加尔卫兵换成了40名戴着白臂章、端着普法战争时代长筒步枪的起义人员。"这么说，我们被俘了？"达尔朗问。

他说的没错。墨菲的同事肯尼斯·潘德受命火速前往法军上将位于市中心的办公室，拿到达尔朗写给维希政府的密电。潘德私下拆开信件，仔细阅读之后认为达尔朗对盟军事业的诚意不够，当即将其丢弃。回到别墅之后，潘德含糊不清地对达尔朗说："该做的都做了。"

维希政府没有发来片言只语，盟军也不见任何动静。就在僵持之际，墨菲误以为自己看错了日期，准备提前一天仓促发动起义。时间在嘀

111

嗒声中一分一秒地流逝。天已破晓，达尔朗停下脚步，长舒了一口气，给出一个深思熟虑的政治建议："吉罗不是你们的人，政治上他还很幼稚。他不过是个优秀的师长，仅此而已。"

事实上起义已经失败。"这不就是一次民防演习么？"一名摸不着头脑的维希政府官员问道。维希政府军冷静沉着，一连夺回了几个坚固的支撑点（军事上指对巩固防御阵地起支撑作用的扼守要点。——译者注）。在陆军司令部，起义人员和政府军同唱《马赛曲》，之后这些反政府武装分子缴械投降，列队走出大楼。获悉阿尔及尔和奥兰事变，身在维希的贝当立即给罗斯福发了一封电报："事关法国的安危和荣誉。有敌来犯，我们应当自卫。"

一支政府军巡逻队开着3辆坦克封锁了橄榄别墅的各个大门，击退了起义人员，把墨菲和潘德锁进门房。朱安手下的一名副官挥着一柄特大左轮手枪，指着美国人喊道："你们都干了些什么？你们都干了些什么？"潘德恍若进入了《潘赞斯海盗》(The Pirates of Penzance)的场景之中。一名塞内加尔卫兵给每个美国人发了一支吉丹雪茄，要被执行枪决的人都会受到如此礼遇。

★★★

盟军又策划正面突袭阿尔及尔港，但可悲的是，与"预备役行动"一样，这次行动也无法逃脱失败的命运。这次任务"终极行动"仍由英方策划指挥，由美国人助阵，意在完好无损地拿下这座港口，主力是两艘古董级驱逐舰——"布洛克"号和"马尔科姆"号，由皇家海军H.L.圣·J.范考特上尉指挥。为抵挡火力，工兵在每艘驱逐舰甲板四周焊上厚达0.5英寸、高3英尺的铁板。船艏舱内被填满水泥，船艏装上重型装甲板。就在墨菲对于盟军登陆时间疑神疑鬼之际，这两艘战舰已经抵达阿尔及尔湾的11寻（测量水深用的长度单位，约1.829米。——译者注）等深线处，继而向西驶向栅栏撅（战时布置在港口的水底铁丝网。——译者注），阻塞海港入口。

"布洛克"号和"马尔科姆"号两艘战舰上的686名士兵均来自第135步兵团第3营，两年前离开明尼苏达州与姐妹团一起加入第34师。该团在葛底斯堡的一场苦战换来一句"战斗到底"的座右铭。第3营自称"歌唱的第3营"，因为军营歌谣是这个营的保留节目，比如《一艘驶离孟买的运兵船》这首黄色英国小调。这支部队沿袭了明尼苏达特色，士兵名字清一色的埃里克森、卡尔森和安德森。营长埃德温·T.斯文森中校担任过斯蒂尔沃特明尼苏达州立感化院典狱长助理。

斯文森中校机智、慷慨，有一张职业拳击手般棱角分明的脸，据说他能滔滔不绝地骂上几个小时都不重复一个脏字。斯文森曾对一名英国人夸下海口，说随便叫出第3营的一个军士长，都能把他给揍趴下。范考特上尉则告诉斯文森，盟军突击队要拿下把守这座俯瞰港口的法军炮台。几门法军大炮炮口离地过高，下方有一片盲区无法命中目标。"终极行动"在阿尔及尔东西两翼展开的第一梯队登陆是引蛇出洞，很可能将守军引出港口。后来证明范考特的话与事实截然相反。

阿尔及尔港灯光闪烁，盟军驱逐舰冲向伸出半月形防波堤的栅栏揪。星条旗在桅杆上猎猎作响，市内陡然一片漆黑，探照灯光柱交替掠过水面。斯文森一度以为，他们的任务就是为轰炸机指明入港方向。很快探照灯发现并且盯上了这两艘驱逐舰，灯柱晃得驾驶台上的人睁不开眼睛。"布洛克"号和身后1海里的"马尔科姆"号一边开炮，一边转向右舷避开防波堤，在烟幕的掩护下掉头。驱逐舰试图第二次冲破栅栏揪也失败了，法军的探照灯仍然完好无损，斯文森手下的士兵发射了几颗照明弹打算照亮入口，但照明弹的光束却无法穿透驱逐舰释放的烟幕。

这时"马尔科姆"号进入了法军大炮的射程。从凌晨4点06分开始，炮弹接连二三地击中船体，锅炉被打穿，舰速只剩下4节、裹着白烟的"马尔科姆"号一时成了活靶子。有几颗炮弹击中烟囱，弹片散花般落在甲板上，300名步兵哆哆嗦嗦地趴在不堪一击的防狙击盾牌后面。堆着成箱榴弹的中舱燃起大火，舰身严重右倾，风雨甲板离水面不到6英寸，士兵拼命将着火的榴弹箱扔出船舷外。"马尔科姆"号终于重新发动，左右摇晃向海上开去。船员花了几个小时冲洗甲板上的血迹和脑浆，用床垫套当作裹尸布包着尸体丢进海中。

在第四次进港的途中，"布洛克"号舰长A.F.C.莱亚德发现了标明进港航道的两盏昏暗的绿色浮标灯，于是他下令提速到20节，不费吹灰之力就冲破了用铁链绑在一起的木栅栏撅。莱亚德将战舰停靠在路易·比亚尔码头，期间舰上的火炮也将码头方向的狙击火力压制住。

"马尔科姆"号颠簸得厉害，斯文森中校和"歌唱的第3营"费了好大力气才爬上甲板，冲过跳板上了码头。斯文森指示手下："你们要像屁股后面追着个老虎的狒狒一样冲上码头，找到隐蔽的地方后，给我狠狠地打。"其实没有必要狠狠地打。天刚破晓，盟军就控制了阿尔及尔的电厂、莫雷的油库以及航母基地码头以南的几座仓库。航拍照片上与海防炮台类似的圆形目标其实是厕所。礼拜天弥撒的祈祷钟响彻城市上空，码头和米舍莱街两侧漂亮的白色宅邸异乎寻常的宁静。士兵开玩笑说，阿尔及尔的味道就像沙龙，这是因为汽油短缺，汽车只能用酒精作燃料。斯文森竖着耳朵听第168步兵团的脚步，盼这支来自爱荷华西南的姐妹团下山来接应从该市以西登陆的战友。

确实有声音传来——恰恰相反，"嗖嗖嗖"的声音来自北面一英里的诺尔码头上一座炮台发射的炮弹。法国水兵拆了一段老城墙，海滨全部暴露在这座炮台的火力之下。第三发炮弹一下削掉"布洛克"号的艏尖舱，码头岸壁顿时腾起一阵烟尘。经范考特上尉许可，莱亚德砍断舰上的缆绳，将驱逐舰移泊到一艘停泊在敦刻尔克码头的法国货轮下风。上午9点20分，阿尔及尔港暂时恢复平静，突然间法国炮兵又在左上方开火。前6发打偏，后5发全部命中海图室和军官舱。还有一发从医务室呼啸而过，一名医生当即死亡，另一名军医的右臂被打断，他趁吗啡的劲还没过，传授了美国助手一些紧急截肢技术。

范考特拉响撤退号，但斯文森的部下仍分散在码头各处，处在法军狙击手的火力下。直到"布洛克"号再次断缆、拖着一股尾巴似的浓烟迂回离泊时，只有60名士兵爬上船。上等兵哈洛德·卡勒姆的胳膊和腹部早已中弹，等他爬到码头边，驱逐舰已开走。他只好躺在太阳下，嚼着磺胺片，喝着水壶里的水，目送"布洛克"号驶出视线。"众目睽睽之下驱逐舰在港内沉没，对军中士气大为不利。"范考特3天后如此解释道，但他却对被丢在岸上的250名士兵的士气只字不提。"布洛克"号船身被炸开22个洞，舰上的人员跳上救援船后不久便沉没。

虽然损失了这艘驱逐舰，斯文森仍未气馁。他估计共有4个法军步兵连包围路易·比亚尔码头，敌军虽然人数众多，但还不至于势不可挡。他不敢动用迫击炮和机枪，怕伤到从门口和十字路口向外张望的平民。但皇家海军炮手却连连轰炸诺尔码头上方的一座要塞，斯文森仍然心存幻想，以为第168步兵团会按计划尽快赶来增援。他用草垛和包装箱构筑了一道工事，外围可将法军挡在手榴弹射程外，内围可掩护伤员和重武器。

没过多久，码头上到处回荡着清晰的装甲履带声。几辆雷诺轻型坦克的机枪和一门37mm口径大炮对准斯文森的防御工事发起猛攻。他连忙集中仅有的几枚反坦克手榴弹，命令炮兵伏击闯过来的坦克。可惜每一发手榴弹都未命中目标。炮弹爆炸引燃了草垛，火势逐渐蔓延到仓库。又赶来的两辆雷诺坦克织成一条交叉火力带，把美军逼到海边。火苗舔舐着成摞的弹药箱，引爆一轮轮迫击炮弹。美军步兵即将弹尽粮绝，斯文森指示士兵装上刺刀，转念又觉得不妥，"终极行动"已经造成盟军24人死亡、55人受伤。在码头上耗尽这些士兵的生命没有任何意义。中午12点30分，斯文森举旗投降。

担架员连忙转移伤员，滚滚的烈焰就快烧到他们的绷带。斯文森和他的手下集合完毕，塞内加尔士兵就开始搜刮他们的手表、戒指和钱夹。这时，一名法国军官走了过来，命他们退还赃物，还拔枪吓唬这群抢劫者。在美国人列队上山去俘虏营的路上，一名顽固的狙击手最后一枪命中阿尔文·朗宁下士，这个来自明尼苏达米兰的高大金发农家小伙当场死亡。与破败的奥兰港不同，这里的法国守军粉碎了盟军的突袭行动，得意忘形之际忘记破坏港口。对于参加"终极行动"的美军来说，这个意外的收获兴许可以聊以解慰吧。

11月8日，3.3万名盟军士兵跌跌撞撞、狼狈不堪地登上阿尔及尔东西两翼的海滩。有几艘超载的登陆艇进水沉没；许多人因艇艏跳板放得过早，或舵手缺乏经验致艇身打横落水；有些攀登网太短，士兵们要从6英尺高处跳入等在下面的小艇中。尽管上级命令要保持绝对安静，但喧闹声还是大得"恨不得让远在柏林的德国人都听见"，一位军官事后写道。东萨里和皇家西肯特郡团最终等来了配给的酒，当士兵们喊着口号下艇冲向巴巴里海滩，至少有两名借口"尝尝味道"的军官却迷迷糊糊、摇摇晃晃地爬上床酣然大睡。

事后证明，夜间登陆阿尔及尔滩头的难度相较奥兰突袭有过之而无不及。登陆艇仿佛追逐萤火虫的孩子，在一盏盏信号灯间漫无目的地徘徊了几个小时。许多身强体壮的士兵都晕船晕得不想动，甚至不去理会因临阵退缩被送上军事法庭。"你们是哪个单位的？你们要去哪里？"这些大声的询问，只能招来断断续续的回应或一顿臭骂。一位戴着白臂章、黑暗中更显眼的英国登陆指挥官，嗔怪地对一艘接一艘的登陆艇说："对不起，你们登错了滩！"有6艘登陆艇偏离航线2海里，进入马林岛法军炮台的射程，其中4艘被击沉。由于操作失误，阿尔及尔舰队的104艘登陆艇中，第一波只有4艘成功登陆。6艘艇返回去接第二波，却发现母船不见踪影——一股2.5节的西向海流在4个小时内将舰队向下游推移了11海里。

法国守军以一敌五，不久就败下阵来。阿尔及尔湾东部的开普马迪府附近，一队士兵误在一片沙洲上下艇，他们蹚着没顶的海水，拽着缆索像袋鼠一样跳上海滩。英美突击队在马迪府发现了一座他们正在寻找的海防炮台,便立即向弹药仓扔了几枚手榴弹。几声闷响过后便是一阵尖叫和熟悉的骂声:"你们干吗不去打德国鬼子?"英国海军的炮没打中目标,反而伤到了平民和盟军。一名法国农夫抱着他12岁儿子的尸体,迈着沉重的脚步走在滨海大道上。一户户衣着考究、准备赶早弥撒的法国人家遇到盟军士兵时都别过脸去。在艾因泰耶市广场,一群落海的士兵正围着一大堆篝火取暖,一群穿着睡衣的村民聚集在一起,冷冷地望着这个奇怪的礼拜天早上隆起的海面之际,一个精明的酒店老板打开了店门。

盟军登陆的最西端,英军第11旅将7 000名士兵送上卡斯蒂廖内,惊奇地发现一位同情盟军的法国军官不肯给部下发放弹药。1830年,在一支法国军队宣称阿尔及利亚属于拿破仑二世的西迪费鲁希,驻军几分钟内即宣告投降。一位炮兵少校走出海滩附近的掩体,说:"先生们来迟了。"

第34师第168团本来要挥师向东,赶往阿尔及尔港增援斯文森被困的"终极行动"大军,但他们不仅来得太迟,还迷了路。第168团4 000名美军稀稀落落分散在35英里的海岸沿线。军官们驾驶征用的汽车一遍遍驶过狭窄的乡村小道寻找自己的部下。登错滩头的士兵中就有爱荷华州维利斯卡的娃娃上尉——罗伯特·穆尔,他如今是该团第2营的副营长。午夜前穆尔带着2个连从"凯伦"号下水,分乘9艘登陆艇到离船几百码的集结区,但他等了几个小时也没等来一艘登陆艇,随后便命艇长调头驶往陆地。

闯过离岸1海里处一片汹涌的浪区后,一名海军军官请穆尔放心,他没有走错航道。冲滩并将装备拖上海滩后,士兵们却懊恼地见到了第11旅的士兵。穆尔当即断定,他们非但没有登陆白啤酒海滩,反而顺风转向8海里,到了白苹果。穆尔派了一个班去纵深侦察。这个班一去不返,他只好集合余下的200人,出发去找该营余部。

第34师两年的训练这时候才见分晓。爱荷华州国民警卫队业余橄榄球场演习和小镇广场训练似乎与阿尔及利亚沿海的短叶松完全无法相提并论。该师师史中记载，第34师提前10个月仓促调到英国，各团分散到北爱尔兰各地，训练设施不足、人事变动过于频繁，各部队挪作劳工或司令部警卫，表明抵达非洲的各部多半"仓促上阵"。和该师其他团一样，第168团也拥有傲人的历史，仅"一战"中就立下5次战功。可惜辉煌的过去既不能占领阿尔及尔，也给不了士兵作战经验，更不能告诉罗伯特·穆尔他如今身在何处。

穆尔带2个连沿海滨的山坡穿过1英里的葡萄园和松树林后，才发现走错了路。他立即下令停止前进，按原路返回，但走在队伍前面的中尉没听到命令，仍带领一小支先头部队继续前行。将近中午时分，200名法国殖民军乘坐12辆卡车在穆尔一行人面前驶过。穆尔和手下士兵瞪大眼睛一声不吭地看着车队走远，未发一枪一弹。

登陆几个小时后，穆尔又累又渴，这时阿尔及尔以西的朗比利迪方向传来炮火声。公路一侧土丘上一挺法军机枪将G连2名士兵击毙，另外2人受伤。穆尔立即命令3个排将这个阵地包围，经过一阵激烈交火后，7名敌军投降。就在几个孩子挤在家门口，伸手向美军士兵讨香烟的工夫，法军狙击手的子弹钻进石墙、掀起人行道上一块块草皮。几名阿拉伯人身穿邋遢的长袍、脚跟发黑的拖鞋，仿佛法军狙击手和他们的美国目标根本不存在一样，慢吞吞地穿过广场。

穆尔混在一群行人中快步穿过一段没有遮蔽物的十字路口，准备再次组织部下从侧翼突袭。现在他的手下是该团3个营的余部，还有几十名掉队的士兵。一栋楼上的一挺机枪打死一名中尉，伤了一名上尉。穆尔爬上一座高出这栋楼的小山，匍匐着小心翼翼地抬起头。

他陡然一翻身，惊得目瞪口呆。紧挨他的一名列兵中了一枪。穆尔解开帽带，脱下头盔。狙击子弹在帽顶开了一条黑疤似的深槽，只要再低一英寸，这一枪就会要了这个娃娃上尉的小命。

第 2 章 登 陆

穆尔第一次体会到恐惧是什么感觉。哪怕一次莫名的冲突也能置人死地。"或许和狙击手交手才是真正的战斗。"几个月后,他因在朗比利迪的英勇表现荣获银星勋章时说,"我现在才明白,这不过是一场喜歌剧(指前古典主义时期在意大利首先出现的一种新型的歌剧形式。——译者注)战争"。此外,优秀的士兵应该像在安蒂特姆河和默兹—阿尔贡一样,躺在地上一动不动。穆尔在给家人的信中写道:"子弹在钢盔上擦出一道裂痕,我刚要坐起来,突然意识到那样会变成敌人的靶子。除此之外我吓得半死,还好安然无恙。"

战斗的最初几个小时,与非洲北端数千名美军士兵一样,穆尔得到了几个重要教训,包括战斗时要低头;出发前多花些时间研究地图。另外几项涉及战争和领导的教训则是:混乱是战场的固有属性;随机应变是必备技能;速度、伪装和火力能赢得小战斗,也能赢得大会战;每一刻都有危险、人人都会死。

穆尔戴上钢盔,叫来一名军医助手照顾负伤的列兵。生者仍在等待上级的命令,远处是阿尔及尔若隐若现的白色屋顶。没有受伤但流着血的罗伯特·穆尔继续迎敌而上。

"Glory Enough for Us All"
★★★

"我们的骄傲"

第34特遣队从汉普顿锚地出发，于11月7日夜间按天文定位精度抵达4 000海里之外的摩洛哥海岸，比原计划提前8分钟。

100余艘战舰只分9列呈20乘30海里的矩形方阵横渡大西洋，舰队路线蜿蜒曲折，每一条航迹都犹如"醉汉在雪地里跌跌撞撞"走过的痕迹。休伊特少将痛斥各军舰之间的无线电通话"像新年期间的中国洗衣店而非一支开赴战场的舰队"之后，舰队沉默了整整两个星期；10分钟内，舰队两侧相互打起了熟练的旗语。实际上几百名新兵是被强拉上战场，中士们在尾梢训练新兵装枪填弹、瞄准和射击。其他部队则取出新式反坦克火箭筒，一名套着石棉消防服的大兵自告奋勇扣动扳机，朝海里开了一炮。巨大的冲击波将通红的弹片掀上船，被弹片刮伤的水兵却对此不以为意。士兵聚集在舷边，仿佛杀了一条恶龙，欢声如雷。

11月4日，一股从冰岛南下的风暴在马德拉群岛（位于非洲西北部大西洋中。——译者注）附近袭击了这支舰队，掀起的滔天大浪令重型巡洋舰倾斜 30 度。为治疗晕船，各营军医用光了颠茄制剂和苯巴比妥。运输船"查尔斯·卡罗尔"号船长看了看倾斜仪，他说话的语气可以吓坏身边每一个初次出海的人："真不敢相信，船摇得这样厉害居然没翻。"以"不可或缺"闻名的 4 艘头重脚轻的护卫舰颠簸得太厉害，每次船身横倾时，水兵们都要打赌这几艘舰还能不能撑过来。

在休伊特看来，这次风暴是对他航海生涯一次最大的挑战。普遍认为，浪高超过 5 英尺不利于实施两栖登陆作战。现在，摩洛哥沿岸掀起了 18 英尺的大浪。

几个星期来，气象学家频繁往返于直布罗陀和亚速尔群岛之间测量数据，他们在笔记本上记下神秘的符号，以便了解东太平洋的天气情况。侦察飞行员一再拍摄摩洛哥沿岸海况，现在都能一口报出浪高 10 英尺。陆军部发来的一份电报称将于 11 月 8 日进行的登陆海况"非常差"。

休伊特想着天气预报，在颠簸的驾驶台上踱来踱去。英美两国海军部都发来电报，内容一样令人沮丧。3.4 万名士兵的性命压在他的心头：历史上，无视天气强行登陆者遭到惩罚的事例屡见不鲜。但 11 月 7 日黎明前一定要作出决定，以便舰队兵分两路，在摩洛哥沿岸的 3 个登陆点对面各就各位。美军要夺取卡萨布兰卡以北利奥泰港一座全天候机场的控制权，从海空登陆这座城市，控制该市及其港口。抛开复杂的作战计划，休伊特将问题简化：等待稳妥的海况，但燃油日渐耗尽，更有虎视眈眈的 U 型潜艇、严阵以待的法军炮兵；他也可以掉转船头进入地中海，寻找海岸线平坦、但远不如卡萨布兰卡关键的港口；或者按原计划出动登陆艇，作最好的打算。英方两栖部队司令路易斯·蒙巴顿爵士在伦敦也看到了这则严峻的天气预报。"希望上帝保佑，"蒙巴顿说，"休伊特上将有勇气解决这个问题。"

登陆时机由休伊特决定，巴顿却一再催促赶紧行动，登陆后他即将指挥这支远征军。一路上巴顿都在读《可兰经》，并在舱内举着餐桌、原地跑步锻炼身体（他计算过，480步可达250米），同时还练习宣战口号。

"能够参加这次行动是我们的荣幸，"他对手下的士兵说，"你们只许胜不许败，绝对不能像懦夫一样临阵退缩，否则会铸成大错。美军绝不投降！"士兵应在"舰上设备允许的范围内作剧烈运动"来备战。发现陆军部制作的法语宣传手册错漏百出，巴顿还把手下的参谋骂了一顿。比如说"dèle"（信仰）一词少了一个重音符。"不知是哪个该死的笨蛋把它给忘了，"巴顿对情报官说，"你去找几个人让他们立即开工，要么叫他们加上重音符，要么就别投放这些狗屁册子。难道你要我拿着这种狗屁不通的名片登上法国领土？"于是，数千本手册交到了一整排手拿铅笔的士兵手中。

这段旅程中，巴顿和休伊特不计前嫌，越走越近，差点成为挚友。但巴顿还是怀疑海军在尽可能地避免作战。他常常说"战场是军人建功立业的地方"，临阵退缩这个念头让他难以忍受。从诺福克出征前，他一再请求艾森豪威尔秘密授权，如果休伊特怯阵，他可以强行命令上将轰炸卡萨布兰卡。"不行，再说一次不行，没有我事先授权，不得轰炸……除非通讯中断，你们才可以自行判断是否采取行动。"显然巴顿不能随心所欲，他轻率地排除了登陆艇在大浪中倾覆的危险："你们知道一旦翻船会有什么结果。船里的人会被冲上岸。如果真发生这样的事，士兵们会被冲上岸。那样的话，你们就在那里准备作战吧。"

11月7日最后几个小时，休伊特在"奥古斯塔"号驾驶甲板指挥部的吊床上打盹，他手下的高空气象学家过来叫醒了他。R.C.斯蒂尔中校拿着一幅脏兮兮的地图和一个手电筒。斯蒂尔认为陆军部和海军的天气预报有误。暴风有减弱的迹象。他递给休伊特一张纸，上面印着他的预测："浪涌将因近海风大大减弱，海况逐渐趋于平静。周六夜间浪高预计2~4英尺。"

休伊特仔细研究了斯蒂尔的预报和气压图。11月9日星期一可能有大浪，盟军只有一天时间抢滩登陆。肯特·休伊特最喜欢"天鹅绒"般的海面，这样的海况有应付突发事件的余地。他现在相信，上帝给了他一片天鹅绒。休伊特并未掩饰内心的澎湃，他志忑地下令："先生们，我们按照计划执行方案1。准备天一破晓就通知特遣队。"身在伦敦的蒙巴顿评价此举是"此战最关键的一个决定……一个勇敢的决定，一名真正的指挥官作出的决定"。

11月7日拂晓，26艘船载着6 000名士兵离开舰队奔赴摩洛哥南部城市萨非。8个小时后，另外一批27艘船载着9 000名士兵北向前往利奥泰港附近的一座小村梅地亚。休伊特的主力部队，近2万名士兵在巴顿的监督下保持航向不变，驶向卡萨布兰卡以北15英里的费达拉。海平面上一艘孤零零的香蕉船则是勇敢的"伯爵夫人"号，它孤帆只影，在波涛汹涌的海面上运送弹药和航空煤油横渡大西洋。为提防喜欢乱开炮的美国水兵，"伯爵夫人"号上的犯人船员升起一面洪都拉斯国旗和各种醒目的标语，比如"我是一艘掉队船"。休伊特特意派了一艘驱逐舰护送"伯爵夫人"号至梅地亚，并直言不讳地说装载危险品的船只要与舰队的其他战舰保持距离。

接到这条紧急决议，士兵们开始研究画在军官室舱壁上的岸形。军医认为注意卫生的士兵在受伤感染后存活的概率较高，于是命令所有即将登陆的士兵洗澡。士兵住舱"如同一个舞会前的兄弟会所"，一名水兵说，"每只手都在用力地搓"。这些士兵不会知道，军方预计摩洛哥一战第一天的伤亡数字：1 700人阵亡或淹溺、4 000人受伤。水兵检查了绞车、给滑轮组和飞轮又上了一遍油，把甲板货移下舱盖。其他人则给木质甲板和麻绳浇上水防燃。有许多士兵不理解他们为什么要和法军作战。"算了吧，伙计，"一名副炮手说，"我们就当他们是日本人。"

忍不住长篇大论的指挥官用他们的座右铭安慰手下的兄弟。这艘战舰以马萨诸塞州命名，舰长说的正是该州的拉丁语格言："Ense petit placidam sub libertate quietem."水兵们无疑个个都明白这句话的意思："用利剑追求和平，但真正的和平来自自由。"休伊特的护航舰队副司令罗伯特·C. 吉芬少将宣布："重创敌军、速战速决，这就是我们所要追寻的荣耀。""布鲁克林"号舰长叫来随军牧师，对他吐露心声："我不是教徒，但我想对万能的上帝说句心里话：'哦，主啊，为这艘战舰指条路吧！'"

11月8日一早，巴顿打了个小盹儿才走上"奥古斯塔"号驾驶台。出征前他说的最后一句话像是给步兵的忠告："离开那片该死的海滩，越快越好。"马歇尔经艾森豪威尔向其他盟军指挥官下达了"避免开第一枪"的命令，但巴顿仍心存警惕。他曾对司令说："不要拿3万名士兵的性命赌谁要投降，谁不投降……我们不知道法军会不会打出白旗，放弃进攻，但我怀疑你能不能见到白旗。"美国军人"要有优越感"，他一再强调，让法国人打第一枪对鼓舞士气没什么好处。

从舰上的有线广播里听到罗斯福的声音，巴顿在漆黑的驾驶台上又发起了脾气。BBC每隔半小时播放一次总统在白宫用英法两种语言秘密录制的对维希政府的呼吁。"我们来此是为了摧毁你们的敌人，而非伤害你们，"罗斯福声明，"我请求你们不要妨碍这一伟大的目标。"巴顿曾经再三恳请艾森豪威尔，既然在登陆阿尔及利亚几个小时后就要进军摩洛哥，不必再播放这段录音。（两次进攻时间差是为了防止11月7日前摩洛哥守军发现休伊特的舰队）"不朽的法兰西万岁！"罗斯福最后用法语说道。"奥古斯塔"号等战舰上的士兵听到这段话全都惊呆了，此时没有一艘登陆艇下水。巴顿学着罗斯福蹩脚的法语："我的朋友们……我的朋友们。"然后在驾驶台上踱来踱去。

突然，他气冲冲地停下脚步，看向海面。此时风停浪息，看来高空气象学家斯蒂尔说的没错，大西洋海面一平如镜。"我猜，"巴顿说，"我一定是上帝最偏爱的那个人。"

摩洛哥沿岸，法军仍浑然不觉地做着美梦。因燃料短缺，维希政府早已不再出动空中巡防，也无人监听BBC的广播，因为法军轻蔑地认为它不过是盟军的专用宣传频道。罗斯福的讲话没人听到，休伊特的舰队也未被发现，巴顿白白发了一通火。

只有起义在酝酿之中。两年来英美特工一直着手创建第五纵队。结果却阴差阳错。摩洛哥犹太人计划炸毁卡萨布兰卡码头上5 000吨橡胶的计划落空，但在德国停战委员会安装监听器却出奇地顺利。十二使徒以极富异国情调的化名（菲什先生代表海参，勒罗伊代表威斯康星人）组建了几个秘密特工小组和极具想象力的掩护身份（一位叫红眼的外籍老兵，身份是黑市通心粉商人）。领导这支起义纵队的是"黑兽"埃米尔·贝图阿尔少将。身为卡萨布兰卡师师长以及1940年法波联军远征挪威的英雄，贝图阿尔是罗伯特·墨菲和马斯特将军的同谋。11月7日上午8点，贝图阿尔告诉10名心腹，盟军即将登陆，现在要派他们去稳住兵营和登陆区域。他事后回忆，这些人"几乎是带着天真的热情"立即动身。6个小时后，贝图阿尔叫醒尚在睡梦中的拉巴特总督奥古斯特·保罗·诺盖斯将军，通知他这个国家即将移交给盟军。他还逮捕了维希驻摩洛哥空军总司令，要他"在扶手椅上坐一坐"。

之后，诸事不顺。诺盖斯是个从不点头说"是"的滑头。他稳坐自己的府邸，不肯相信几百艘美国军舰能神不知鬼不觉潜入自己的国境。诺盖斯通过刚刚安装的密线致电卡萨布兰卡海军部，告诉海军司令反政府武装分子的起义。海军副司令弗朗索瓦·米舍利耶瞥了眼海面，然后要总督放心，海上一艘盟军舰队都没有，况且这次远征"从技术上来说不可能实现"。米舍利耶在凌晨3点、4点和5点都回电话证实自己的判断。诸多迹象都证明自己判断无误，诺盖斯指责贝图阿尔受了"一小撮白痴"的蒙蔽，同时命一名将军加强警戒。贝图阿尔丧失了信心，缴械投降。他当即被收押在监，只有一名狱医偷偷带两瓶香槟进囚室对他以示安慰。

在卡萨布兰卡，塞内加尔士兵无精打采地架起机枪。身披厚斗篷的阿尔及利亚骑兵策马跑出兵营，睡眼惺忪的海军军官乘"雪铁龙"、摩托和自行车赶往港口和海防炮台，盟军特工烧毁了密码本。除了从非斯驻军指挥官情妇的床上将其活捉，起义人员一无所获。更糟糕的是，他们还成功地提前几个小时惊动了维希政府，使后者加强戒备以防止发生骚动。

"月黑风高，"上登陆艇前，一名年轻的陆军中尉匆匆写了封家信，"一切都很理想。"

中尉想错了。海岸上一场骚动正在酝酿，休伊特的舰队也乱了阵脚。两周来的完美航行，在终于看到陆地时却功亏一篑。在一半舰只分头南下前往萨非、北上赶赴梅地亚之前，舰长们就为舰队的准确位置争执不下。一张海图（地图的一种，以表示海洋区域制图现象的一种地图。——译者注）显示，这支舰队已经驶入摩洛哥山区。11月7日晚漫天繁星，看到汉克闪亮的灯塔，舰长们还是争执了半夜。卡萨布兰卡灯火通明，一艘潜艇浮出水面向岸边航行了7海里，艇长还以为来到了"时代广场"。

现在证据确凿，陆地近在眼前，赶往费达拉的这支主力舰队却并未修正航向防止舰只掉队。晚上11点半左右，舰队右舵45度修正船位，但15分钟后又转回原路。月黑风高的夜晚，用来发号施令的红绿灯都无法看清。声号要么没听见，要么听漏了。"仿佛由一个开关控制似的"，汉克的灯光突然熄灭。等到船长下令抛锚，没有一艘舰处于正确的位置，有几艘远在6海里外。"说句实话，"一名海军军官承认，"我都不知道自己身在何处。"

驱逐舰在海面上来回穿梭，防止敌军潜艇偷袭。微风送来岸上淡淡的泥腥味，仙女座和大熊星座在斑斑云朵后升起。一路轰隆轰隆的主机陡然偃旗息鼓，带来一段从诺福克出征以来没听过的宁静。不久，锚链声打破了这段宁静。水手掀开舱盖，突突的辅机将货物绞出货舱，但新水手却听得不明就里。拥挤昏暗的士兵住舱内烟雾缭绕，一身绿

第 2 章 登　陆

海魂衫的士兵搬动吱吱嘎嘎的背包，等待命令。

一声令下，士兵们立即涌上甲板。以颜色标记的货兜仿佛蜘蛛网般搭在两舷。一名身背牛角号的装卸长指挥一艘登陆艇靠过来："人员登陆艇靠过来，红色的！"身穿黄油布上衣和宽大马裤的艇长驾艇缓速近前，眯着眼睛辨别颜色，免得货兜网缠住车叶。军官们爬下船舷，背上的冲锋枪和地图匣一路撞着后背和屁股。这支舰队不知演习了多少次从右舷离船，现在士兵们却莫名其妙地接令从左舷登艇。现场一片混乱。有人听说要装上刺刀，结果一个大兵在网上刺穿了大腿，立即被当作伤员拖上甲板。不时有人腿软抽筋。"一战"老兵登艇前给士兵鼓气时常说："不要为难惊魂不定的士兵。"

没过多久，装卸长就吼道："开船！"艇长发动机器，船头划出一道绿色的磷光。他仰望星空，希望北极星或天狼星能为自己指条路。

在费达拉，第一波 26 艘登陆艇 5 点之后稀里糊涂地向东驶去。被带错路的登陆艇错过滩头，一名军官事后悲叹，在"难以形容的混乱"中撞上了一座暗礁。第 30 步兵团的士兵蹚着齐脖子深的海水，被珊瑚划得遍体鳞伤，好不容易才上了岸。士兵的背包中装满挖战壕的工具、步枪、手榴弹、老虎钳、防毒面具、弹药箱和 K 号干粮，被海浪打翻后，没几个人能浮得起来。一名艇长驾着一艘长 50 英尺的驳船在一座暗礁前游得太远，船头撞上海滩 200 码外的海底，翻了个底朝天，艇上只有 6 名士兵生还。士兵们扑倒在沙滩上，对着切尔基海防炮台方向的探照灯拼命开枪，在这种紧要关头，阿拉伯人却骑着跛脚驴，沿海边"打捞"盟军士兵的救生衣和水壶。特遣队的口令很快在草丛中此起彼伏："乔治！""巴顿！"

在 80 英里以北的梅地亚，8 艘登陆艇上的士兵打算继续向纵深推进 6 英里，占领利奥泰机场，小卢西恩·K.特拉斯科特准将爬下"亨利·T.艾伦"号的货兜，乘着小艇告诉每艘船上犹疑不定的士兵，他才是梅地亚特遣队的总司令。一支七零八落的登陆艇队总算靠了岸，艇尾的

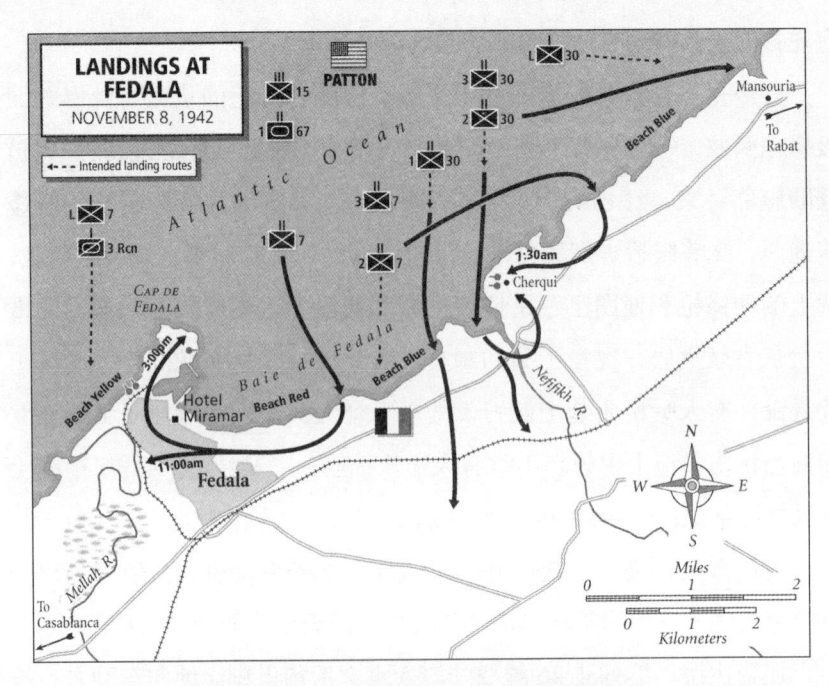

1942年11月8日，登陆费达拉

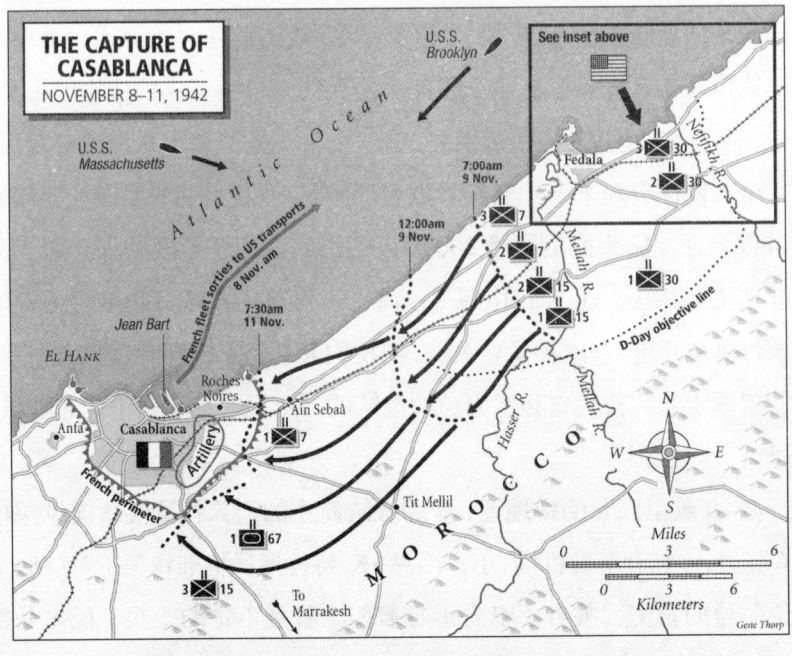

1942年11月8～11日，占领卡萨布兰卡

第 2 章 登 陆

PATTON 巴顿第 1 装甲军
Intended landing routes 计划登陆路线
To Casablanca 往卡萨布兰卡方向
To Rabat 往拉巴特方向
Atlantic Ocean 大西洋
Baie de Fedala 费达拉湾
Beach Blue 蓝滩
Beach Red 红滩
Beach Yellow 黄滩
CAP DE FEDALA 费达拉角
Cherqui 切尔基
Fedala 费达拉
Hotel Miramar 米拉马尔宾馆
Mansouria 曼苏里亚
Mellah R. 迈拉赫河
Nefifikh R. 内非非哈河

D-Day objective line 登陆日目标线
French fleet sorties to US transports, 8 NOV. 11 月 8 日法军舰队突袭美国运输机
French perimeter 法军防御圈
Jean Bart "让·巴特"号
To Marrakesh 往马拉喀什方向
U.S.S. Brooklyn "布鲁克林"号
U.S.S. Massachusetts "马萨诸塞"号
MOROCCO 摩洛哥
Ain Sebaa 艾因塞巴阿
Anfa 安法
Artillery 炮阵
Atlantic Ocean 大西洋
Casablanca 卡萨布兰卡
EL HANK 汉克
Fedala 费达拉
Hasser R. 哈塞尔河
Mellah R. 迈拉赫河
Nefifikh R. 内非非哈河
Roches Noires 黑诺士
Tit Mellil 提特迈利勒

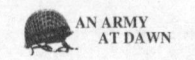

米字旗"赛艇"似的猎猎作响。海面上传来几声枪响：4名士兵被登陆艇上装弹的战友误伤。沙洲上有几艘登陆艇搁浅，或者因士兵扒在一舷急着上岸翻覆。许多肿涨的尸体脸朝下被浪花冲上岸，身上还套着没打开的救生衣和步枪。但5点40分（比预定计划晚了100分钟），第60步兵团的一支部队顺利翻过绿滩后，却发现一座16世纪葡萄牙要塞挡住了他们前往机场方向的去路。

"火炬行动"中第三个和最后一个需正面突袭的要塞，是卡萨布兰卡以南140英里的萨非。萨非是哥伦布时代的贸易重镇，一度靠养马享誉世界，后来成为全球最大的沙丁鱼市场。如今是一个年出口2.5万吨磷酸盐的小镇。美军依据多半是发黄的1906年法国海图、海军收集的明信片以及提到沿海地形的文章制订作战计划。犹太悬崖这段萨非郊外一处隐蔽的海滩，就是根据一张褪色的明信片确定的。这片海滩被更名为黄滩，是主要登陆地点。

为夺取萨非港，海军特地挑选了两艘古董舰"科尔"号和"博纳多"号参战。"科尔"号是1921年全球航速最快的船只，每小时航速达42节。为降低船身重量，两艘战舰在百慕大进行了秘密改建，烟囱被"锯或敲掉"以降低高度。两艘驱逐舰要装载第47步兵团的200名突击队员。队员们都拿着一个缝着米字旗的袖标和两盒贿赂法国人的香烟。占领这座小港之后，巴顿可带领一个配备54辆谢尔曼坦克的步兵营，避开狰狞的海防大炮，从南面包抄卡萨布兰卡。

萨非突击代号为"黑石行动"，行动指令有别于奥兰和阿尔及尔。萨非的防守较阿尔及利亚其他城市弱，美国军舰可一举粉碎任何抵抗。此外，为避免打草惊蛇，进攻仅限于登滩。第47步兵团指挥官埃德温·H.兰德尔上校是土生土长的印第安纳州人，头发光滑油亮，留着一把威风凛凛的络腮胡子。"只有猛、狠、快的战斗才能获胜，"兰德尔告诉手下士兵，"枪口要低，跳弹能杀敌人，也能吓唬敌人……你要打得凶，打得猛。"

第 2 章 登　陆

离船登陆期间依旧一片混乱，进攻因此推迟半个小时。装卸长最后在"莱昂"号和驱逐舰间拉了一张大网，将士兵们推到战友们张开的双臂中，一名士兵跌落大西洋失踪。凌晨 3 点 50 分，"博纳多"号和"科尔"号一前一后驶向海岸。领头的驱逐舰驶过花岗岩礁石之际，一名眼尖的法国哨兵用摩斯密码发出了口令。"博纳多"舰长用信号灯准确地对上了口令。"博纳多"号绕过打钟浮标，4 点 28 分进港，这一招蒙蔽了守军 18 分钟。等到发射焰火装置，展开一面鲜艳的米字旗，这面顽固的旗子却打不开。

此时，法军开火了。机枪子弹在头顶扑哧作响，75mm 口径炮弹呼啸着钻进海里。"博纳多"上的士兵以牙还牙，榴弹炮和迫击炮向码头飞去。没过多久，舰身猛地一震，艇艏冲上鱼码头 30 英尺。K 连士兵一个个摔倒在甲板上。

2 则电报越过海面，飞向美军舰队。"猛轰"是通告法军抵抗。4 点 38 分，"打球"批准进行报复。一声震天的轰鸣过后，"纽约"号战舰和"费城"号巡洋舰遵命瞄准 9 海里外的炮口开炮。

士兵和水手出神地望着火红的炮弹划过天空，插进萨非以北的海防炮台。"纽约"号一发 14 英寸口径炮弹打中图尔角一处高 300 英尺悬崖的崖嘴，在悬崖上炸开一条 20 英尺长的槽，弹起的炮弹穿透拉雷鲁兹炮台的指挥塔，塔内法军无一幸免。坍塌的墙壁上沾满了炮台指挥官的头皮和军装布条。

士兵们一阵骚动，慢慢地爬下"博纳多"号。每开一炮，他们就扑倒在甲板上，最后被各自的指挥官撑着、推着走向挂在船头的唯一的攀登网。水壶和烟盒绊进网眼上的士兵仿佛一条条网上的鱼。回到地面后，士兵们又生龙活虎起来。法军赶着一头驴，丁零当啷地将一门小野战炮拖上码头。美军一阵猛烈的炮火,将他们打得落荒而逃。"科尔"号于凌晨 5 点靠上磷矿码头。L 连蜂拥上岸,将外籍军团赶出码头，占领了火车站、邮局和弹药燃料库。

3波步兵成功登陆。港口上方的露台挤满了一身白袍、从旁观战的阿拉伯人。一名美军少校事后向陆军部汇报：

一名士兵好不容易迂回穿过一片乱石阵，架起一挺轻机枪，抬头小心翼翼地瞄准，却发现身边围过来一群一本正经的当地人。各个十字路口犹如网球场看台，挤满了伸着脑袋看热闹的当地人，他们全然不顾头顶呼啸而过的子弹。

中午时分，登陆军占领了一片宽5英里、纵深0.5英里的滩头。美军神枪手摧毁了3辆雷诺坦克，然后掉转坦克的炮口，对准法国军营。300名殖民地士兵缴械投降。

一架孤零零的维希轰炸机到港口虚晃一圈。美军高射炮手的热情超过了精确度，打得仓库顶棚和自己的吊杆上子弹横飞。50mm口径的曳光弹仿佛是"谁举着割吊机的焊枪"。

法国驻军指挥官应接不暇，美军冲进梅尔阵地的司令部，后者及手下的7名参谋乖乖地投降。他们的武器库只有两把左轮手枪。除了几个零星的狙击手，萨非失守。美军损失2名士兵，25人受伤。

艾森豪威尔相信自己的运气，迄今为止他一直吉星高照。只有直布罗陀地道内办公室的钟告诉总司令，此刻是11月8日拂晓。这个礼拜天的早晨风和日丽，他既听不到直布罗陀教堂的钟声，也没看到"喷火"战斗机从跑道起飞去西班牙和意大利边界巡逻。艾森豪威尔从帆布床上起身，去盥洗室用冷水洗漱。洗漱完毕，他向马歇尔汇报：

一切顺利……特遣队的情况暂时还不明朗，在这种时候，我不想麻烦各位指挥官向我汇报。不过，凡是此刻进行精确汇报的战区，我要奖励一个月的薪水。我军已登上东、中两个登陆点，西线也展开了攻势。

第 2 章 登 陆

除此之外,他知之甚少。阿尔及利亚、摩洛哥、华盛顿和伦敦的急电纷至沓来,译电员还在译几个小时前的电报。阿尔及尔和奥兰来的简报表明,部队已登上阿尔及利亚所有 6 个滩头。休伊特除简要汇报了他正在全速前进,第 34 特遣队的其他情况一概不知。监听器监听到巴顿的宣传电台播放着《星条旗永不落》和《马赛曲》,却没听到巴顿的声音。

"一旦你身居要职,"艾森豪威尔在最近写给儿子、西点学员约翰的信中说,"你会发现军人的职责就不仅仅是带兵打仗、翻山越岭、突出重围或挖散兵坑。此时,军人的职责一方面是政治,一方面是演说、写文章、社交……你将成为一个希望躺在吊床上,在如盖的树下读几本西部杂志的人!"

"军人的职责"也包括静静地等待。时间一分一秒地过去,又接二连三地来了几份急电,如"阿尔及尔港遇到麻烦"和奥兰港的抵抗。截至上午 9 点,盟军想必已经控制了阿尔及尔郊外的一座机场。不过,除了得知"村夫行动"有 3 架运输机迫降之外,没听到任何空降作战的消息。艾森豪威尔的副官和心腹、哥伦比亚广播公司前总经理哈利·C. 布彻在日记中写道:"其余 36 架飞机呢?"一封断章取义的急电显示,在摩洛哥的一个滩头,巴顿打着休战旗撤回登陆艇。"我不相信,"艾森豪威尔给身在伦敦的参谋长沃尔特·B. 史密斯少将的电报中称,"除非我错看了乔吉,他绝对不会撤回一兵一卒,包括他自己。"

艾森豪威尔又点了一支"骆驼"牌香烟,回到自己的小办公室,他答应一个小时内再和吉罗谈谈。达尔朗上将眼下在阿尔及尔和罗伯特·墨菲谈判这一令人费解的消息,让他很为难。艾森豪威尔记得丘吉尔说过:"只要能争取法国海军,你要不惜舔达尔朗的屁股。"那吉罗呢?

他拔下自来水笔帽,以遒劲的笔锋在信头上写道:"指挥官的烦恼。"他列举了十条悬念。比如,一:"西班牙不祥的安静。"三:"防守战已经打响,虽说大部分法军游移不定,但许多地方却在负隅顽抗。"六:"吉罗不好应付——他只想掌权,向盟军索要装备,却无心停战。"九:"不知道空降部队身在何处,情况如何。"十:"两眼一抹黑。"

放下心头的包袱,他放下笔,又仔细看了一遍电文。看来伤亡较小,"预备役行动"、"终极行动"和"村夫行动"还有待进一步汇报。法军应战是出于无奈,但他们没有布雷、侦察或出动维希潜艇和飞机,防守也只是疲于应付。

但如果指挥官摇摆不定、军队作战不力,法国就不会投降。维希政府在卡萨布兰卡和梅地亚附近的抵抗似乎陷入僵局。达尔朗瞻前顾后;吉罗在直布罗陀防空洞的某个地方生闷气;墨菲显然被俘;许多法国起义人员身陷牢笼;德意两个军队不会坐视不理。况且发动史上最有胆识的海上登陆的目标突尼斯,还很遥远,远在天边。

有时候,他只想爬上吊床,读几本西部杂志。

第 3 章
滩　头

狡猾的达尔朗意识到第三帝国大势已去，旋即下令停止对英美联军的抵抗。虽然行动中延误和混乱的情况层出不穷，但经过 3 天的交火，盟军终于进入阿尔及尔、攻克奥兰、占领卡萨布兰卡。"火炬行动"宣告成功，同盟国控制了北非的一些重要战略基地。此次战役也是首次使用登陆舰艇的大规模渡海登陆战役，为整个"二战"期间的战略进攻提供了经验。之后，盟军挥师大举东进，直扑突尼斯，正如丘吉尔所言："战争并未结束。"

BEACHHEAD

A Sword in Algiers
★★★

剑指阿尔及尔

不只是艾森豪威尔不了解"火炬行动"的进展，阿尔及利亚和摩洛哥各个滩头的士兵也和他一样，除了眼前发生的事情，其他一概不知。海上的水兵只能看见炮火飞向岸上，岸上的士兵也不了解山后面的情况。指挥官接到的消息大多是只言片语，或者自相矛盾，有时根本是误传。一位记者写道，这就是战争，"我们的处境和历史，我们生活的地方"。但也有许多人只是把战争看作一条炮声隆隆的街道。在初上战场的新兵看来，首次作战的经历说明：战争就是一无所知的军队在一片漆黑的平原上瞎打误撞。

英美联军与维希守军只打了3天。有胡乱射击、敷衍了事，也有激烈交火。老朋友间的龃龉却因虚伪的外交策略，以及与轴心国军队第一次动手而加剧，许多美军仍不相信自己要攻打法国人。从周日早上到周二夜间，即1942年11月8日到10日，这一切几乎都在同时上演，如果像说的一样简单，此举说不定能峰回路转，起于阿尔及尔、止于摩洛哥。

第 3 章　滩　头

11 月 8 日破晓后，美军第 39 步兵团的一个营出现在阿尔及利亚首都以东的白屋机场入口。为了祖国的荣誉，法军士兵胡乱开了几枪，随即投降。上午 10 点，第一批飓风战斗机因从直布罗陀提前起飞几个小时，在非洲找不到一个可靠降落地点，在跑道上迫降。

英军从滩头西端的卡斯蒂廖内登陆，迅速控制了卜利达的另一座机场，并绕道城南进入阿尔及尔。与此同时，勤劳的阿尔及利亚人忙着将登陆艇上的罗经（提供方向基准的仪器。——译者注）和螺旋桨拆下来。一位急性子的指挥官捉了 6 名人质（据他称这些人"都非常友好亲切"），然后驱车前往码头，拿手枪顶着门警的脑袋，在法军指挥部上空升起一面英国军旗。用他的话来形容，"欢声响彻云霄"。

在朗比利迪西郊，第 168 步兵团第 1 营指挥官爱德华·J. 多伊尔中校见几名士兵慑于敌军狙击手的火力（同一个狙击手此前曾打穿罗伯特·穆尔的头盔）畏缩不前，便不顾原地待命的命令，当即派了 24 名士兵将这几个散兵包围，其余的直奔阿尔及尔。很快他就来到总督夏宫的门口，但警卫不放他进去，称"总督去了海滩"。美军的答复是将一辆驶出街对面的德国领事馆的轿车车胎打爆。司机不住叫骂，因为战时的优良车胎尤为珍贵，不过他的愤怒很快就被狙击手的枪声打断。多伊尔左肩胛中了致命的一枪，倒在人行道上。他是当天早上继"预备役行动"的马歇尔阵亡的第二位营长。

周日下午，纳粹德国空军从意大利起飞，在开普马迪府对面的舰队锚地第一次露面。一架容克 -88 躲过盟军的拦截，在水面上方 50 英尺的高度发射两枚水雷。一枚打偏，第二枚击中"里兹镇"号右舷，螺旋桨被打飞。失去了动力，该舰和舰上的 500 名士兵成了活靶子。附近的姐妹船被轰炸机撕开了几道口子，紧接着船腹又中了两枚鱼雷，很快船头开始下沉。舰上的士兵一次次想要跳出舷外，但都从鱼雷孔被吸了回去。落难士兵乘着小船向岸边漂去，还不忘一路高歌。然而，滔天巨浪呼啸而来，歌声便戛然而止。当地人放下手中捞来的战争财，砍来长茅草,将落水的幸存者拉上岸,带他们来到一座废弃的戏院。浑身打颤的士兵搂着干草,喝了白兰地才缓过神。此时,"里兹镇"号沉在 20 寻的海底。

或许轴心国对这一报复性袭击感到痛快,但作为一名资深政治家,达尔朗以敏锐的眼光察觉到,纳粹德国大势已去。维希总司令在阿尔及尔只有 7 000 名士兵,而且弹药紧缺。此外,两座主要机场均被盟军占领,舰队遭英国军舰包围,城外还有 3 万名敌兵包围。周日下午 3 点,达尔朗又来到橄榄别墅,因为朱安将军枪下留人,墨菲和肯尼斯·潘德才幸免一死。这位法国海军上将在午餐桌上找到两位美国外交官,望着码头上浓烟滚滚的仓库以及阿尔及尔湾上空盘旋的轰炸机,郑重地宣布,他愿意与盟军谈判。他想知道墨菲能否找到美军的指挥官,听说后者就在阿尔及尔以北 10 英里的海滩上。

一面白旗和三色旗在挡泥板上迎风飞舞,这些外交官坐上朱安的豪华轿车,驱车绕过阿尔及尔以西七零八落的美军,在白啤酒海滩找到坐在石头上的查尔斯·W. 赖德少将。第 34 师师长赖德是艾森豪威尔的老乡和西点军校同窗,他身材高大、精瘦,在"一战"中功勋卓著。问及是否愿意和法国人谈判,赖德平静地答道:"只要肯将阿尔及尔交给我,去哪儿谈、和谁谈,我都愿意。"他坐在石头上,一边嘟囔着要换一套新军装,一边慢条斯理地给直布罗陀拟了一封电文。"请你原谅,"他对墨菲说,"我整整一个星期都没睡觉。"墨菲停下脚步,搀起将军,将他推进专车里。

轿车载着一行人穿过朗比利迪,在全速驶往若弗尔元帅大道的途中,一只安放在车上的喇叭吹起了停战号角。在维希司令部拿破仑堡外,朱安的参谋长伫立街头,身后 6 名士兵呈 V 形排开。"我不喜欢流血。"上车时,墨菲对赖德如实相告。法军参谋长以标准的投降姿势将剑柄递给赖德,像极了"博物馆中的历史画面",赖德事后回忆。念念有词地说了几句投诚的话后,参谋长一转身,正步进了城堡。

第 3 章 滩 头

赖德和墨菲紧随其后，走进一间壁上挂满战利品的大厅。50 名法国军官沿着墙边站成一排，不住地朝这些美国人和朱安将军张望。朱安脱下前天晚上的粉红条纹睡衣，换上一身挂满勋章的军装，站在盖着绿台布的长桌桌首。皇家海军飞机轰炸距离不足 100 码的目标，轰鸣的爆炸声掩盖了远处的枪声。"妙啊！"赖德喊道，"自'一战'以来，我还是第一次身经炮火。"然而，并没有人答话。

"你是高级指挥官？"朱安终于开口，行了一个左手礼。

"正是。"

"如果我向贵军投降，你能保证维护阿尔及尔的法律和秩序吗？"

"可以，"赖德答道，"如果我有幸让法国警察执行我的命令的话。"

"请问你何时能履行这一职责？"

"立刻。"

"请问法军能不能保留武器？"

赖德犹豫了片刻，说："可以，但这些军队得乖乖地待在军营里。"

按照协议，盟军各部将于上午 8 点进城，法军要释放"终极行动"生还者在内的所有俘虏。法国军官派了几辆车，以军号到阿尔及尔各区通报该市投降。

虽然盟军占领了阿尔及尔，但法属北非的其他地区仍在交火。不久之后，美军获悉达尔朗在城外正式辞去一切职务，后者愤怒地表示，他无权交出维希法国的其他领土。双方在拿破仑堡又进行一次会晤，这次达尔朗在场，但他只答应允许盟军舰只进入阿尔及尔港。

周一拂晓，特遣队旗舰"布洛洛"号威风凛凛地驶向铁路码头，全然不知德国空军一枚炸弹炸毁了机舱的车钟，险些命中船身。驾驶台发出全速倒车的常规靠泊指令自然无人听见。看着船头以 12 节的速度迅速逼近，码头上的法国接待小组惊恐万状。驾驶台上的军官还在为撞击后大桅会前倾还是后倾争得不可开交，码头上的法国人已惊叫着四下逃窜；"全体卧倒！"舰长对部下喊道。巨大的船头冲上一个泥滩，摧毁了防波堤，将岸边的一幢房子撞出一道缝，之后又完好无损地退回港内。码头上的人终于回过神来，掌声雷动，齐声称赞皇家海军精湛的进港技术。

吉罗将军也是如此。11月9日周日上午，他乘坐一架法军飞机从直布罗陀飞往阿尔及尔，打算挤掉达尔朗，就任北非的新总督。一如艾森豪威尔所料，吉罗此行就是为了探听"火炬行动"的虚实。他故作姿态地叹了口气，答应去北非担任法军司令和行政首长。将吉罗打发走后，艾森豪威尔公开宣布："他（吉罗）一出面，法军就会停止零星的抵抗。"但他曾背地里向马歇尔坦言："我真是受够了这帮法国佬。"

维希当局怒斥吉罗将军是"卖国求荣的叛徒"，以此回应艾森豪威尔的公告。吉罗抵达卜利达机场，前来迎接的并非他预料中的仪仗队和欢呼的人群，而是几个暗中前来提醒他提防暗杀的支持者。祸不单行，他的行李和制服不知所踪。吉罗将军怎么能穿一身皱巴巴的长袍来发动政变？衣衫不整的他垂头丧气地爬上一辆借来的车，朝阿尔及尔卢梭区蜿蜒曲折的巷子疾驰而去，一户同情吉罗的人家答应让他在那里暂避时日。

3个小时后，马克·克拉克奉艾森豪威尔之命，乘B-17飞抵白屋机场，协助吉罗接管法军，达成全面停战协议。令人始料不及的是，这位所谓的总督却迟迟不敢露面，达尔朗上将则对维希政府忠心耿耿，在阿尔及尔以外的各地指挥作战。克拉克焦急地对墨菲说："这下真的乱了套！"

达里尔·F.扎努克是克拉克随从中的一员，曾经是《铃叮叮》(*Rin Tin Tin*)的编剧兼20世纪福克斯电影公司制片人，现任陆军通信兵中校。扎努克带来一台电影摄影机和10卷胶片，准备记录克拉克带领凯旋之师挺进阿尔及尔的盛况。不料十几架德国空军飞机的出现打断了拍摄。"喷火"战斗机和"容克-88"轰炸机在头顶盘旋，聒噪的平民却争先

第 3 章 滩 头

恐后涌上街头观看这场恶战。克拉克和随从只得挤进两辆英国造半履带式装甲车，哐啷作响地入城。他们所到之处，都会看见墙上贴着大幅的贝当元帅画像。北非登陆战役开始尚且不到24小时，但显然已经演变成一场法国式的闹剧。

圣乔治饭店是一座灰白色的不规则建筑，位于阿尔及尔最豪华的米舍莱大街。饭店坐落在海边，迷人的风景吸引许多前来地中海观光的名媛淑女下榻。如今饭店已是维希海军的司令部，海军将门厅中精美的马赛克地板踏得泥迹斑斑。美方答应11月10日上午在这里与达尔朗及其他手下副官会面。

经过几个小时的讨价还价，赖德将军身心俱疲，称"我已经尽量拖住他们了"。一个步枪连奉命潜藏在棕榈林中，如果有法国人生事就"一律将其击毙"。墨菲领着克拉克穿过饭店门厅，走进一间蓝色穆尔式屋顶、狭小闷热的客房，房间窗户正好面向波光粼粼的地中海。5名上将和5名将军正在那里等着他们。达尔朗脚蹬一双增高鞋，穿一套黑双排扣上将军常服，显得皮肤越发苍白。他热情地问候了美国人，却不愿与克拉克一行中唯一的一名英国军官握手。克拉克在桌首落座，达尔朗在左，朱安居右，墨菲担任翻译。

"我们要携手对付共同的敌人。"克拉克说。

"我和我的同仁都认为对抗徒劳无益。"达尔朗答道。但除了交出阿尔及尔，他无权签停战协定。"在下不过是奉贝当之命行事。"

"还有一个比这更严重的问题，"克拉克的言外之意是突尼斯，"请问阿尔及尔以东的法军是否会阻止我军去抗击我们共同的敌人？"

达尔朗一双淡蓝色的眼睛避开克拉克的直视。"你提出的条件，我已请求维希政府尽快作出明示。"

克拉克用拳头猛击了一下桌子。"我真想把你软禁起来！你最好识相点，我们必须东进。我现在就去找吉罗将军，他会签署这个协定，下达必要的指令。"

达尔朗摸了摸脑袋,嘴上掠过一丝不易觉察的笑。"我不敢肯定军队是否会服从他的命令。"

"如果你认为贝当同意停战,何不现在就下令?"

"如果我这样做,德国会立刻占领法国南部。"达尔朗不紧不慢地说。

克拉克又在桌上重重地敲了一拳。"你的所作所为只会让更多的法国人和美国人丧命,现在我们必须根据形势而非命令行事。这是法国人团结一心、共同抗敌的好时机,是你们最后的机会。"

"那是你的想法。"达尔朗说。

"你给我告诉他,"克拉克对墨菲说,"我们的士兵可不认识贝当是谁。"他推开椅子,起身要走,但朱安按住了他。"请再给我们5分钟。"

盟军特派员一行鱼贯走出客房,达尔朗小声对墨菲说:"能否请你想办法告诉克拉克少将,我是一名五星上将?请他不要把我当尉级军官训斥。"

美国人退到门厅对面的过道。法国人的声音透过紧闭的房门,传入他们耳中。克拉克踱着步,小声地骂:"YBSOBs。"这是只有他和艾森豪威尔才懂的一句暗语,即"贪生怕死的杂种"。克拉克暗中扬言要在北非推行军事管制法,这吓坏了墨菲。他不敢想象该如何管理这片面积达百万平方公里的土地上的铁路、通信、供水等机构以及近2 000万的人口,更何况他们操着和美国人不同的语言。如果盟军希望挺进突尼斯的同时不必担心背后受敌,法国人的帮助则不可或缺。

房间的门猛地被推开,达尔朗那位五短身材的心腹、阿尔及尔的主人雷蒙德·弗纳尔微笑着向美国人打手势,请他们返回房间。克拉克等人再次就座后,达尔朗转身对墨菲说:"J'accepte."(我接受。)

达尔朗将一份通告全体法军不再做无谓抵抗的指令草稿放在克拉克面前。一封致贝当的电报指出,继续对抗只是徒然耗费法国在北非的人力物力。达尔朗提笔"以上将的名义"签署了一项决议,命法国驻北非的海陆空三军立即停火,返回各自基地,严守中立。"就这么定了。"克拉克宣布。克拉克立刻将协议电告直布罗陀。"我认为要不惜一切代价实现停战。"他对艾森豪威尔说。吉罗头戴军帽、身穿马裤和绶带、脚蹬锃亮的马靴,再度出山。"他就像刚从理发店出来似的。"记者艾伦·穆尔黑德事后写道,"他那颗像鸟一样的小脑袋打扮得油光闪亮。"丢失的制服找了回来,气焰自然收敛三分。为了法国的荣誉,吉罗愿意屈居达尔朗之下,共同抗击德军。

但还没等盟军下令停战,这次交易就失败了。几个小时之后维希政府传来消息,为避免德军攻占维希法国、攻击停泊在土伦锚地的维希舰队,贝当元帅将海军总司令达尔朗撤了职,还废除他与美国人签订的一切协议。"我下令,保卫北非。"贝当公告世界。达尔朗犹如一个被削除继承权的嗣子,在弗纳尔的官邸耷拉着脑袋,比先前更加闷闷不乐。"我输了,"他无奈地说,"我只能自首。"

获悉这个新使徒想撕毁他6个小时前签的停战协定,星期二下午3点,克拉克和墨菲再次登门。

"贝当不过是希特勒的喉舌。"克拉克一再强调。

达尔朗耸了耸肩。"我只能撤销我今天上午签署的命令。"

"你敢!"克拉克挺身说道,"你现在只是个俘虏!"

"你也要俘虏了我才行!"

克拉克大发雷霆,立即命两个步兵排将弗纳尔的官邸团团围住。美军上校本杰明·A.迪克森推开达尔朗的副官,对他说:"上将先生,按最高司令官的指示,你已被捕。如果你敢逃跑,哨兵可奉命开枪。"

迪克森退回至大门处。"那幢住宅里的俘虏是达尔朗上将,"他告诉卫队长,"他五短身材、秃顶、红脸、尖鼻子、尖下巴,是个贼眉鼠眼的家伙。不论此人穿军装还是便装,只要他企图逃跑,格杀勿论。"

在直布罗陀,为了弄清前线战况,艾森豪威尔翻遍了非洲发来的急电。"战争常常造就一种怪诞而荒唐的局面。"星期一下午,他在一份备忘录中写道。这场战争的怪异和荒诞与日俱增。艾森豪威尔在一张便签上用潦草的字迹写下标题"一名指挥官在漫长等待中的随想",他又继续写道,"西岸的行动令我牵肠挂肚;奥兰行动;吉罗的动向和意图;达尔朗的提议;意大利空军的动向;西班牙的态度。"

迫于维希政府和克拉克两方的压力,达尔朗两次投降,又两次变卦。看来吉罗在北非的影响微乎其微。克拉克的一封电报让艾森豪威尔仰天长叹:"耶稣啊!我这需要一名刺客!"但不知他是否能够收买得到。他问克拉克,盟军是不是考虑在"瑞士这样的中立国"存一大笔钱?

鉴于法国在北非的地位,阿尔及尔对盟军事业极为关键,是挺进突尼斯的中转站。一旦克拉克确定法国不会勾结轴心国,保持中立,等在海上的英国军队就会立刻大举东进。摩洛哥同样是美国一条关键补给和增援的命脉。不过,艾森豪威尔仍没有休伊特和巴顿的消息。

星期一晚上发给马歇尔的一封电报中,艾森豪威尔表达了对奥兰一役的顾虑。阿尔及利亚西部的机场对盟军在北非集结部队至关重要,奥兰港和梅尔斯克比尔附近海军基地的地位也同样关键。"此刻最令我头疼的问题是奥兰地区的进展太过缓慢,"艾森豪威尔写道,"我一定要尽快解决。"

A Blue Flag over Oran
★★★

奥兰上空蓝旗飘

艾森豪威尔很快就如愿以偿。

11月8日一整天，美军士兵都在集中火力攻打奥兰。9 000名法国守军退到一片直径20英里的盆地中。特德·罗斯福带领第26步兵团由西向东推进，以垒球、高尔夫和曲棍网兜球等娱乐项目为各条道路命名，沿途各个村庄则以士兵家乡为代号命名（如布鲁克林、布罗克顿、锡拉丘兹）。

特里·艾伦和第1步兵师大部从圣克卢以北一座沙石山、奥兰以东一个十字要道和南部的盐湖突袭该市。一身脏兮兮长袍的孩子错将这支部队当作德国人，冲他们喊："喂，银币！"或挥着僵硬的手臂行纳粹礼。蒙着面纱、刺着文身的柏柏尔妇女从窗帘后向外张望，茶馆里头戴毡帽的男人从茶杯上抬起头，以非洲人的方式欢迎门前走过的部队：真心诚意地伸出手腕，交叉在一起卖力地鼓掌。一名战地记者搜肠刮肚，最后才找到"堕落、无趣、眼拙和可悲"这几个词来形容当地人。

筋疲力尽的士兵背着军官溜进灌木丛里，没过多久，连荆棘都像在打鼾。滚滚的炮声不时将他们吵醒，但他们常常充耳不闻。一些士兵手臂、肩膀并用，推着当作弹药车的大车，迈着沉重的脚步，顶着烈日，汗流浃背地赶往地平线另一边看不见的城市。丢弃的弹夹和野战马甲标出了一条通向阿尔泽的宽敞、凄凉的道路。偶尔驶过一辆以柴火为动力的汽车，将蓬头垢面的法国俘虏送往设在海滩的战俘营。第18步兵团一名炊事员征用一头棕骡和一辆两轮马车运送野战炊具。挣脱缰绳的骡子经过一列哈哈大笑的士兵跑向法国阵地，炊事员扔下断成两截的缰绳，一枪结果了这头牲口。这群士兵再也笑不出声，只好自己拉炊具。

一名伤兵躺在草丛中等待救护车，央求路人："别踢我的腿，请别踢我的腿。"在一次迫击炮阻击中，第16步兵团F连的4名士兵躲进一条灌溉渠。轰炸开始时，路对面的一名中尉看见一阵耀眼的蓝光，发现一块弹片切断了头顶的电线。4名士兵碰到落下的电线，全部触电死亡。

这就是战争。士兵们互相诉说：不幸就在某个路口等着他们，不幸、被击毙的骡子和灌溉渠中突如其来的死亡。

圣克卢是一座乡村小镇，镇子中有许多黄色建筑。镇上有居民3 500人，住宅都是坚固的石屋，四周是大片的葡萄园。11月葡萄藤只剩下光秃秃的枝丫，火力带达半英里。圣克卢扼守奥兰东部要道，因此维希政府增派了第16突尼斯步兵团、外籍军团第1营、一个炮兵营、外籍军团的准军事部队、效仿德国党卫军的法国法西斯分子驻守此地。美国情报部门评定这支守军为"二级或的三级作战部队"。但11月8日中午前，特里·艾伦的第18步兵团C连遭伏兵击退，和第1营反扑圣克卢时，再次被击退。

当天下午3点30分，第1营从勒男出发沿公路再次发动进攻，与此同时第2营则从南翼包抄圣克卢。数挺法军机枪组成的火力带打折了葡萄藤，A 连一名上士前额中弹，当场死亡。该连连长喉部中弹，身负重伤。圣克卢高耸石尖塔上的钟报时 4 点整。一名狙击手的枪口从钟楼上肆无忌惮地吐着红色的火舌。美军 12.7mm 口径步枪的子弹钻进尖塔、打在钟上，纷乱的钟声响彻全镇。

两个营的士兵匍匐穿过葡萄园，潜入环绕圣克卢以南 200 码墓地的白石墙。在坟墓地和石碑间穿梭的两名美法机枪手仿佛黄昏下的幽灵。砰砰乱飞的子弹打碎了墓碑，削掉了大理石雕刻的六翼天使的翅膀。炮火在墓穴里轰鸣。

爱德华·麦格雷戈上尉从 B 连抽调了一个突击队。三声哨响后，他带头跳过墓地围墙，向镇上冲去。3 名士兵跟着他跳了过去，其余 40 人则缩在墙后一动不动。麦格雷戈暴跳如雷地返回召集部队，怒气冲冲地吼道："谁敢临阵脱逃，我会亲手解决他。"士兵们这才跟上去，直到一颗子弹削去 B 连连长半边脸。"给我冲，麦格！"此前，连长还催促道。话音刚落，他便倒地身亡。麦格雷戈和其他 8 名士兵被俘，攻占圣克卢的行动宣告失败。

法军炮兵架起野战炮，猛烈的阻击火网吓得美军士兵四散奔逃。指挥官追着他们吼："停下！停下！"一名受伤的中尉躺在路边苦苦哀求："行行好，行行好，别丢下我。"可现在谁都顾不上他。等到黎明时分军医助理找到他，发现后者脸色惨白，虽然还活着，但一条受伤的胳膊已经废了。法国炮兵发现了第 32 野战炮兵团设在该镇北部山丘后的炮兵阵地，随后呼啸而来的炮弹仿佛受惊的羊群，在美军榴弹炮阵地里横冲直撞。两番轰炸过后，美国炮兵瘫倒一片。

夜幕降临，圣克卢小镇宛若一座阴森的城堡。粗壮的葡萄藤间尸体横陈，仿佛铺上了一层血迹斑斑的地毯。紧张的哨兵们发出一阵阵枪声，在这样的夜晚里，士兵不惜牺牲生命，也要赶在黎明到来之前推进。

11 月 9 日上午 7 点，第 18 步兵团的 7 000 名士兵发动新一轮攻击。中午时分，进攻失败，伤亡惨重。对该团团长弗兰克·格里尔来说，圣克卢是一场恶战。由于小镇守军的顽强抵抗，盟军总攻奥兰的行动被耽搁。格里尔站在充当团部的酒厂水泥装卸台上，拿望远镜仔细观察圣克卢。镇中的教堂，半个尖塔被毁，但时钟还在走。棕榈树拦腰折断，几座张开大口的屋顶清晰可见。一匹失去骑兵主人的马，身披法军马鞍，拖着缰绳茫然地望着镇子边缘。地上横躺着一堆死马，四脚朝天，仿佛翻倒的桌子。

"我打算使用密集式弹幕攻击，从镇子的这一端开始，推进到另一端。"格里尔说。200发炮弹装上引信，堆在每一门炮下。1 500发炮弹的掩护炮火将于下午1点开始释放，在3分钟后，该团会派出3个营发动进攻。据侦察兵汇报，镇上的几百名妇女、儿童蜷缩在残垣断壁中，有些已丧生。在这样的炮击中，当然会有许多人必死无疑。

一个身穿衬衫的身影乘吉普风尘仆仆地赶往酒厂。在图维尔的一间教室里，一盏汽油灯幽幽地照着墙上贝当的照片和彩色的法国殖民地图，特里·艾伦挤进一张课桌下过了一夜。战报显示，罗斯福的部下已登上奥兰以西一处高地——米尔贾卓山。据说罗斯福拿着一挺冲锋枪，亲自追赶一队法国骑兵。塔法拉乌伊机场不久即被攻克，第1装甲师的5 000名士兵绕过米瑟尔林的一个固定支撑点，占领了拉塞尼亚机场。"村夫行动"的伞兵或"预备役行动"的突击部队情况仍不明朗，但外籍军团从南部沙漠的西迪贝勒阿巴斯发动的反攻已被瓦解。"小伙子们，"艾伦喊道，"我刚给法国人发了一个信号，要他们出动精兵强将。"对蜷缩在壕沟内筋疲力尽的步枪连，他则鼓励道："镇上许多漂亮姑娘等着迎接解放她们的美军呢。"对有些人来说，这仅仅是一句简单的警告："不拿下奥兰，不许吃饭！"

艾伦嘴里叼着支烟站在无花果树下，脑袋摇来摇去，避开烟气熏到眼睛。格里尔陈述了自己的计划，艾伦则望着不远处的圣克卢深吸了一口气。师参谋不同意格里尔的方案，认为它没有考虑到惊恐的平民，后者正口念"万福玛利亚"等死。

和每次战役一样,特里·艾伦早上也曾祈祷过。他展开地图,盯着圣克卢看了半天。"一战"期间,艾伦到过许多与它类似的小镇。按他的性格,是瞧不起比"巴黎"更拗口的外国地名的。所以,每当遇到多音节的词,他一贯以"他们叫什么来着"代替。但在圣克卢,他想到了蔬菜店、成衣铺、挂着杜博尼酒招牌的小酒店以及身背绶带、令人讨厌的侍者。

他转身对格里尔说:"不得集中火力大范围轰炸。如果进行轰炸,进攻又失败,这个小镇恐怕要遭灭顶之灾了。"他认为毁掉一座法国小镇对美国的"政治形象不利",况且还要耗费大量弹药。"再说我们也不需要这个鬼地方。我们不如绕过圣克卢,趁夜占领奥兰。这里只留一个营拖住敌人就好。"随后,他召集遍布镇外的其他人马,挥师挺进奥兰。格里尔挥手敬礼,但失望之情溢于言表。

事后看来,他们显然不应绕过这个镇。艾伦铤而走险,在后方留下一大支队伍,同时还要压制士兵们的火气,后者决心不惜一切代价,也要拿下这个镇,以报仇雪恨。作为一个要解放欧洲的美国将军,艾伦已经料到政治和战场上的变数,并作出了第一个战略决策。

"我绝对不能这样做,"艾伦事后说,"绝对不能。那鬼地方有平民,我不能开枪。"

盟军围困圣克卢、攻占拉塞尼亚的举动令法军猝不及防,阵脚大乱。奥兰兵临城下。11月10日早上7点15分最后攻城,艾伦口授"陆军3号令",他最后说道:"无论是谁,都无法阻挡这次进攻。"

法军其实拖住了他们,先在阿尔科莱,继而圣尤金,但都没拖延多久。一名年轻的少校抱怨说手下的士兵又累又饿,需要休整。此时,第16步兵团团长绕到他背后,猛拍了一巴掌,"你别给我说这些,你要进攻"。11月10日拂晓,经历了一夜的凄风苦雨,集结的美军仅仅遇到了一些狙击枪手。第1装甲师中人称"色鬼"的约翰·托德中校下令："带上你的坦克，给我冲！"托德的坦克推开路障，沿着马斯卡拉大道一路驰骋，来到蔚蓝的奥兰湾。然而，他们来迟了一步，没能阻止"预备役行动"后的破坏行动。尽管如此，他们还是成功阻止了法军在港内泼上燃油、将其付之一炬的计划。另一位装甲营营长约翰·K.沃特斯中校（巴顿的女婿）气势汹汹地将坦克开上保罗杜美大道。不幸的是，坦克在大教堂附近耗尽了燃油，铁家伙顿时成了一群纸老虎。

欢天喜地的人群挤满道路两侧，一边冲他们摆出"V"字手势，一边躲避零星的狙击子弹。艾伦许诺的漂亮姑娘在若弗尔大街两侧的露台上冲他们微笑飞吻，往坦克炮塔上扔木槿花环。一名头戴黑呢帽、大腹便便的男人，举着白旗拍着坦克车身，自称是奥兰市长，愿意把这座城市交给盟军。第6装甲步兵团第1营冲进圣菲利普堡大门，把500余名伞兵、飞行员、英国水兵、以及"沃尔尼"号和"哈特兰"号两舰的美军步兵释放。解放者和被解放者个个喜极而泣。法国看守自觉地排好队，缴械投降，麻利地列队走进设在自己营盘的牢房。

第18步兵团第1营和达尔比手下游骑兵营发起最后一轮攻击（无炮火掩护），圣克卢负隅顽抗。5个多小时后，巷战开始，镇上守军缴械投降，盟军俘获400名法军俘虏，缴获14门大炮和23挺机枪，但无人清点尸体。丁香花和胡椒树环绕下的新宫前，叮咚泉水中锦鲤悠闲地游弋。罗伯特·布瓦索将军于11月10日星期二中午率奥兰师投降，按事先约定的信号，奥兰上空升起一面巨幅蓝色旌旗。

抛开"预备役行动"，仅大红一师在奥兰的伤亡就高达300余人。在该师9个步兵营营长中，有2人因失职被艾伦和罗斯福就地撤职。这座城市的法国守军总计165人阵亡。

解放者随即将奥兰变成一座大型补给站。军需官征用当地的斗牛场当作食品仓库，不久就发现这里散发着除不掉的牛粪味。宪兵司令下令修建一座带围墙的场地，用以隔离取道英国途中染上性病的159名士兵。这些士兵们把这里叫做"卡萨诺瓦广场"（好色之徒），一名指挥官说，带倒刺的铁丝网让"他们想到鞋跟儿"。未来的四星上将沃特斯中校大着胆子，从奥兰码头缴来 10 桶红酒，给自己手下的每个士兵装了满满一钢盔。一支反坦克部队为艾伦和罗斯福开了一个派对，期间士兵们保持了大红一师的传统，喝得醉眼蒙眬。

现在，近 3.7 万名士兵占据了宽 70 英里、纵深 15 英里的滩头。阿尔及尔投降、奥兰被攻克，盟军实际上已经控制了阿尔及利亚，尽管摩洛哥守军还在负隅顽抗，北非的政治局面则愈发混乱。此外，11 月 10 日从奥兰发给艾森豪威尔的一封急电总结了虽然短暂但普遍存在的情绪："诸事顺利。"在焦急、混乱中等了 3 天，这则消息着实令人振奋。"我们要完好无损地拿下各个港口，然后继续向东推进。"艾森豪威尔同一天致电伦敦。

"战斗就是不断地往前冲，"他说，"但我就喜欢这样。"

"一派混战"

"An Orgy of Disorder"
★★★

卡萨布兰卡是维希政府在土伦以南的第一良港，法国海军决心要保卫摩洛哥港，只是这种意志用错了地方。法国水兵几乎无人知晓11月8日拂晓隐隐出现在雾霭中的敌军舰队的身份。上午7点刚过，汉克的海防大炮台率先开炮，紧接着是靠在码头上的"让·巴特"号舰艏炮塔4门15英寸口径大炮。炮口喷出橙色的烈焰和圆柱形烟雾。汉克发出的第一轮炮火交叉轰炸1.8万码外的"马萨诸塞"号，前一天晚上吟诵拉丁语诗句的人就是该舰舰长。"让·巴特"号的炮弹在舰艏右舷600码以外的海面上掀起巨大的水柱。"马萨诸塞"号和姐妹舰很快予以还击，美国海军开心地说"打弗拉纳根"这个老游戏开始了。

在"快！"和"打球！"的欢呼声中，肯特·休伊特在"奥古斯塔"号驾驶台上通过电台和旗语通知各舰，对敌人的炮火要以牙还牙。从汉普顿锚地出发已两个星期有余，一路上休伊特吃得很多，却极少锻炼，身上长满了赘肉。自从相信了手下高空气象学家的判断，着手部署兵分三路登陆摩洛哥的计划以来，他忙得不可开交。他知道南路进攻萨非一切顺利,但北路进攻梅地亚的特拉斯科特将军却没有消息。战略情报局暗中策动埃米尔·贝图阿尔将军政变的行动显然失败了,休伊特只能猜到奥古斯塔·诺盖斯总督要负隅顽抗。卡萨布兰卡以北的费达拉,要去摩洛哥的2万名士兵即将登陆,第一艘登陆艇已提前2小时先行抵岸。虽然风平浪静,还是有许多艇打横或倾覆,但至少有士兵登陆,准备进攻卡萨布兰卡。休伊特尽心尽责,每隔2小时便以密电向上级汇报一次进展。但糟糕的是海军电报员一时大意,没有将电报分类,艾森豪威尔还是没有收到片言只语。

休伊特认为上苍仍眷顾自己,他现在愁的是"天鹅绒"。斯蒂尔提醒他,一天内很可能会变天,敌军潜艇不会永远待在港湾,尽管有驱逐舰在两翼巡逻,8艘布雷艇在四周布雷。陆军部不顾休伊特提出后续部队暂缓跟进、攻克卡萨布兰卡港后再作打算的提议,仍命令另一支大型舰队开出汉普顿锚地并于11月13日星期五抵达。

法军显然执意要战斗,而且斗志昂扬。但海滩上一开始出现的仅是零星的防御炮火,与其说战斗,倒不如说是做做样子。"布鲁克林"号巡洋舰舰长5点39分电告休伊特:"发现炮火,我军要做好准备,以防万一。"然而,汉克炮台和"让·巴特"号的炮弹都是舰艇杀手,大西洋战争史上最激烈的海战就此展开。

第一轮炮轰后不到10分钟,卡萨布兰卡人工港和港湾上空仿佛下起一阵钢片雨。美军炮弹掀起码头上大块大块的水泥,将碎片撒在船体和码头对面。10艘商船脆弱地停在锚地,不久便与3艘法国潜艇一道沉没。从达喀尔分乘3艘客轮于前一夜刚刚抵达这里的最后2 000名难民,逃下码头后不久即被打成肉泥。包括船长在内的数十名水手,因没有跳板被打死在码头上,失去了体面的海葬机会。

法国崭新的无畏战舰,炮塔大如护卫舰的"让·巴特"号尚未完工,无法离泊。"马萨诸塞"号一发16英寸口径炮弹钻进战舰的前炮塔,另一发炮弹打中炮塔装甲护板,将这几门大炮摧毁。发射了七轮炮轰后,

"让·巴特"号上一片寂静。"马萨诸塞"号3发炮弹击穿了装甲甲板、船舷和龙骨，"让·巴特"号沉入海底。令人匪夷所思的是，没有一发炮弹爆炸，这几发炮弹和其他50余发美国哑弹（部分是因为1918年的引信）让卡萨布兰卡幸免于难。法国第2分舰队指挥官吉尔维·德·拉封和部下一样，不知敌军的身份。雾色中看不清敌舰上的旌旗，上司或海滩前哨也没给他可靠的消息。但拉封察觉即将大难临头，只有趁日出时耀眼的阳光出港沿海岸线出逃，他的舰队才能逃过一劫。

拉封没料到敌军有雷达。休伊特少将下达命令，登上"米兰"号驱逐舰，于上午8点15分驶向入港口。在俯冲轰炸机忙着轰炸商船坞的时候，法国潜艇兵拖上最后几枚鱼雷，才解缆离泊。一个身穿黑法袍的勇士、舰队的随军牧师冒着炮火向码头飞奔，对眼前经过的每一艘突围的军舰都画着十字。悬崖边的盘山路上，法国水兵的妻儿挤在屋顶，声援投入战斗的16艘军舰。但他们无法看到美军炮火正在抹掉他们熟悉的卡萨布兰卡舰队的轮廓。

为了方便炮兵看清准落点，法军把炮弹都填装了颜料，绿色、紫色、红色和蓝色喷泉在美军舰只四周此起彼伏，景象颇为壮观。鉴于敌军的两发炮弹不会落在同一个地点，舵手按令"追逐炸点"。在炮火两面夹击之际，这不是一件轻松的工作。巡洋舰、驱逐舰和"马萨诸塞"号前腾后挪，战旗猎猎作响。战舰中了一发炮弹，但损失较小，另一发炮弹将舰旗撕成破布条。舰炮的后坐力震断了"塔斯卡卢萨"号和"马萨诸塞"号的雷达天线，舰上的炮组只能靠目测胡乱估计，浪费了大量的弹药。"奥古斯塔"号三号炮塔的冲击波震掉了支架上的天线，摔碎在甲板上，通讯随即中断。截至当天中午，通讯的中断导致数名通信兵因无能遭到解职。

旗舰尾炮塔的冲击又让另一个人受害：巴顿打算冲滩的登陆艇吊出左舷时，翻了底朝天。除了刚刚系上的象牙柄"柯尔特"和"史密斯文森"两把手枪，他的装备统统掉进了大西洋。巴顿在诺福克就发誓要身先士卒，第一波登陆。现在，他却头戴闪亮的两星钢盔，脚蹬马靴，狼狈地困在"奥古斯塔"号上。"见鬼，"他冲一名副官吼道，"我希望你多带一把牙刷，我好漱我的臭嘴。多亏了美国海军，我现在一无所有。"

他立即住口，给比伊写了封信："风平浪静，看来是上帝眷顾我们。"他在笔记本上记下了这个早晨发生的大事：

> 我正扶着二号炮塔后主甲板的船舷，一枚（法军炮弹）落得太近，水花溅了我一身。后来我登上驾驶台，一枚炮弹落得更近，但我站在高处，没有溅到水。烟雾弥漫，敌人也施放了烟幕。我只能瞧见它们，当是我们的炸点。我们下令"马萨诸塞"号、"布鲁克林"号和"奥古斯塔"号等舰还击,兜起了大圈子……你非得在耳朵眼里塞上棉花不可。有人负伤，但情况还算可以。

休伊特忙得无暇顾及巴顿的火气以及他对海军的出言不逊，这场海战无疑打消了巴顿心头对海军是否愿意参战的疑虑。海军只顾与"让·巴特"号和海防炮台对阵，各舰很快就到达费达拉以南30海里处，拉封少将的分舰队直扑不堪一击的美军运输船。上午8点30分，一架侦察机提醒法国人要从港口突围。休伊特命"奥古斯塔"号、"布鲁克林"号和另外两艘驱逐舰全速拦截法军。据当年还是"布鲁克林"号上预备役军官的历史学家塞缪尔·艾略特·莫里森说，"4艘舰仿佛一群松开锁链的狗，疯狂地投入战斗"。

胜负难料。东方升起的太阳发出耀眼的光芒，海军雷达时不时地发生故障，眼前的法国舰队仿佛地平线上跳动的黑点。由于岸边燃烧的油轮和法国舰队施放的烟幕，能见度越来越差。攻打反应灵活的维希驱逐舰如同"拿石头打蚂蚱"。海防炮台的几发炮弹打中了"帕默"号，其中一发正好打中厨房的一个垃圾桶，却没伤到两名抬桶的水兵；一发打断了大桅。该舰慌忙以27节的速度向西逃窜。美军驱逐舰"勒德洛"号炮火猛烈,甲板上的炮口仿佛喷出一条火龙,直扑拉封的旗舰"米兰"号,将该舰打起了火。而它自己则被一枚6英寸口径炮弹击中,军官舱被炸毁,在舰艏左舷横贯一个大洞,不曾铲掉的油漆仿佛柏油纸般熊熊燃烧起来。"勒德洛"号也逃离了战场。逃过一劫的法国潜艇在港内的报复险些得手:"马萨诸塞"号躲过4枚鱼雷阵,第四枚从右舷破雷卫15英尺外擦身而过。几分钟后,"塔斯卡卢萨"号躲开"美杜莎"号的4枚鱼雷,"布鲁克林"号则躲过"亚马逊"号发射的另外5枚。

上午11点,法国人的好运在距离运输船队4海里处走到了尽头。因风太小,为飞机起降伤透脑筋的"游骑兵"号航母和"萨旺尼"号强行掉头,寻找有强风的激流水域。一队格鲁曼"野猫"战斗机终于从"游骑兵"号上升空,迎战维希战斗机。这场交火中,美法分别损失4架和8架飞机。机身和机翼碎片如雨点般洒向卡萨布兰卡大清真寺的尖塔。损毁至无法修复的飞机机腹朝上坠落,倒是方便了飞行员跳伞。"游骑兵"号的机修师要修补"野猫"身上的无数弹孔,一时间胶带告罄,不得已通过全舰广播索求私人的胶带。

带着满身的补丁和满腔的怨恨,美军飞机蜂拥上8 000英尺的高空。战斗机已经不是在战斗了,如法国作家安东尼·德·圣-埃克苏佩里所说,它们在屠杀。每架"野猫"安装了6挺50mm口径机枪,每挺枪每分钟发射800发子弹,这些子弹穿甲、纵火,无所不为。飞行员从舰尾到舰艏,猛烈地扫射拉封的舰队,法国舰只一时间火光四射。"我相信,第一轮攻击是毁灭性的。"一名飞行员说。驾驶台被摧毁,舰上的士兵血肉模糊。一轮扫射,除一名躲在装甲炮塔内的炮手外,一艘驱逐舰甲板上的士兵无一幸免。战斗机带着满是积碳的枪口,返回航母补充弹药,然后再度升空。

虽说落在汉克的41发炮弹算不得直接命中,但法军很快就领教了空中打击和美军炮火的厉害。海军红色和绿色的炮弹如雨点般落下,先是几十，继而是成百。仅"布鲁克林"号就发射了2 600发，"马萨诸塞"号消耗了一半16英寸口径炮弹。一艘遍体鳞伤的法国驱逐舰舰尾"仿佛拖了个大烟囱"，一名飞行员说。"奋进"号舰艏朝下沉没的过程中，舰尾的炮还在不停地开火。"进攻"号机舱进水，回到港内后翻覆。"布雷斯特"号返回一座码头，同样难逃倾覆沉没的命运。"布洛奈"号准备发射鱼雷的过程中连中8炮，它沉得太快，以至于"马萨诸塞"号发射的最后一枚炮弹落在了它消失的水面。"米兰"号舰艏受损，驾驶台上的人员全部受伤，连拉封也没有幸免，最后只能抢滩。"信天翁"号连中两弹，在炮火下被拖回卡萨布兰卡，并带着一百余名伤亡士兵抢滩。绿色光点一个接一个地从美军的雷达屏幕上消失。

最悲壮的要数第2舰队最大的巡洋舰"普里茅盖"号。在美军动手之际，这艘舰的4座炮塔就已经卸的卸、拆的拆。截至上午9点，3座炮塔已经重新组装完毕，553名士兵各就各位。在两艘拖轮的协助下，"普里茅盖"号出港加入混战。航速增加到20节后，很快与"马萨诸塞"号和两艘巡洋舰交上了火。3发哑弹命中"普里茅盖"号，紧接着又一发将该舰打残，在水线以下连贯5个洞。锅炉歇火，舰身冒着浓烟，以4节的速度返回卡萨布兰卡。"野猫"在黑诺士海滩对面的海上截住它，将舰长和驾驶台上的28名士兵击毙。一个简短的遇险信号显示，火势已经"失控"。士兵们跳海逃生。受惊的猪冲破舱内的围栏，躺在甲板上的不幸伤员被乱冲乱踏。"普里茅盖"伤亡过半，大火烧了整整一天。

出港的法国舰只，只有"阿克勇"号安全返航，负责搜救幸存者。但除了硝烟和海水，它一无所获。包括8艘潜艇在内的其他16艘舰只非沉即伤，士兵阵亡490人，969人受伤。4艘美国军舰各中了一弹，"勒德洛"号中了两枚。这场交火中，海军阵亡3人，伤25人。有一名阵亡者是轰炸机上的机枪手，此前他曾一口回绝战友掏200美元买他第一波进攻的位置。高射炮重伤了他一条腿，他在拿丝围巾止血的时候被一枪打死。几名跳伞的飞行员被俘，从卡萨布兰卡的监狱窗户声援每一轮轰炸，然后拿从狱卒手上买来的香槟洒满全身，以祛除牢房内肆虐的跳蚤。

死心不改的法国军官妄图再组建一支舰队，可惜只剩下两艘小型护卫舰，再战的雄心很快消退。水兵将美军16英寸口径哑弹从港口拖到海军司令部，贴上一张用法语写的牌子："有朋自远方来！"放在入口处示众。生还的水兵又被集中到一起，每人发一杆步枪和5发子弹，组建保卫卡萨布兰卡的步兵连。负伤的拉封少将挂着拐杖，一边检阅手下即将重上前线的水兵，一边还礼。

星期天下午1点20分，巴顿总算乘一艘救生艇上了费达拉1号红滩。想当年，这座人口1.6万的渔港上马场和赌场生意兴隆，是卡萨布兰卡名流商贾的休闲度假胜地，如今却沦为一座荒无人烟的空城。巴顿蹚着齐腰的海水，在端着冲锋枪的警卫的护送下，来到防波堤上的一座小屋。早晨在"奥古斯塔"号上沾到法军炮弹的颜料，他的皮夹克上到处是斑斑的黄迹。苦练了多少个寒暑，他终于有了用武之地。现在，他要从容地一试锋芒。

"如果可能的话，我并不想和法国人作战。"巴顿对"奥古斯塔"号上的同僚说。但现在，深厚的法国情结只能暂且搁置一旁。与"火炬行动"的其他指挥官一样，巴顿此刻对海滩以外的情况一无所知。和众人不一样的是，他醉心于这种模糊的战况：接下来的两天半，继而是两年半，这种模糊将尽显他的为将之道。中午来电向"奥古斯塔"号汇报，萨非的法军早在7个小时前就已缴械投降，但谢尔曼坦克长途跋涉140英里北上卡萨布兰卡，至少还要两天才能全部上岸。上午7点15分，特拉斯科特在费达拉以北50英里的梅地亚发出"打球"这一信号，之后便音信皆无。当然，部分原因在于舰炮后坐力震坏了"奥古斯塔"号上的电台，故无法接收信息。当务之急是调遣登陆费达拉的第3步兵师的3个团占领这座港口城市，然后调整部署，攻占以北10英里的卡萨布兰卡。

这谈何容易。巴顿说过，打仗是"一派混战"，费达拉就证实了这一观点。各部非但没有集中在4英里的滩头，反而分散在长达40英里的沿岸。70辆坦克只有5辆登陆。登陆的9个炮兵指挥部队，只有2个联系上舰炮要他们指挥的军舰。操作技能不熟练的报务员为了扩大量程增加发射功率，结果占用了人家的频道。小偷小摸的当地人把海滩当作生财之地，喊着"乔治"和"巴顿"的口令，却怎么也想不明白犹太人军队来这里做什么（见到登陆车辆上的大白星，他们想当然地认为这是犹太军队）。士兵们抛下笨重的反坦克炮，后来遭遇一支塞内加尔步兵，有几个士兵指着他们袖口上缝着的美国国旗，弄得他们非得解释清楚不可。"倘若德军抵抗，"巴顿事后承认，"我们绝对上不了岸。"

休伊特的舰队海战正酣，犹如困兽的巴顿却仰天长叹："我恨不得自己是个正当年的少尉。"他如今的表现正是如此：连抽带骂，毫不留情地驱赶摩洛哥人和贪生怕死的士兵。他飞奔过小屋，撵出躲在沙丘后的大兵。"要再逮着美国兵趴在海滩上，"他吼道，"我就军法处置！"巴顿相信，"批评能激励士兵，让他们成为舍生忘死的英雄"，他手下的一名上校说。这番话有没有激起士兵们的勇气不可考，但后者总算拖拖拉拉地向纵深推进。士兵们不敢掉队，看来是多亏了一句谣言：据说柏柏尔人会阉割俘虏。

法军以2 500名士兵组成的5个步兵营，以及46门大炮迎战2万名美军。但此时他们人心涣散，美军登陆费达拉其实已经包围了这支守卫卡萨布兰卡北部沿海的法军。登陆大军进攻费达拉东北3英里、配备4门大炮的彭布隆丹海防炮台首战告捷。第30步兵团的迫击炮弹落在这座要塞时，一名排长一遍遍地喊"集合"，他以为这个词的意思是"投降"。几艘军舰趁热打铁，打死4名法国守军，将他们赶进了一座坚固的石头厕所。炮弹还打死了内非非河沿岸一片空地上的6名美军士兵。"海军的掩护炮火落到自己人的阵地，可是够叫人泄气的。"

一位少校说。黄色烟雾弹（停火信号）命令停火失败，一位军官通过电台呼叫："天哪，请停止炮轰费达拉！你们打死了自己人……炮弹在镇上遍地开花。只要你们停火，他们会投降的。"

炮击终于停止。一块白手帕在窗外的刺刀尖上飞舞，71名失魂落魄的法国守军走出炮台。楼梯上躺着一名断了双腿的法国水兵，一名美军上尉将水和烟递到他手上。一位天主教随军牧师跑前跑后，为双方已死和将死的士兵作最后一次祈祷。

侦察兵冲进城内，俘获了德国停战委员会的10名成员。其中几个还穿着睡衣，彼时正跑过高尔夫球场，准备登上等在那里的飞机。美军从他们下榻的米拉马尔宾馆客房搜出成摞秘密文件，外加一顶华丽的波斯军盔。军盔的主人埃里希·冯·维利希早逃到了西属摩洛哥，事后又致电诺盖斯将军，眼泪汪汪地和他道别："这是自1918年以来德军最大的一次撤退。美国人要抄隆美尔的后路，将我们赶出非洲。"

隆美尔远在2 000英里外，美国人眼下连卡萨布兰卡都还没攻下。为了给法国人一次"是握手言和还是等着挨打的机会"，巴顿命令会讲法语的上校威廉·黑尔·威尔伯乘一辆吉普、打着白旗去谈判。威尔伯带着西点军校击剑队领队证书等谈判文书，去找贝图阿尔将军，浑然不知后者犯了叛国罪，被关进梅克内斯一座监狱中。威尔伯驾车冲过法军防线，对塞内加尔机枪手愉悦地打招呼："你好啊，我的朋友！今天早上可好？"海军部院内，鹅卵石小道上血迹斑斑，那是负伤的法国海军陆战队员爬过留下的。在那里，威尔伯被撑了回去。他躲过自家的炮火，驾车回到美军阵地。后加入一队坦克，进攻一座海防炮台，被授予一枚国会荣誉勋章。第二名特使好不容易赶到海军部大楼，正赶上下午2点针对汉克的又一轮炮火。"这就是给你的回答。"一位法国军官鄙夷地说完，"嘭"的一声关上了大门。一名参谋告诉巴顿，"法国海军是要执意顽抗到底"。

巴顿有些失意，但并不沮丧。被困在"奥古斯塔"号上，他无法

第 3 章 滩 头

施展身手，也无法登陆。现在他如鱼得水，"指挥官必须完成自己的任务，他 80% 的任务是鼓舞部下的士气"。星期天晚上，随着副官一声"立——正！"巴顿别着手枪、脚蹬锃亮的马靴、头戴维利希那顶波斯双鹰白头盔，走进米拉马尔宾馆烛影摇曳的餐厅。他在一阵哄堂大笑中，举着香槟宣布："我要戴着它进入柏林。"

当晚就寝前，他在日记中写道："上帝今天帮了我大忙。"

星期一，上帝不再眷顾于他。继费达拉居民说的"68 年中最风平浪静的一天"后，大西洋陡然变天，11 月 9 日黎明前掀起 6 英尺高的大浪。卸货速度放缓，不久近乎停顿。虽说 40% 的部队已登陆，但休伊特船队上的 1.5 万吨物资，才卸了不到十分之一。378 艘登陆艇和坦克登陆艇，不下一半损毁、沉没或搁浅。炊事员给筋疲力尽的士兵吊下成桶成桶的浓咖啡。诺福克草率装货，再加上部队长期疏于后勤，这次卸货让他吃足了苦头。

海滩后勤特遣队缺少铲车、货盘、绳索和乙炔炬。浸了水的纸箱一碰就烂。送上海滩的枪炮不是缺瞄准器，就是缺弹药，甚至没有炮手。关键的无线通讯设备因为太重，被拖到舱底做压载，取不出来。医疗设备远在海上，还要 60 个小时才能送到。由于车辆和船只不足，几十名伤员和敛好的死者困在海滩上。弹药奇缺，只得靠救生筏拉上岸。巴顿不假思索地罢免了离摩洛哥尚有几天路程的后勤部长，征来的摩洛哥装卸工（工资一个小时一盒烟），算是找到一个偷窃的好机会。

一支由 113 名士兵组成的宪兵连，从"伦纳德·伍德"号分乘 4 艘登陆艇，奉命去"整顿海滩上混乱的秩序"。黎明前的黑暗中，领头的艇长错将燃烧的"普里茅盖"号当作费达拉黄滩的航标。几艘艇沿着岸线下行了 15 英里，进了卡萨布兰卡港的航道。一名宪兵误将一艘军舰认作美军驱逐舰，歇斯底里地宣称："我们是美国人！"

法国军舰的机枪在 50 码外开火，打死了宪兵连的连长。打头艇上的士兵惊恐万状地举手投降，有几个甚至脱下内衣拼命挥舞。法军乘胜追击，报以20mm口径榴弹炮和3英寸口径炮弹，摧毁了舰艇的发动机，不到一分钟就将这艘艇击沉。20码后的第二艘艇掉头要逃，但一发炮弹打飞了艇长的腿，一名跳过去操舵的中尉被机枪打残。一名生还者事后回忆，"空中子弹横飞"。点燃的汽油仿佛一条哔噗作响的蓝褥单，从艇尾席卷向艇艏。幸存的士兵跳海逃生，后面两艘艇冒着猛烈的炮火没命地逃窜。此战中28名美军伤亡，法国水兵从海中捞起45名俘房。另有几名士兵呕着含油的海水，游上了岸。法国平民将他们拖上防波堤，脱下外套给他们裹上。

两个小时后，巴顿带着"督懒、惩不称职、撑胆小鬼"这一信念，又走上费达拉海滩。蹚着浪花帮忙拉起一艘倾覆的船装载的尸体后，巴顿命令除费达拉港外，全部停止卸货。"海滩上乱成一锅粥，军官却不闻不问。"他在日记中写道。看见一名士兵在海滩上胡言乱语，"我朝他屁股上飞起一脚……算是鼓舞他的士气。总之，士兵贪生怕死，军官更糟。士气低落，不容乐观"。

一名军官学着巴顿，在齐腰深的水里喊士兵帮忙抬一艘搁浅的登陆艇："过来！对，我说的就是你！都过来！放下手上的东西，过来！快，见鬼。我喊一、二！……抬、推。对！推，见鬼，推！"

惩罚、大骂平息不了滔天的大浪，也无法填满空空如也的弹药车。11月8日，第3步兵师出发，准备南下攻打卡萨布兰卡，由于物质装备短缺，遂下令停止前进。但截至11月9日凌晨，第15步兵团的运输工具只有几峰骆驼、几头驴和5辆吉普，不具备打突击的能力。上午7点，该师组织4个营的兵力发动了一次进攻，又因缺少车辆和弹药而在几个小时后叫停。这一天终于结束，巴顿照例感谢上帝，但这次只敷衍了事地在日记上写下："再次承蒙上帝眷顾。"

11月10日破晓，美军还在卡萨布兰卡5英里外。第7团步兵居右，第15步兵团在左，艰难地冲向两列纵队侧翼的咔咔的靴声和杂种狗的咆哮声。法国海军虽桅断樯折，但不可小觑，还带着5发子弹打游击。远处山脊上出现一队身披鲜艳制服的阿尔及利亚骑兵,举着战旗和长枪气势汹汹地冲向这里。"敌军骑兵!"一名美军军官喊道。"正前方!"战马在晨曦下飞奔,笼头上的银饰闪闪发光。美军狙击手在为打人还是打马争论不休之际,目标却消失在雾霭之中。法军至少有12挺75mm口径野战炮开火,第7团的一个营仓皇后撤了500码,带队的军官才稳住了队伍。

"今天什么事情都不顺利。"巴顿星期二晚上写道。艾森豪威尔从直布罗陀发来的一封电报更是火上浇油:"亲爱的乔吉……阿尔及尔已占领了两天。奥兰防线迅速崩溃……唯一的硬骨头交给你。务请尽快攻克。"

巴顿在11月10日的日记中写道:"上帝偏爱勇士,胜利属于勇敢的人。"他现在相信,只有荡平卡萨布兰卡,才能拿下这座城市。谢尔曼坦克已从萨非抵达南郊。休伊特的舰队和舰载飞机雄霸海空。第3师从东北两翼包围了这座城市。通往马拉喀什的公路已被切断。

巴顿通知手下的参谋和军官:星期三破晓,务必迅速攻克卡萨布兰卡。

Battle for the Kasbah
★★★

决战卡斯巴

　　美国决策者认为"火炬行动"选在阿尔及利亚和摩洛哥的9个主登陆点，可以不费吹灰之力将其攻克，实际却费尽周折。卡萨布兰卡以北8英里的海滨胜地梅地亚，就让卢西恩·特拉斯科特头疼不已。虽然登陆行动屡屡受挫，所幸并未遇到激烈抵抗。特拉斯科特准将麾下的9 000余名士兵计划占领蜿蜒曲折的塞布河以北利奥泰这座现代化机场。控制这座机场对美军来说意义重大：来自直布罗陀的飞机和"希南戈"号航母护航舰上的77架P-40，外加"伯爵夫人"号上充足的弹药和燃料，将得以在摩洛哥为巴顿提供强大的空中支援。特拉斯科特要马克·克拉克放心，干掉3 000名法国守军、拿下这个阵地不过是"小菜一碟"。一名中士说得好，美军认为法国守军肯定会吓得"敲锣打鼓"来欢迎他们。乔吉·马歇尔对艾森豪威尔说，他希望11月8日中午前控制机场。但大话说得过早了，马歇尔的希望最后落空。

　　"吾妻至爱，"两个星期前，特拉斯科特在诺福克给妻子的信中写道，"我唯一的志向是要证明你对我的信任，不枉你对我的爱。"他多愁善感、惧内，但也鲁莽、粗俗，能跟军中目不识丁的二等兵交换香烟。"翩翩绅士赢不了马球，打不了仗。"他说，"不做痞子，难成大器。"他现年47岁，灰色的眼睛凸出、满月脸、嗓音嘶哑、虎背熊腰。一双大手，根根指头都粗如帐篷桩。他喜欢自己动手做马球棍，拿指甲刀修指甲。珐琅头盔、丝巾、红批夹克和马裤，一套行头尽显他公子哥儿的派头。1917年加入骑兵前，特拉斯科特曾在一所只有一间教室的学校任教整整6年。迪耶普战役惨败前，他都没听过愤怒的枪声，当时他担任美军观察员。返回英国的途中，他在舱内拿自己的布尔·达勒姆牌板烟一边给伤员搓烟卷，一边想着作为"火炬行动"的策划者自己要如何避免类似的惨剧重演。"我有些担心特拉斯科特不能胜任，"巴顿在日记中写道，"或许他缺少胆识。"

特拉斯科特的第一着棋是派出两名特使，带上系着红丝带的蜡封羊皮书卷，敦促法军司令官缴械，那是一份以娟秀的字体书写就的劝降书。肩负这项使命的是两位飞行员：西点军校1924级马球队长德玛·T.克劳上校和皮尔庞特·M.汉密尔顿少校。汉密尔顿出生纽约塔克西多，是格罗顿学校的毕业生，曾在巴黎生活多年，是一家跨国银行的经理。两人身着笔挺的骑兵制服，于星期天早晨登滩，乘一辆吉普直奔内陆。克劳举着法国三色旗和美国星条旗坐在副驾驶，汉密尔顿则打着停战旗坐在车后的弹药箱上。

从梅地亚出发前往目的地，要经过一座16世纪的葡萄牙要塞，翠蓝的塞布河从此处汇入深蓝色的大西洋。这座要塞是公元前6世纪迦太基的一座贸易重镇，美国人称其为卡斯巴。两舷晾着渔网、船头高翘的渔船在沿河锚地里随波荡漾。沿途的电线杆顶着一个个大如皇后卧榻似的精巧鹳巢。汉密尔顿和摩洛哥步兵互相招手。几发炮弹落在车的四周。"见鬼，"克劳在电台上喊，"你们和法国人都朝我们开火。"往前3英里，他们发现了掩映在塞布河套内的机场水泥，再远处是利奥泰港。

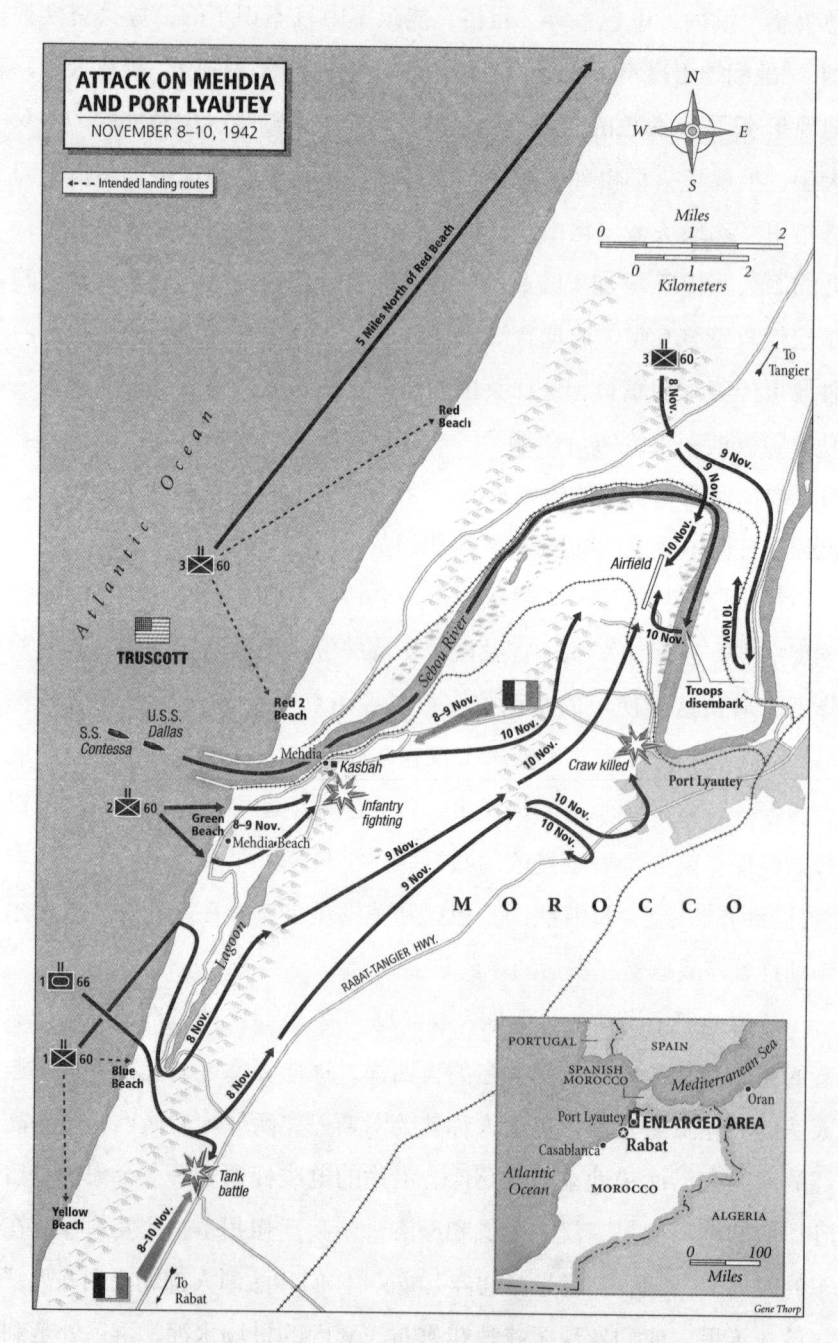

1942 年 11 月 8 ～ 10 日，进攻梅地亚和利奥泰港

第3章 滩 头

5 miles North of Red Beach 红滩以北5海里处
Craw killed 克劳阵亡地
Infantry fighting 步兵作战
Intended landing routes 计划登陆路线
RABAT-TANGIER HWY. 拉巴特—丹吉尔公路
S.S. Cotessa "伯爵夫人"号
Tank Battle 坦克战
To Rabat 往拉巴特方向
To Tangier 往丹吉尔方向
Troops disembark 部队上岸处
TRUSCOTT 特拉斯科特装甲兵营
U.S.S. Dallas "达拉斯"号
ALGERIA 阿尔及利亚
MOROCCO 摩洛哥
PORTUGAL 葡萄牙
SPANISH MOROCCO 西属摩洛哥
SPAIN 西班牙
Airfield 机场
Atlantic Ocean 大西洋
Blue Beach 蓝滩
Casablanca 卡萨布兰卡
Green Beach 绿滩
Kasbah 卡斯巴
Lagoon 泄湖
Mediterranean Sea 地中海
Mehdia Beach 梅地亚海滩
Oran 奥兰
Port Lyautey 利奥泰港
Rabat 拉巴特
Red 2 Beach 2号红滩
Red Beach 红滩
Sebou River 塞布河
Yellow Beach 黄滩

167

吉普爬上一座小山丘，没有任何预兆，一挺机枪就哒哒哒地响了起来。克劳的胸口被打成了筛眼，瘫倒在司机身上，当场身亡。一名法军中尉冲上前，缴了汉密尔顿和司机的枪械，丢下蜷在吉普内的克劳，将俘虏交给摩洛哥狙击兵团团长让·伯蒂上校。伯蒂对死者表示同情，但并不赞成法国投降。看了羊皮书卷，他说："我无权作出这种决定。"听候拉巴特的上级指示期间，伯蒂为汉密尔顿少校安排了一个单间，让他在军官餐厅就餐。汉密尔顿则花了3天时间，历数美军的反坦克火箭筒等秘密武器，来恐吓逮捕自己的敌军。

出使无果（克劳和汉密尔顿为此各获一枚荣誉勋章），特拉斯科特速战速决的希望落空。快赶到卡斯巴的第60步兵团被自家海军猛烈的炮火逼退到梅地亚灯塔。这座要塞的石门厚达一码，坚不可摧。美军登陆时，要塞只有85名守军。星期天晚上增加到200人，在城垛和枪眼要晓美军以颜色。第60步兵团团长下令绕过卡斯巴迂回前进，但发现只要法军的大炮还在，他们就寸步难行，而彼时为时已晚。特拉斯科特一时冲动，下令即使没有战舰，即使"肉搏"也要攻下卡斯巴。法军出动3辆破旧的雷诺坦克发动了一场反攻，将特拉斯科特的第2营打得四散逃窜，最后只有30人集合。"初上战场，军官和士兵一样不知所措。"一位少校事后告诉陆军部。

夜幕令本就焦灼的战事更加糟糕。一名胆小的士兵对一个可疑的黑影喊了几遍"乔治"，对方没回应，他就扔了一枚手榴弹，结果炸死了灯塔看守的一头毛驴。泻湖上传来一阵阵阴森恐怖的呻吟声吓坏许多坦克车手，后来才发现那是非洲呱呱叫的大癞蛤蟆发出的。法国人在河边一个鱼类加工厂附近伏击一支巡逻队，打伤一名军官，击毙了6名士兵。海滩和舰上乱开火的部队一阵猛射，一架双引擎飞机被击落，事后才发现这是直布罗陀派来监督登陆的一架英国飞机。一名神经质的美军士兵一梭机枪子弹，只差一英寸就打中了特拉斯科特的头。

梅地亚宽阔的白扁石滩上，特拉斯科特的一双大手罩着一支烟。

他只想抽支烟,因此顾不上自己的灯火管制令。橙色的余光映出他一脸的愁容。事后提到那个"残酷孤独"的周日夜晚,他写道:"我突然觉得,即使身处几百人中间,我也仿佛是个孤家寡人。"

放眼海滩,所见之处一片混乱。登陆艇在汹涌的波涛中冲滩,艇身打横,人员和装备全部掉进海里。士兵们仿佛没头苍蝇,呼喊着战友和各自的部队,骂声连天。

狙击手的枪声突然在头顶响起,士兵们立即整齐划一地卧倒。远处传来隆隆的炮声:这无疑是法国人的大炮,美军的武器上不了岸。在费达拉,巴顿曾为高达15英尺的潮水而伤透脑筋。现在,特拉斯科特的弹药、淡水和一半士兵还在舰上。惮于卡斯巴的炮台,海军退得远远的,"都回到百慕大的半路上",特拉斯科特怒不可遏地说。驳船和登陆艇每往返一次,要多走30海里的路。

和巴顿一样,特拉斯科特断定,"装备精良的敌人要是执意顽抗",登陆将是一场"灾难"。希望打仗的士兵不多,要投降的人倒是不少。特拉斯科特怀疑,和平时期的训练是教他们如何投降,而非如何打仗。"战场让我铭记一条最基本的教训,"他事后说,"不论投入多大的兵力,每一场战役都是靠单兵和基本单位打下来的。"

他吸了口烟,操起一杆步枪。每一场战役的胜利也要依靠将军的行动。特拉斯科特大吼一声,命令身边掉队的士兵、艇长拿起武器,向纵深转移。"拿着。"他将一杆丢弃的反坦克火箭筒递给一名水兵。卡斯巴背后露出星期一第一抹晨曦。迪耶普惨败绝对不能在非洲重演。卢西恩·特拉斯科特绝不允许发生这种事。不是痞子,无以成指挥官。

梅地亚的美军是靠运气、勇气和法军的犹豫,才摆脱了被赶回大西洋的命运。特拉斯科特的装甲兵营,54辆坦克只有7辆登陆,但也足矣,"萨凡纳"号驱逐舰及时击退了11月9日从拉巴特赶来梅地亚增援的法军装甲部队。法军的雷诺和美军的斯图亚特在100码射程内交火,上下左右不留一寸死角。炮管卡住时,坦克车长们不顾危险,拿指甲抠出炮膛内的弹片。法军的子弹楔进了几辆坦克的炮塔和车身，卡死了旋转装置。车手们跳出座舱，像拔牙似的拿老虎钳拔出弹头。海军用对付潜艇的深水炸弹，往坦克和炮队丢了50发。

截至11月9日夜，滩头不再是个险象环生之地，尽管法国狙击手顾不得是人是影，一有风吹草动就开枪。一个被远远送上北边一处海滩的步兵营，在浓密的红松林砍出一条路，来到机场对面的塞布河北岸。斯图亚特坦克从西南向利奥泰港进逼。这虽算不得一个"欢欣鼓舞的夜晚"，特拉斯科特事后回忆，"但较前一夜平静如意"。

11月10日天刚破晓，美国军舰"达拉斯"号靠近扼守塞布河口的一道石防波堤。这艘"一战"时代的驱逐舰上有77名美军突击队员，为减少吃水，该舰削去了烟囱和上层建筑，以便溯流而上直达机场。利奥泰港前首席引水勒内·马尔沃掌舵。这名法国爱国者因同情戴高乐分子曾一度入狱，年初由战略情报局牵头，经一辆雪佛兰拉的拖车偷渡到丹吉尔。司机每隔几英里都要停车听听马尔沃说一句"一切安好，不太糟！"才肯放心。马尔沃取道直布罗陀去伦敦，在盟军司令部自称"琼斯先生"，要求面见艾森豪威尔，最后被带到华盛顿一间战略情报局的密室，因为情报人员认为他不过是个骗子。得知他逃跑后，乔治·马歇尔大为光火，说马尔沃出逃利奥泰港过于惹眼，会"将敌军注意力集中到这个地方"。身穿美国海军制服，掌着美军驱逐舰的舵，他如鱼得水，在这次"通敌"的引航中，拼命回忆阔别了几个月的季节性浅滩。

"达拉斯"号冒着如鹅卵石般落在甲板上的暴雨，顶着陡落的潮水逆流而上。30英尺高的碧浪扫过防波堤，扑向驱逐舰舰尾，浪头抽打着驾驶台，马尔沃摸索着航道，避过一处处暗礁。水手提着一个用锚链做的手动铅锤，喊着不断减少的水深。塞布河的泥底吸住了驱逐舰的船体，将它牢牢地定在罐头厂附近。浪花拍打着"达拉斯"号的船尾，卡斯巴方向打来的炮弹在舰身四周绽开一朵朵巨大的翠绿色水花。

马尔沃下令全速前进。"达拉斯"号的车叶猛烈地旋转，机舱仪表

第 3 章 滩 头

盘显示 25 节，但船身只是在蠕动，龙骨在淤泥中掘出了一条槽。驱逐舰上的 3 英寸口径大炮对卡斯巴和山上的机枪手还以颜色。马尔沃绕过两艘沉船，顺着河套来到机场跑道东侧。上午 7 点 37 分，"达拉斯"号牢牢地搁死在浅滩。突击队员放下橡皮艇，两分钟就占领了机场。

两个小时后，特拉斯科特蹲在卡斯巴以南一座罐头加工厂的隐蔽处。他占领了机场，但梅地亚守备队不肯投降，进攻要塞的步兵屡战屡败。200 余名伤员躺在海滩附近的急救站，数十名阵亡士兵躺在临时搭建的停尸房。由于风高浪急，船岸之间的一切活动被叫停，眼下淡水、弹药和药品奇缺。特拉斯科特手下的人马也越来越少，巴顿发来的一封电报告诉他无兵增援。一队由炊事员、文书和司机组成的暂编突击连躲在一个沙丘后，匆匆学了下"汤普森"冲锋枪使用方法，然后渗透到梅地亚灯塔以北的战壕。

炮兵顶着大雨，将两门 105mm 口径榴弹炮推到卡斯巴城墙下，对准城墙一阵猛轰。城门洞开，但法军的手榴弹和机枪又将盟军逼退了 200 码。上午 10 点 30 分，特拉斯科特扶着望远镜扫视敌人城垛，8 架海军俯冲轰炸机在头顶露面。榴弹炮兵用烟幕弹对准目标，没过多久，卡斯巴城内腾起冲天大火。

"这一幕着实令人振奋不已。"特拉斯科特事后写道。步兵大喊着冲进城门和缺口，端着上了刺刀的步枪在迷宫般的丰杜克（城市）追赶狙击手，往司令部的枪眼丢手榴弹。工兵部队攻克塞布河下游的闸门，卡斯巴投降。守备军司令身亡，200 余名法军高举双手走出司令部，另外 150 名法军士兵在附近的战壕或茅屋被俘。"攻城有过于招摇之感。"一份军方记录坦承。

敌军败退，但狙击枪声和零星的炮火（包括"得克萨斯"号 200 发高爆炸弹）一直持续到星期二晚间。晚上 10 点，一名法国军官驾驶一辆指挥车前往美军阵线，车子的散热器上拴着一面三色旗和一个不停地喊着"停火"的喇叭。美军哨兵误将这煽动人心的喊话听作"冲

171

锋号",开枪打废了汽车的车身,所幸没伤到人。耽搁和忙乱了几个小时后,海滩指挥部内的特拉斯科特获悉,法军指挥官要求谈判。这场短暂的谈判,用一份记录描述的话说,就是"一场各色法军和殖民军制服、阿拉伯长袍和旗帜的盛会",会上达成了正式的停火协议。法军丢下武器,返回自己的驻地。"谈判结束之后,又是一阵客套。"

经过梅地亚和利奥泰港3天的激战,美军阵亡79人,250人受伤。法军阵亡人数在250～300人,这一误差情有可原。克劳上校和阵亡的双方士兵合葬在俯瞰塞布河的一处悬崖上,距卡斯巴仅数码之遥。11月10日晚些时候,勒内·马尔沃从"达拉斯"号转移到溯河而上到"伯爵夫人"号。这艘平底船擦着塞布河口的沙洲,冲破南岸的防波堤,吱吱嘎嘎地撞击险些引爆1 000吨弹药和燃油。"伯爵夫人"号搁浅,船舺钢板受损,两分钟之内前舱就进了13英尺深的水。

两艘船走得太远,都骑虎难下。等到涨潮,马尔沃掉转船头,全速倒退10英里抵达机场。卸货用了3天时间。之后,马尔沃胸口别着一枚银星勋章,返家见妻儿。

最后一番波折是"希南戈"号上起飞的77架P-40中,1架坠海,1架在雾中失踪,17架降落时坠毁在苦战夺来的利奥泰机场跑道上。事故多半是飞行员犯的低级错误。幸存的飞机没有加入"火炬行动"战斗。

"It's All Over for Now"
★★★

"战争结束了"

    身疲力乏的巴顿乘一艘破损的小艇返回"奥古斯塔"号，为征服卡萨布兰卡再做打算。见他艰难地爬上攀登网，休伊特连忙在井甲板上跪下身，将巴顿拖了上来。"医生，我看将军太累了，"休伊特对军医说，"请你给他开点药，给我也开点。"军医拿出一个酒瓶，为两人倒了两剂提神药。巴顿和休伊特两人仍互称"将军"和"上将"（9个月后在西西里，两人才以"乔治"和"肯特"相称），这件双方各自为战的小插曲，是两人友谊不断加深的重要阶段。精力恢复后，两人商讨了作战细节，之后巴顿乘艇返回军营。

    11月10日，休伊特刚在驾驶台上坐好，被看作失去战斗力的"让·巴特"号就死灰复燃了。原来，法国海军已经悄悄修复了损毁的炮塔，却留下倾斜的大炮以迷惑盟军。一名法军军官搂着桅杆盯着"奥古斯塔"号观察了几个小时，他勾着指头小声说："近些，再近些。"到了1.4万码处，"让·巴特"号两炮齐射。两股60英尺高的橙色水柱扑向"奥古斯塔"号的驾驶台。

紧跟着又是9炮。休伊特下令右满舵全速前进，施放烟幕，"奥古斯塔"号仿佛一位女神，冒着两面夹击的炮弹，腾云驾雾般扬长而去。法军炮火仍然紧追不舍，"游骑兵"号的舰载机当即报以一阵几千磅炸弹回击。"让·巴特"号船艏主甲板穿了一个直径10英尺的大洞，船尾撕开一道20英尺长的口子。机长通过机载电台汇报航母："'让·巴特'号不复存在。"这一次是真的。

巴顿认为要适可而止。艾森豪威尔曾明确指示："没有我的许可，不得实施轰炸。"但巴顿执意要荡平卡萨布兰卡，他不愿通知直布罗陀，更别说等艾森豪威尔的批准了。在巴顿设在费达拉的司令部里，工兵在作战计划中又添上炸毁供水供电设施；飞行员则在认真研究打击目标的空中侦察照片；炮兵搬来堆积如山的弹药；步兵擦亮刺刀，悄悄埋伏到前线，所有人都在认真准备11月11日星期二上午7点30分发动突袭。

凌晨2点，即特拉斯科特获悉利奥泰港守军投降之后，一辆照例鸣着号的法国车来到第30步兵团的一个哨卡，车上有一面用手电照着的休战旗。2名军官和4个士兵带来一封诺盖斯将军的急电。身在米拉马尔宾馆的巴顿起床穿衣，穿过门厅对面一间吸烟室的双层门。据巴顿的副官查尔斯·R.科德曼事后说，一名头戴黑皮头盔、穿一身沾满尘土的卡其制服法军少校递给巴顿将军一张薄薄的葱皮纸。巴顿坐在窗口的一张凳子上，借着烛光仔细地阅读这份亲笔信。经过达尔朗和克拉克在阿尔及尔的多次讨价还价，贝当和诺盖斯最终同意下令北非守军全线停火，至少驻摩洛哥的法军已经接到停战命令。

巴顿看着端坐在直背椅上的法军少校，阴沉着脸说："除非法国海军立刻执行停火令，否则我方将按原计划进攻卡萨布兰卡。"他给了法军3个小时。巴顿开了一张穿过美军阵线的通行证，送走少校一行人。"参谋要我收回成命，但我暂时还不想这样做。"他在日记中写道，"况且现在为时已晚，更改计划对我方不利。"

第3章 滩 头

黎明时分，子弹上膛、瞄准目标。荷枪实弹的海军轰炸机从"游骑兵"号腾空而起，转身飞往卡萨布兰卡。休伊特给维希海军总司令米舍利耶上将发去一封措辞强硬的电报："不要逼我军消灭你们的舰队，摧毁你们的海防设施。你们的士兵是否血溅沙场，全在你一念之间。"

上午6点40分，身在第3步兵师师部的巴顿接到法方答复。他通过话机向副总司令下达命令："取消进攻！法国海军已投降！"然后对休伊特说："'奥古斯塔'号注意，即刻停火。请立即回复。巴顿。"一位"野猫"战斗机队长发出通知："兄弟们，战斗结束。全体返航。"飞行员将炸弹丢进茫茫大海，返回航母。

法美友好关系迅速重新缔结，在美国人看来这是再自然不过的事。过去3天的血腥杀戮，忘记也好，原谅也罢，暂且搁置一旁，就好比看在孩子的分上，夫妻俩不计前嫌。一名满脸胡渣的美军上校抱着一挺冲锋枪和几把手枪来到海军部，一名法国军官佯装害怕的模样举手喊道："芝加哥，我投降！"美军从法军停尸房认领盟军阵亡士兵，挖了个坑，撒上石灰，将他们葬在海滩上。11月11日中午时分，巴顿和休伊特在费达拉一间啤酒店宴请法国同行，席间痛饮波尔多白葡萄酒和白兰地。

黄昏时分，诺盖斯、米舍利耶一行驱车穿过椰子和香蕉树成荫的车道，惊奇地发现巴顿在米拉马尔门口列队迎接。他在吸烟室盛赞对手英勇豪迈，并且同意在法军保留自己武器的前提下，提出一项君子协定。身在阿尔及尔的艾森豪威尔和达尔朗拟定停火的具体条件。巴顿一句"为我们将来战胜共同的敌人干杯"，就促成了这笔交易。

"他们喝了40美元的香槟，"他事后向华盛顿汇报，"但不枉如此破费。"休伊特握住米舍利耶伸过来的手说，美国海军不该向法军开火。在过去的3天中，美国海军向摩洛哥共发射了1.9万枚炮弹。"大家各为其主，你也是身不由己。我同样要为祖国效忠，"米舍利耶答道，"现在我愿意和贵军通力合作。"

美军为征服摩洛哥付出了伤亡1 100人的代价：337人阵亡、637人受伤，122人失踪，71人被俘。现在，盟军在非洲夺得了一个大西洋基地，巩固了海上航道，加强了对直布罗陀海峡的控制权。轴心国闻风丧胆，无心派遣远征军取道西班牙。"我们控制了卡萨布兰卡的港口和机场，"巴顿在11月11日的日记中写道，"赞美上帝。"他致信艾森豪威尔："有志者事竟成。"

发自摩洛哥的报道尽管粗略且主观，但还是成功地将巴顿树立为民族英雄。74个小时的战斗，让他得以施展出色的指挥才能，干劲十足、意志坚定、能动洞悉敌人举以及嗜杀成性是他鲜明的性格特点。"当然，作为一名基督徒，我何尝不想避免杀戮。"他致信战争部长史汀生，"但作为一名战士，我要冲锋陷阵。"

但巴顿的短处也在这次战役中暴露无遗：轻视后勤工作；常与他人结怨；不会体恤惊魂不定、初上战场的士兵；藐视上级的命令；好逞匹夫之勇、高估自己的能力。他凭自己的魅力以及真假参半的汇报向艾森豪威尔解释自己未经批准就准备轰炸卡萨布兰卡的原因："我控制不了空军，而且电台发挥不了应有的作用。既然媒体无法列举我的英雄壮举，责任就由我一力承担。"但巴顿是一名具有雄心壮志的职业军人，不可能就此满足。"遗憾的是，除了在遭受敌人扫射时我没有卧倒外，我找不到任何机会来证明自己。"给比伊的信中他如此写道。

或许比伊11月8日的回信是对巴顿最中肯的评价："对你的行为，我发现自己处在长年累月的焦急等待中。但今天，我只想着你的辉煌战绩。曾经如铃声般萦绕在我心中的事，你已经做了，以后我不必再提心吊胆。"

★★★

星期三下午晚些时候，休伊特离开米拉马尔，狼狈地返回"奥古斯塔"号。费达拉对面是一片没有遮挡物的锚地，那里停着15艘运兵船和货轮。虽然大部分部队都已登陆，但尚有四分之三的物资在船上，将近1.1万吨。已经登陆的部队缺少粮食、燃料、医药设备、帐篷，无一不缺。解决办法就是将船移泊到卡萨布兰卡港卸货。一名参谋向休伊特递交的简报和备忘录显示，特兰斯弗塞尔码头有5个泊位，各个船坞至少可以容纳10艘船。休伊特趁午餐时间向米舍利耶问起港内的情况，但这位法国上将双手一摊，说："那是一个垃圾堆放场！"休伊特也承认，船队夜间穿行于布满残骸的水域极其危险。更要命的是，第二支舰队已经从诺克福出发，满载3.2万名士兵的24艘舰只将于2天内，即11月13日之前赶到这里，希望停靠在一个安全的港湾。但费达拉面积太小，无法容纳所有船只。这些舰只满载士兵和物资，每一艘都弥足珍贵。

此外，休伊特仔细研究了当天下午接到的一封情报部门发来的密电。预计超过14艘德军潜艇正扑向卡萨布兰卡，包括8艘潜艇将采用狼群战术偷袭盟军，其行动代号为"施拉格托特"，他们奉命要给盟军"致命的打击"。"追着他们猛攻"，"我们要不惜一切代价，不拖各位的后腿"。美军舰只和飞机都收到了预警。尽管鱼雷紧张，但盟军还是沿着船队锚地东北方布了一片雷区，又增派11艘驱逐舰到各个入口巡逻。休伊特一再要求陆军晚间要熄灭卡萨布兰卡的灯光，因为灯光会暴露船队的位置。

"好兄弟，"休伊特经常对手下的参谋说，"你们为我解决了许多难题，我只要做决定就行了。"在综合考虑各方面的因素后，作出一个明智的决定也并不容易。休伊特深知，近几天许多隐蔽处都遭到轮番轰炸，发现浮出水面的潜艇也并不容易。在夜间根本无法发现潜望镜伸出水面弄出的"微波"。靠深水炸弹打击潜艇如同以石块击鱼。下午6点，休伊特叫来"奥古斯塔"号上的参谋，又给巴顿发了一封电报，请求他下令进行灯火管制。舰队要在锚地抛一夜，这个问题留到明天早上再说。

米拉马尔餐厅高大的窗户蒙着窗帘。窗外飘着淡淡的花香，微风徐徐,一丛婆娑的竹影将棒球场和沙滩上的赌场隔开。巴顿和24位参谋正在举办全鸭宴,法国大厨是美军几个小时前临时招来的,非常可靠。这天适逢巴顿57岁生日,众人频频举杯祝寿,庆祝他摩洛哥大捷以及"一战"停战二十四周年。

下午7点48分,一声沉闷的爆炸打断了宴会,面向大海的窗户吱嘎作响。巴顿和手下连忙冲向阳台、爬上宾馆五楼楼顶,海面上又传来两声爆炸。黄色的火焰吞噬了海滩3海里外的一艘船:船上的汽油和弹药爆炸,空中腾起耀眼的橙色火球。另外两艘船看来也一并遭殃,远处海平面上弧形排列的另外20余艘舰只拼命地闪着信号灯。通过望远镜可以看见在火光的映衬下,士兵们在水中挣扎。巴顿的工兵司令事后回忆:"宴会一下子就结束了。"

德军一艘U-173潜艇避过盟军的驱逐舰,朝集中在锚地的美国舰只发射了6枚鱼雷,击中了3艘舰的左舷。不到20分钟,"约瑟夫·休斯"号就头朝下,带着舰长和几名水手沉入海底。"威努斯基"号油轮一名驾驶员刚发现一枚鱼雷划过船舷,一扭头就看见第二枚鱼雷钻进驾驶台和后甲板之间的船体。爆炸伤了7名士兵,将一个油舱炸出一个直径25英尺的大洞,所幸这是个压载海水的空舱。等候加油的驱逐舰"汉布尔顿"号舰首机舱水线下4英尺被击中,20名士兵被炸死,该舰舰尾被破坏,用一名目击者的话说:"舰的首尾分家。"幸存者挤在甲板上喊:"不要弃船!"8点30分不到,一艘驱逐舰发现U-173向公海方向逃窜。驱逐舰上的士兵一时分不清到底是德军潜艇还是美军登陆艇,凶手趁机逃之夭夭。不过,这艘潜艇时运不济,5天后在卡萨布兰卡被美军截住,几枚深水炸弹将它连同57名德国士兵炸沉海底。

用陆军戏谑话说,3艘船的"失利"让休伊特一夜未眠。11月12日一早,他就将"奥古斯塔"号上的高级指挥官召集到参谋长拥挤的舱室。袭击发生两个小时后,他向各舰发了一则多余的通知:"要特别警惕轴心国潜艇。"经过紧急排水,"威努斯基"号的艇身被纠正。险

第3章 滩　头

些首尾分家的"汉布尔顿"被拖进卡萨布兰卡港的船坞。但其他舰只仍然面临着老问题：增援的数万名士兵明天将随第二批舰队抵达这里，这个小港口无法容纳原有的货轮和新来的舰只。

休伊特怒不可遏。几个月来，他一直告诫陆军，后续船队提前一周抵达此处将陷自身和登陆大军于不利境地。但巴顿等人却反复游说并声称在摩洛哥需要立即投入大批部队和装备补给，他才"勉强和不安"地答应下来。

"我只要作决定就行了"，这个决定，他反复斟酌了一个多小时。他可以立刻将登陆舰队移泊到卡萨布兰卡，命令后续船队等在海上。对于一支得胜的舰队，此举似乎是退居守势，因而令人难堪，也对后续舰队极为不利。休伊特有意白天继续在费达拉这个小港过驳（指大船停靠码头、浮筒、装卸平台，或大船在锚地用驳船或其他小船装卸货物。——译者注），晚上则前往相对安全的公海，将卡萨布兰卡让给后续舰队。但这会严重影响卸货的速度，况且公海也不见得安全：就在今天早上，"游骑兵"号在距岸边50海里的地方还险些遭到德军潜艇的袭击。

最后，他决定在费达拉夜以继日地卸货，盼望最后一晚的进攻侥幸成功。休伊特的运输指挥官罗伯特·R. M. 艾米特极力怂恿他采取第三套方案。艾米特认为，海军在卡萨布兰卡的首要任务是支援陆军。即使签订了停战协定，巴顿和手下的指挥官仍对海军延误卸货骂个不休。

休伊特摊在椅子上，艾米特说得很有道理。海军当然有能力保护自己。如果有船只在近海区域被击沉，那么水兵还有机会打捞一些货物，这总比在远海被德军偷袭要好得多。

"奥古斯塔"号移泊卡萨布兰卡，停靠在臭气熏天的磷肥码头。其他舰只仍在费达拉对面抛锚，以便尽快卸货。上将将部下遣散，心神不宁地登上驾驶台。现在就是他要的"天鹅绒"般的海面。但肯特·休

179

伊特经历了多年的海上风雨，是一名优秀的水手，不能自欺欺人。他明白，"天鹅绒"即将一去不返。

星期四的暮色洒遍费达拉，巴顿的参谋聚在米拉马尔用晚餐。德军U-130号潜艇艇长恩斯特·卡尔斯下令减速，艇身贴着海底，悄悄从东北部水域潜入摩洛哥沿岸。卡尔斯深知美国人的脾气：今年年初，他在两周内击沉了9艘船，因此获得一枚骑士勋章。U-130微速穿过海滩和美军雷区之间的水域，不易觉察的艇翼像鲨鱼鳍般悄无声息地划过海面。下午6点前，这艘潜艇从艇艏鱼雷管发射了4枚鱼雷，继而敏捷地一转身，从尾管发射了第5枚。

每一发都命中目标。"斯科特"号、"拉特利奇"号和"布里斯"号3艘满载物资的运输船顿时腾起大火。1.2万吨级的"斯科特"号右舷身中两弹，仿佛中了鱼叉的鲸鱼从海中一跃而起，当即尾倾30度。被炸烂的隔舱薄木板仿佛上千支箭，刺向餐厅的水兵和厨房内的厨师。保护驾驶台的水泥板凿穿了变形的甲板，下方的隔舱被炸扁。舰上一片漆黑。火势蹿向右舷扶梯，燃油在倾斜的过道四处飞溅，滑倒的水兵摔做一团。二号锅炉突然爆炸，滚烫的热水从机舱喷泻而出，只要碰到炽热的隔板，当即生出一手水泡。水兵们从救护室拖出自己的战友，放出禁闭室内犯事士兵。喧嚣中只听有人喊了一声："弃船！"在"斯科特"号船尾冒着气泡沉入海底前，能动的士兵都爬过了船舷。

两艘姐妹船也面临相同的命运。"拉特利奇"号中了两发鱼雷，当即陷入一片黑暗，失去了动力。以为海风和潮水能将船推上岸，舰长小M.W.哈奇森抱着一线希望命令下锚。"拉特利奇"像一座高炉般燃烧，被鱼雷击中整整7分钟后，船身倾斜着沉入海底。"布里斯"号苟延残喘几个小时，火红的船上不断发出令人毛骨悚然的哭喊声，30多名水兵被烧成灰炭。"奥古斯塔"号上一名军官不知在骂谁，一个劲地念叨："该死的笨蛋，该死的笨蛋！"

晚上8点25分，一名情报官递给休伊特一封手抄电报："'拉特利奇'

号沉没。'布里斯'号起火。'斯科特'号倾斜,弃船……需要一整夜的时间来搜救幸存者。"休伊特呆呆地看着这封急电,下令派拖轮将"布里斯"号拖到隐蔽处,但根本找不到拖轮。星期五凌晨2点30分,"布里斯"号沉入海底,几缕褐色烟雾标明它的葬身之处。

1 500名幸存者手脚并用,爬上海滩。一支登陆艇和法国渔船组成的小船队从海中救出满身油污、只露出两个眼睛的水兵。有500名士兵需要救治,从进攻开始忙到现在的军医晕头转向。费达拉码头上的一个骆驼厩被当作临时急救站。在米拉马尔外一个四面透风的木制赌场的赌桌间挤着150多副担架。橡胶树一样皮开肉绽的士兵走进门来,悲惨地索要一针吗啡。

军医依靠通信兵的电筒灯光做手术,急救员借烛光替伤员接骨止血。400名烧伤伤员,用巴顿的话说,像"一块块熏猪肉",有四分之一的人要输血。10月末火速送到诺福克舰队的1 000单位血浆多半保存下来,至少挽救了20条生命。但关键的医疗设备丢失,麻醉机的一些重要部件也不翼而飞,许多伤员因此丧生。

周五一抹惨淡的晨曦洒满非洲大地,将这场灾难呈现在人们眼前。受伤的水兵趴在天主教堂的长凳或教室的地板上。驳船将重伤员送上医疗船,在那里,有人死去,有人活了下来,还有人在生死之间徘徊。一名三度烧伤、身份不明的水兵被送上"伦纳德·伍德"号,醒过来后,用了好久才拼出"K-E-N-S-T-K"这几个神秘的字母,不久陷入昏迷,3天后去世,这几个字母到底有何意义,或许只有上帝知道。

士兵们望着海面上渐渐远去的舰只,个个心绪不宁,不见了往日的笑容。没过多久,休伊特下令幸存船只远离海岸。一天后,5艘停靠卡萨布兰卡港的船只在卸货完毕后带着伤员启程返回美国。提前到达这里的舰队被调走,它们在东大西洋漫无目的、有惊无险地漂了5天,于11月18日被召回卡萨布兰卡,比休伊特预计的时间足足提前一个月。击沉25艘盟军舰只的U-130潜艇,4个月后,被盟军堵在亚速尔群岛附近，连同潜艇的士兵葬身海底。

11月17日，休伊特乘"奥古斯塔"号启程返回诺福克。这是自33年前大白舰队完成环球航行后，他再次凯旋回到汉普顿锚地。这回他更加清楚地知道：世界是圆的，但并不完美。然而，休伊特总是郁郁寡欢，他怀疑140名士兵之所以命丧非洲，是因为他作出的一个错误决定，这是他十多个重要决定中唯一错误的一个。然而，这位"二战"英雄还要返回西西里、萨勒诺（意大利南部港口城市，1943年9月被盟军解放。——译者注）、安齐奥、法国南部。而11月的那个夜晚，卡萨布兰卡对面的那个地方，将永远是这位坚强水手心中一道深刻的伤疤。

★★★

倘若英美联军和法军握手言和，政治纷争也就不复存在。"火炬行动"的最后一幕在阿尔及尔上演，北非登陆战役就像它的开始那样，草草收场。

11月11日，获悉10个德军师和6个意大利师入侵维希法国，达尔朗上将再次郑重表示自己将全力支持盟军，克拉克将军释放了这位上将。鉴于北非有一支盟军部队，希特勒有所顾忌，不敢暴露德军在法属地中海的侧翼，因而"安东行动"开始几个小时后在维希草草收场。达尔朗致电法国驻突尼斯司令（被克拉克监听），下令抵抗一切轴心国侵略。他还致电多伦的维希舰队司令让·拉伯德上将，请他立即起锚赶赴北非。不过，两人互相瞧不起，拉伯德讨厌达尔朗，用一句简短有力的脏话"去你妈的"打发了后者。

尽管如此，克拉克还是心满意足地上床做了一个美梦。11月12日凌晨5点，他被叫醒并得知达尔朗又一次出尔反尔。给突尼斯指挥官下达的指令被暂时搁置，因为要有诺盖斯将军的首肯才能执行，被围困的贝当已委任这位将军为北非全权代表。圣乔治会议室内熟悉的一幕再度上演：恐吓、敲桌子摔板凳以及蹩脚的法语。

第3章 滩 头

"你只顾你自己的利益,这已经不是一次两次了!"克拉克冲达尔朗吼道。"你这一套我真是受够了!你这个懦夫!"

海军上将小心翼翼地搓着几块碎纸片,然后叠成满意的形状。

"我要打德国人,"朱安将军宣布,"我支持你。"

"不,你才不会呢。"

"我支持你,"朱安又说了一遍,"我无法忍受不公正的待遇,但我处境艰难。"

达尔朗将纸片撕成碎末。

"我清楚,但我的情况更加不利,"克拉克说,"我不知道谁是敌谁是友。我绝不能犯错。"

11月13日中午,艾森豪威尔从直布罗陀飞抵此地,僵局得以打破。克拉克征用两辆法国车去白屋机场迎接他,但两辆车车胎磨损严重,车主告诉司机,时速不得超过8英里。即便车辆用这种蜗牛一样的速度行驶,艾森豪威尔并无怨言。用他的话来说,能够逃离"600英尺的地面下、通风不良的办公室",哪怕只是几个小时,他也很高兴。

"我们费尽了周折,"两天前他致信沃尔特·史密斯,"经历这些事得来的教训非常重要。"如此看来,处变不惊将是艾森豪威尔此后在战场频频取胜的一大原因。他能做到这样,部分原因在于,他一直往前看,决定"尽速东进"。他致信马歇尔,称"梦寐以求"的就是要"提前把突尼斯和多伦法国舰队作为一份厚礼送给盟军"。另一部分在于,身为总司令,他从感情上撇开了伤亡这种作为盟军总司令难辞其咎的责任。他在给丘吉尔的一封信中写道,"较之于我们目前取得的优势,这点损失不值一提。"这场战争中,恐怕没几个指挥官能以一句"不值一提",将数千名士兵的生命一笔抹杀。

在圣乔治,克拉克和罗伯特·墨菲罗列了最近的进展:诺盖斯将军从摩洛哥赶来,称呼吉罗将军为懦夫和骗子;诺盖斯随后将权力交还达尔朗并重申在突尼斯抵抗轴心国的命令,但结果不得而知;克拉克再次扬言要大举报复。不过，经过几个小时的激烈争吵，法方当天早晨达成了一个克拉克认为可以接受的协定：达尔朗担任法属北非最高长官，吉罗担任法军总司令，朱安担任陆军司令、诺盖斯仍担任摩洛哥总督。

艾森豪威尔叹了口气。政治斗争让他既不解又愤慨。"这帮人到底是想做伟大法国的元帅，还是要遗臭万年？"他问克拉克。他致电马歇尔，直言不讳地指出："要是这帮愚蠢的法国人认清形势，现在就是一个建功立业的好机会。不过看来他们愚不可及。"此外，新协定看来是一条走出"政治阴谋和私心这个迷魂阵"的捷径。艾森豪威尔告诉克拉克，他打算"强行制定法令"，但现在似乎没有必要这样做。

在宾馆的会议室，达尔朗换上一套三件套西服。美国人下午2点进门时，他已和其他人端坐在会议室中。艾森豪威尔与他们一一握手，寒暄几句后，他只说了11句话，如："对于你的意见，我毫无保留。从今天起，达尔朗上将领导法属北非。罗斯福总统同意我的看法……我们必须齐心协力，同仇敌忾。"说完，他又和达尔朗一行人一一握手，昂首走出会议室。

登上停在白屋机场的B-17前，艾森豪威尔从口袋中摸出两个五角星，别在克拉克肩头的另两个将星旁，授予他中将军衔。"你出门在外的日子，"他两天前对克拉克说，"我仿佛失去了左膀右臂。"

克拉克兴高采烈地返回圣乔治，举办了一场记者会。"现在我军可以有条不紊地开展工作，"他告诉记者，"一切顺利。"

★★★

"火炬行动"60年后，对于盟军伤亡的准确数字，官方依然闪烁其词。美国官方的统计为英美联军的伤亡总计1 469人，其中526名美军阵亡，显然并未计入英方损失。英方的数字包括11月12日和13日几次小行动，估计盟军的损失为2 225人，阵亡近1 100人。

第 3 章　滩　头

法军的伤亡数字将近 3 000 人。维希政府驻北非法军在 3 天内损失一半以上的坦克、装甲车和飞机。有鉴于此，艾森豪威尔认为在作战能力上，法国 18 个营都不敌美国 1 个营。盟军指挥官最初禁止刊发提及"火炬行动"作战激烈程度的报道，免得法国人"怨恨我们将他们打到投降"。

"火炬行动"让更多的法国人站到了正义的一边，包括许多连入侵、占领和瓜分都分不清的糊涂人。但艾森豪威尔和副官过于天真，他们不曾料到与达尔朗合作的结果。因此后者有过劣迹斑斑的前科，同盟国领导人在两年前就已将他一票否决。"这样不妥，"戴高乐写道，"我看过了不多久，就会发生令人作呕的一幕。"作为在边疆哨卡冲锋陷阵 20 年的美国军官，艾森豪威尔的政治眼光有限也是情有可原的。其实，这支羽翼未丰的军队刚刚踏上北非，还不知道应如何发挥世界强国的作用。战役的格局，确切地说，战争的格局不仅要求指挥官会打仗，而且也要求他会治理军队。艾森豪威尔就体会到了这一点。他致信比特尔·史密斯，"我们正进行一场大冒险"。

战争的天平向同盟国倾斜，但在 1942 年 11 月中旬，了解这一转变不可逆转以及如何造成的人却寥寥无几。丘吉尔一个月前还说，"如果'火炬行动'失败，我就完蛋了"，但这一刻，他的评价最为精辟："战争并未结束，甚至算不上最后一战的开端。不过，或许真正的战争刚刚开始。"

说到作战部署，"火炬行动"在领导、战术策略、人员装备、士气和作战常识方面暴露出严重不足。但两栖登陆以及侧翼攻击战术在实战中经过了严峻的考验并逐步完善，为此后盟军的战略进攻提供了一个样板。但美军对联合作战这一现代战争的精髓却不甚了了，不知如何运用步兵、装甲兵、炮兵、空军和其他作战部队。士兵们仍在"和平的幻想和战争的无情之间"游走。

但更糟的是，极少有人能够认识到这一点。听到子弹咻咻的士兵成千上万，但用乔治·华盛顿的话说，听出其中真意的能有几人？他们听得太少了。看见美军坦克炮弹击穿盔甲上缠着阿尔及利亚葡萄藤、大摇大摆地冲进自己阵地的法国雷诺坦克时，许多人高呼："坦克再来！"受这种自信的感染，连美英两国的参谋长都提议削减"火炬行动"的兵力，以便开始进行登陆萨丁等大规模行动。"看在上帝的份上，"艾森豪威尔答道，"我们最好确保一次完成一项任务。"不过，就连这位审慎的司令也有些飘飘然：他要白宫静候12月攻克突尼斯和比塞大、次年1月占领的黎波里的佳音。

他们以为自己身经战火的考验，以为制伏了软弱的法国就是大功告成。他们认为自己是正义的，胜利已成定局，年轻的生命将不朽。在车轮滚滚东进，展开米其林印制的突尼斯地图之际，他们认为自己已然深陷战火。

第 4 章
东 进

突尼斯先到先得，德军抢先了一步。希特勒意识到，盟军倘若占领北非，他们就可以将外围远征转变成登陆南欧的平台，德军应不惜一切代价守住欧洲的门户。盟军却在邻近的阿尔及尔登陆，在战略上出其不意，但他们能否好好利用这一优势？他们为什么不登陆海岸线近800英里的突尼斯？实际上盟军的登陆计划漏洞百出，空中指挥因明争暗斗而各自为战。一旦不按常理出牌，这支初上战场的军队立马乱了套。

PUSHING EAST

"We Live in Tragic Hours"
★ ★ ★

希特勒：守住欧洲的门户

11月8日凌晨2点，美国驻突尼斯总领事胡克·A.杜利特尔敲响总督府大门，求见维希总督。随后，让·皮埃尔·埃斯泰瓦中将走了出来，穿着一身海军制服和一双拖鞋，虽然说不上正式，却也无可挑剔。这位单身汉身材矮小，蓄着一把修剪整齐的白胡子；因其一贯禁欲式的生活，人称"修道士"，比如每天黎明前起床参加弥撒、午饭前除不涂奶油的吐司和一个橙子外粒米不沾。埃斯泰瓦出生在兰斯，是软木塞商人之子。62岁那年，他就盼着退休，然后投身家乡的圣母院，一座曾历经26位法国国王加冕的大教堂。杜利特尔气喘吁吁地通报盟军突袭，看来会让埃斯泰瓦的晚年起一番波澜。

埃斯泰瓦留神听着杜利特尔的话，后者曾被熟人形容为"一位落魄的绅士"。杜利特尔预测盟军即将出动足以遮天蔽日的大量战机，大举登陆突尼斯。"他们最好趁早来，因为别家在48小时内就赶到了。"埃斯泰瓦冷冷地说了一句，将客人送到门口。

杜利特尔乔装成法国农民赶回家，随即借了一辆车，带着西班牙女仆和狮子狗逃离了突尼斯。一到盟军的阵地，他见人就喊："快！快！"

"别家"是谁？埃斯泰瓦上将无须明说，而且他也低估了德军的反应速度。正如副元首赫尔曼·戈林所说，从意大利的轴心国大本营到突尼斯不过"一箭之遥"。11月9日上午10点55分，德国空军的第一架战斗机降落于突尼斯东北的欧韦奈机场。俯冲轰炸机和运输机紧跟其后，低空掠过这座城市，以壮声势。仓促上阵的德军（其中多数兵士勉强可以参战）跌跌撞撞地走下舷梯。

法军包围了机场，装甲车的炮口对准飞机座舱，在跑道上迎接一架架降落的德军飞机。一支纳粹空军保安部队在一座机库后架起机枪，在法军车辆四周布上地雷，才打破持续了几个小时的僵局。埃斯泰瓦决定听取维希的指示，而非来自阿尔及尔的胡言乱语，于是他下令后撤。截至当日黄昏，有90架德军飞机降落。德军从机场沿狭窄的迦太基公路赶到营地后，一边挖战壕，一边唱着《莉莉·玛莲》。

德国国防军在突尼斯的防卫工事，为德军和英美联军此后长达两年半的对抗做好了准备，这场战争的战火将燃遍两大洲、造成数百万人丧生。横扫萨勒诺、安齐奥、诺曼底和突出部等旷日持久的土地（至少是西方土地）争夺的系列大型陆战，就是从这里拉开了序幕。

在图林根一条偏僻的铁路支线逗留期间，希特勒掌握了盟军登陆的规模，此时他正赶往慕尼黑去重温老啤酒馆"战斗机"（德语"Kämpfer"）的旧梦。不到几个小时，他就意识到，盟军倘若占领北非，他们就可以将外围远征转变成登陆南欧的平台。此举将陷他最亲密的盟友于不利的境地，包括意大利以及从法国到希腊等轴心国领地。希特勒说："放弃非洲等于放弃地中海。"他事后致信墨索里尼，称这"不仅毁了我们的革命，而且毁了我们的人民的未来"。信的落款为"你牢不可破的盟友"。

在德军260个师中，已有230个师处于防御状态。某些德国战略家认为，他们的战线已从扩张转为收缩，但希特勒不肯承认德军丧失了战略主动权，他认为突尼斯将是"我们欧洲南翼作战的基石"。就算它的重要性次于东征苏联，它也将是一个关键的转折点。按希特勒夸下的海口：西线，新非洲攻势要将"火炬行动"的登陆大军赶出阿尔及利亚和摩洛哥；东线，将英国第八集团军赶过苏伊士运河。截至11月末，元首的战略眼光可归结为一句话："不惜一切代价守住欧洲的门户——北非。"这句话让双方100万官兵饱受了7个月的折磨。

11月10日（星期二），德军伞兵首次大举空降非洲。从那不勒斯飞抵此处的第5伞兵旅的一个排立即封锁了通往突尼斯以西的要道。拨给驻埃及的隆美尔军团的武器，转而送往突尼斯，还裹着包装纸就被送往前线。燃料奇缺，各部队用的是草或橄榄油渣制成的煤球。指挥官们雇法国出租车做指挥车。来往各司令部的传令兵乘突尼斯街头的电车，一名送急件的年轻下士开心地说，没人让他买票。

如果说德军先锋部队没有多少战斗力，那么维希法国驻北非3万官兵的领导则更加无能。法军最高指挥部陷入了两难。11月11日，希特勒命德意两国军队占领维希法国；同一天，维希驻比塞大（突尼斯以北40英里。——译者注）海军司令路易斯·德里安上将对部下说："我希望诸位保持镇定、克制，处之泰然。"同一晚，接到达尔朗从阿尔及尔下达的命令后，德里安下令："我们的敌人是德国和意大利……你们要全力以赴，痛击1940年的敌人。我们要报仇雪恨。法国万岁！"法国军官以香槟庆祝，《马赛曲》响彻比塞大各个码头。

这一豪情持续了不到一个小时。午夜时分，即德里安发表战争宣言40分钟后，他又奉维希之命收回成命。他在日记中写道："11月8日，我们见谁打谁；11月9日，我们打德国人；11月10日，我们谁也不打；11月10日（中午），我们打德国人；11月11日（晚上），我们谁也不打。"战争期间，恐怕只有这段文字准确记录了法国的煎熬和其子民的道德波动。

11月12日，德里安致电当时仍犹豫不决的达尔朗，但没有得到明确的答复。愈是受制于维希,埃斯泰瓦愈是情绪低落。一名德国军官说,埃斯泰瓦"只会唯唯诺诺,看来他还应付不了这种紧张局面"。埃斯泰瓦承认:"服从了 40 年的命令,我如今已不懂得如何违抗了。"第一批经海路运来的德军和装备,包括 17 辆坦克和 40 吨弹药于 11 月 12 日抵达北非。德里安从军 42 年,原本要在一个月内解甲归田,如今他预感到,"我将被世人铭记为'把比塞大拱手相让德国人'的上将"。

令人遗憾的是,他说得没错。截至 11 月 14 日,德国人仅在比塞大就安插了 3 000 名官兵。他们控制了突尼斯的重要设施,德军呈四列纵队直奔市中心的福煦(Foch,1851~1929 年,法国元帅,第一次世界大战联军总司令。——译者注)元帅府。人去楼空的美国领事馆成了德军的指挥部,尽管德国人对不通文墨的突尼斯"文员"颇有怨言。为壮德军小分队的声势,伞兵乘着从法军指挥官手上借来的装甲车,围着城外兜圈子。突尼斯的本地首领因其家族上下几代人受够了法国人的气,很快就宣誓效忠柏林。他的护卫队穿着一身红、黑、金三色制服,迈着当下时髦的方步,从皇宫出迎。

德里安不久就接到了德国发出的最后通牒:"法军 30 分钟内全部投降,交出比塞大所有舰只,否则对 6 000 名法国官兵格杀勿论。"他争取了唯一一项特权:保留一个武装连队,体面地降下驻地的三色旗,然后投降;但德国拒绝了他保留佩剑的要求。

一位法国法官以"有辱祖国尊严"这项罪名判埃斯泰瓦入狱。虽然埃斯泰瓦上将曾说,"为了文明这个崇高理想,我虽苦犹荣",但他所受的苦却源自卑贱的行为。"火炬行动"中,法军打死了数百名英美士兵,却未伤德国侵略者一兵一卒。只有突尼斯师师长乔治·巴雷将军不肯屈节,带领 9 000 名官兵和 15 辆旧坦克,向西进入突尼斯的荒山野岭,以图东山再起。

公元前 146 年,在遭遇罗马人洗劫之后,骄傲的迦太基被一场大火烧成灰烬,据说足足烧了 17 天。如今,自出现第一个德国人的身影时起，法属突尼斯就成了一片冰冷的余烬。"我们生活在悲剧时代，"贝当说，"军队中士气低落。"

★★★

阿尔贝特·凯塞林元帅却是兴味盎然，鉴于他一张笑脸和与生俱来的乐观，人赠外号"微笑的阿尔贝特"。英美联军登陆后的第二天早上，希特勒就打电话给凯塞林，"放手"让他处理突尼斯的战事。这将成为盟军的一大灾难。

凯塞林的父亲是拜罗伊特（Bayreuth，德国巴伐利亚州一城市名。——译者注）一所学校的校长，其家族为巴伐利亚的一个名门望族，"一战"后因大萧条家道中落。凯塞林臀部宽阔，秃顶，能操一口流利纯正的意大利语。"一战"期间，他担任过炮兵和气球侦察员，48岁那年学习飞行，不久就在纳粹空军身居要职。身为第三帝国最有才华的指挥官，他胆识过人、嗜血成性，曾经被击落过5次，参与过轰炸华沙、考文垂等大小城市，以及针对苏联的空战。有一次德军高射炮误射他的座机，凯塞林破口大骂，说他们打偏了这么容易击中的目标。

11月10日，希特勒正式将凯塞林调到罗马，担任墨索里尼的副手。手握轴心国在地中海空军和地面部队大权，这位元帅婉拒了"领袖"（墨索里尼）以毒气进攻盟军和用医疗船运输战争物资的提议。与此相反，他要在突尼斯和比塞大附近建设桥头堡，平息了属下关于"轴心国以卵击盟军这块石头"的怨言。

凯塞林承认，盟军在战略上出其不意，但他们能否很好地利用这一优势？他们为什么不登陆海岸线近800英里的突尼斯？凯塞林同意征用突尼斯平民建设要塞，为轴心国船只卸货。但牢不可破的桥头堡不足以灭敌。11月13日，他命手下的副官策划进攻西线。挽回非洲的损失，唯一方法是越过突尼斯群山，反攻阿尔及利亚。"微笑的阿尔贝特"执意要将英美联军赶出非洲。

A Cold Country with a Hot Sun
★★★

打响全面战争

　　阿尔及尔和突尼斯相隔 560 英里陆路，东进的第一部分盟军一路谈笑风生，下至列兵，上至将军，无不将远征看作漫步。他们谈的多半是抵达的黎波里甚至那不勒斯的日期。一名士兵代表了众人对德国人的态度："这帮德国佬打不了仗。妈的，把他们交给英国佬好了，我们好去解决日本鬼子。"一名青年军官说，他手下的坦克营唯一苦闷的是，美国人还没来得及证明自己的勇气，"德国人就全都逃跑了"。

　　镇长们身穿礼服、头戴高帽，以对方听不懂的热情洋溢之词迎接盟军。欢呼的民众捧上难以下咽的阿尔及利亚葡萄酒和成篮的柑橘。车名为"颠簸的车"、"女主角"、"良家女子"的吉普，其驾驶天线上缠着黑嚏根草，司机们假装在享受当地人送上来的烟，但是很快就戏称之为"阿尔及利亚大粪"。"美国万岁！"阿拉伯儿童往往冲着英国军队这样喊道。

　　为处理不可避免的交通事故，盟军确定了一个弹性赔偿标准，以被美国兵称作"墙纸"的特大号法国货币支付：死一峰骆驼赔偿 2.5 万

193

法郎（折合500美元）；死一个男孩赔偿1.5万法郎；死一头驴赔偿1万法郎；死一名女孩赔偿500法郎。

第一波主要是英国军队，他们将伪装服绑在头盔上打个结，仿佛"爱德华时代的面纱"。阿尔及利亚村庄沿街可见装了百叶窗的旅馆和身穿海魂衫的鱼贩子，让不少老兵想起了佛兰德斯（Flanders，中世纪欧洲一伯爵领地，包括现属比、法、荷等地区，为"一战"激战地。——译者注）。在乘车的人看来，标着醒目的"40人，8匹马"的窄轨车厢，让人仿佛回到了西线：在那里，法国的车厢能装40人或8匹马。阿尔及利亚火车上坡的速度非常慢，以至于士兵们常常跳下车步行，一路走，一路在引擎上烧热水泡茶。

在美国人看来，一切都那么新鲜：路边肉摊上剥了皮、鲜血直滴的羊肉；叫卖草垫和蓝丝绸的阿尔及利亚人；一路骂骂咧咧的赶骡人；身体前倾操作犁具的农民；靠绑在保险杠上的木炭引擎驱动、司机拿拨火棍搅动的公共汽车。被选作先头部队的美军各部队招摇过市。第13装甲兵团第2营的坦克满载鸡蛋和私藏的老爷威士忌，开出阿尔泽，直奔阿尔及尔。第5野战炮兵营举着猎猎的大旗上了大路，每门大炮都指着第1师的护旗队，该师乐队奏响了《弹药车隆隆驶过》（When the Caissons Go Rolling Along，1908年驻菲律宾美军炮兵创作。——译者注）。

弹药车隆隆驶过土坯墙上开了枪眼的阿尔及利亚村庄，驶过"仿佛挂了一盏盏红灯笼"的柑橘林，驶过老马拉着的一辆辆法军干草车，驶过一身双排扣制服、骑着高头大马的炮兵军官，驶过一度是罗马粮库的麦茬地，驶过毁于汪达尔苛政时期、如今在烈日下销蚀成石骨的沟渠。

黄昏时分，他们来到宿营地。士兵们跳进冰凉刺骨的地中海，或拿头盔舀水洗澡（这被称为"妓女沐浴"）。他们让蝎子在浸了汽油的纸上打架，或者给宠物蜥蜴灌酒后欣赏它们的醉态。地里腾起的暮霭，

第 4 章　东　进

味道仿佛刚割下的干草,据士兵们所学的知识,是致人死命的毒气味;至少有一个单位在一片"毒气!毒气!"的尖叫声中,惊慌失措地寻找防毒面具。士兵们借手势锻炼了以物换物的功夫,怀着"嗓子大能消除一切语言障碍"这个美国式的信念,粗声大气地嚷嚷着。一个精明的士兵用一盒糖果换来了三瓶香水、一打鸡蛋、一张大幅的贝当肖像和一头小毛驴——他们给它命名为"隆美尔"。

当地人一贫如洗,小偷小摸时有发生。士兵们拿熏肉皮给燃料罐抹了个遍,希望不得近猪肉这一伊斯兰禁忌能防贼。若发现窃贼割下吉普车的帆布篷做鞋,士兵们会大喊一声"Allez!"(加油),这是除了"C'est la guerre"(这就是战争)外人人都会的一句法语。听说一顶降落伞可以做500条汗裤。一份师史断言:"如果能带得走,他们能把车胎气给偷走。"从这一刻起,他们渐渐瞧不起阿拉伯人。陆军后勤部长说当地的雇工"不中用、不可靠、一无是处、目不识丁、病怏怏"。

黎明时分,部队接着"散步"。这里普遍用人粪做肥料,一名中士也许被其味道熏糊涂了,在家信中写道:"每一个城镇都散发着一股尸臭。"他一语成谶,这将成为现实。

但眼下和煦的阳光和战友间的友谊让一些官兵诗兴大发。"蓝天如洗,"第1师的一名军官写道,"夜晚犹如诗人的梦境。"起伏的山峦一直延伸至突尼斯边界,牧羊人看着渐渐走近的队伍,听着隆隆的车声和激扬的战歌:

　　她要绕过大山,
　　她要绕过大山,
　　她要绕过大山到这里来。

幸亏"超级机密"破译了轴心国的密码,艾森豪威尔和副官获悉德意两军涌入突尼斯的准确人数。但由于不了解这种部署的意义,导致一开始发生误判。盟军情报机关预计，近1万名轴心国官兵将在两周内抵达突尼斯，但他们多半是"步兵，没有车辆"。事后一份英国情报分析断定，盟军"从各方面都低估了轴心国介入的尺度"，"其结果倒无甚紧要"。两周之后，轴心国的实际兵力达1.1万；包括一流的伞兵和坦克掷弹兵，以及随后赶到的第10装甲师。

英美盟国间的会议一再提及迅速反击轴心国的介入，但多半是纸上谈兵。艾森豪威尔和克拉克原打算将占领突尼斯的任务交由英军来完成。"火炬行动"中运载了大部分装备和兵力，占领北非和提防德军取道西班牙大举出兵摩洛哥，主要得靠美军。第一波登陆后的行动，盟军有欠考虑，了解突尼斯的地形、后勤和空中增援的参谋屈指可数。鉴于德军一举占领了突尼斯和比塞大，同盟国领导决定让美军迅速东进，以增援英军。他们派出了3个美军装甲营，但随后又被缺少装甲兵的英国指挥官瓜分。这部分美军将为突尼斯前线增加100辆坦克。

显然，盟军没有对敌作战的军事计划，或者说他们此刻根本就无计可施。他们拿不出美军和英军合作、为英军提供补给或投入前线的方案。艾森豪威尔抱怨，他临时下达美军增援英军的命令，"既没人充分理解，也没有得到有效的执行"。他对胞弟埃德加说："这是一直困扰高级指挥官的难题，我也深受其苦——我可以下达命令，但这些命令在前线的执行只能转交给别人。"

11月16日，艾森豪威尔致电比德尔·史密斯："我急欲大功告成，恨不得能让士兵或卸货速度再快一些。"但法国投降后，他在远离阿尔及尔、远离战场的直布罗陀的地道里又待了近两个星期。他在办公室里大骂埃斯泰瓦和突尼斯的法军指挥官，说他们原本"轻易便可消灭该地区的德意两军，并毫发无损"。艾森豪威尔说，只要埃斯泰瓦抵抗，法国人把握住自己的机会，盟军"可以冒险一试"。他声讨敌人往往不痛不痒，甚或过于谨慎。他对史密斯说："终有一天，我们将在一个窗明几净的司令部，商讨如何打击可恨的德国佬！"他难得表露克服一切

第 4 章　东　进

障碍将敌人赶尽杀绝的决心。他自称"痛恨轴心国及其代表的一切"，但骨子里却没有这种恨意。他暂时还没有这么绝情。

艾森豪威尔还算不上一位元帅。海空两路进攻的计划不周，执行不力。盟军没有出动侦察机或进攻经海路过来的轴心国军队，战略轰炸只针对意大利和北非以外的目标，甚至没有轰炸机阻止轴心国往突尼斯和比塞大集结兵力。海军在3周时间里都没对轴心国舰队发出一枪一炮。整个11月，轴心国开赴突尼斯的舰队没有损失一艘舰只。

交通运输或许是最大的败笔。艾森豪威尔和克拉克不顾军需官的反对，将运输车辆和武器的有限舱位，用来运额外投入的数万官兵。对美军这支占领军来说，这一决定也无可非议。但开赴奥兰的舰队，从英国出发前就削减了1万辆车辆。形同乱麻的卸货作业更是雪上加霜：截至11月12日，原计划8 700辆车登陆奥兰，实际登陆数量只有1 800辆。如今，名义上的占领军转而成了进攻部队，各单位多半成了步兵。"混乱在所难免，"记者菲利普·乔丹写道，"一旦不按常理出牌，这支初上战场的军队马上就乱了套。"

军需官怀揣价值5 000美元的银锭，踏遍奥兰寻购烧炭卡车，或雇用马夫拉弹药。北非的铁路系统尤其不尽如人意，近一半火车因缺少燃料瘫痪，能运美式谢尔曼这类中型坦克的法国机车屈指可数。每天从阿尔及尔"爬"往突尼斯的九列小火车中，两列要拉供自己烧的煤炭，一列拉当地人的救命粮；法国、英国和美国的军需官为余下来的六列争得不可开交，还往往要花近一个星期才能抵达突尼斯边界。

就算抢到了车，也保证不了它能动。为展示前对手间的新友谊，美军公关部门在奥兰组织了一场盛大的仪式，欢送法军一个营开赴突尼斯。新闻摄影师记录下这一幕，美军士兵拥上铁路岔道，与法国战友交换香烟，挥手作别之际，却听站长宣布，东线的耽搁意味着火车至少两天内走不了。火车为了拍摄和热烈的欢呼开了几百码，天黑后又退了回去，择日再开赴战场。

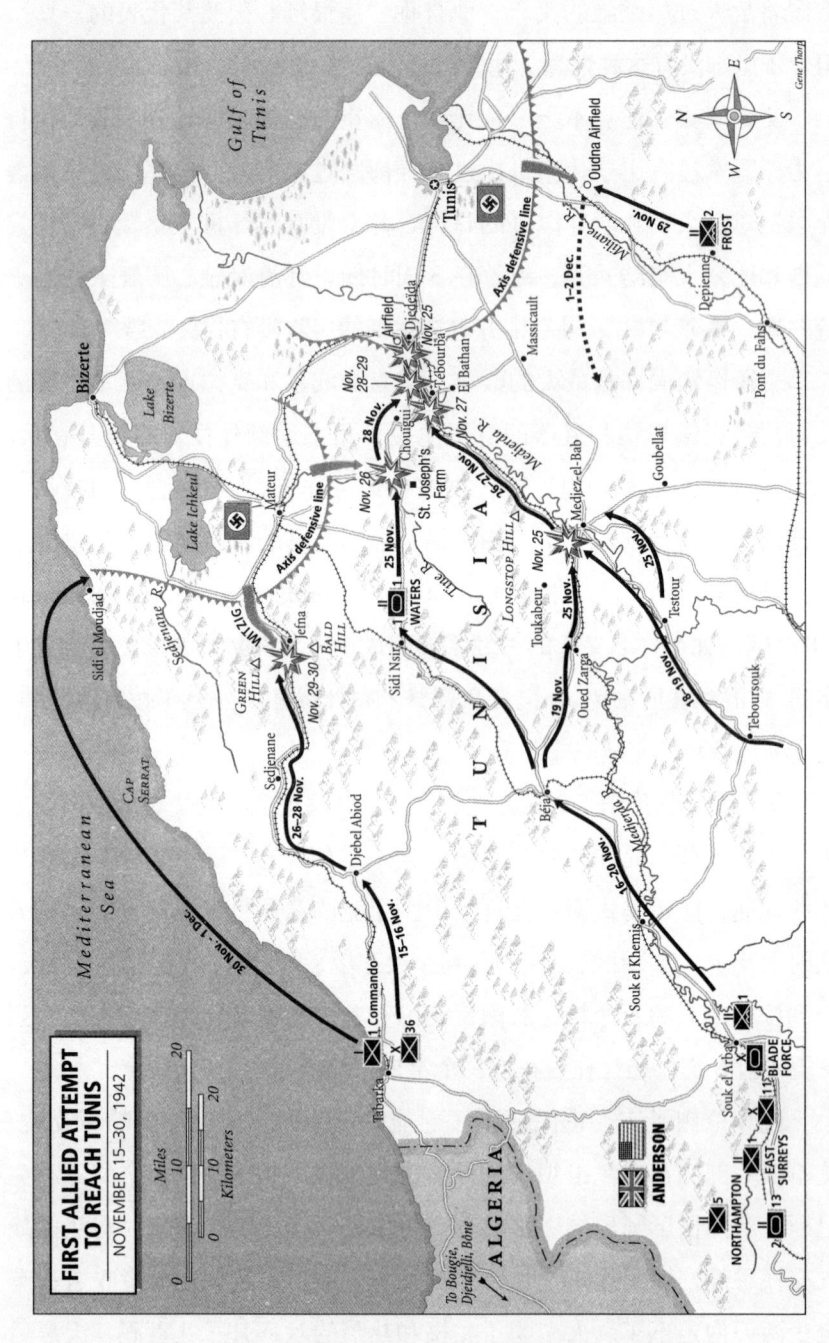

1942年11月15～30日，盟军首攻突尼斯

第4章 东 进

1 Commando 第1突击队
ANDERSON 安德森第一集团军
（包括一个英国军、一个美国军）
Axis Defensive line 轴心国防线
BLADE FORCE 尖刀部队
EAST SURREYS 英军东萨里郡团
FROST 弗罗斯特伞兵团第2营
NORTH AMPTON 北安普敦郡团
WATERS 沃特斯第1装甲营
ALGERIA 阿尔及利亚
TUNISIA 突尼斯
Béja 巴杰
Bizerte 比塞大
CAP SERRAT 第塞拉特角
Chouïgui 舒维居伊
Depienne 邓贵
Djebel Abiod 阿比奥山
Djedeïda 朱代伊德
El Bathan 艾尔巴山
Goubellat 格贝拉特
GREEN HILL 绿山
Gulf of Tunis 突尼斯湾
Jefna 贾夫纳
Lake Bizerte 比塞大湖
Lake Ichkeul 伊其克乌尔湖
LONGSTOP HILL 长停山
Massicault 马西科
Mateur 马特尔
Mediterranean Sea 地中海
Medjerda R. 麦吉尔达河
Medjez-el-Bab 迈杰兹巴卜
Miliane R. 米利安河
Oudna Airfield 乌德纳机场
Oued Zarga 瓦迪宰尔加
Pont du Fahs 蓬迪·法赫斯
Sedjenane R. 塞杰南河
Sidi el Moudjad 西迪艾尔穆贾德
Sidi Nsir 西迪恩西尔
Souk el Arba 苏克阿尔巴
Souk el Khemis 哈米斯集
St. Joseph's Farm 圣约瑟夫农庄
Tabarka 塔巴卡
Tébourba 泰布尔拜
Teboursouk 泰布尔苏格
Testour 特斯托尔
Tine R. 迪内河
Tunis 突尼斯

199

★★★

肯尼思·A.N. 安德森中将就摊上了这事。11月11日，他在阿尔及尔接掌刚刚成立的英国第一集团军，奉命开赴东线。"我佩服你的锐气和干劲，"艾森豪威尔12日致电安德森，"如今胆量胜于数量。祝你好运！"

对安德森这个生性悲观的指挥官来说，"胆量胜于数量"不过是句空话。第一集团军只有四个英国旅和一个大杂烩的美军部队，实力抵不上一个师。即便如此，安德森还是从指挥船"布洛洛"号搬到了阿尔伯特宾馆，并且放出话来，要尽快"给隆美尔一个下马威"。过后又恐过于掉以轻心，他又给记者补发了一份书面声明："德军是好样的，我估计要有一场恶战。"

安德森于1891年圣诞节生于印度，父亲是铁路公司总经理，曾被授予"骑士"称号。父亲最终打发他去了英国陆军军官学校。在索姆河一役，他身负重伤，此后还上过巴勒斯坦、叙利亚和印度前线。敦刻尔克撤退时，他是一位师长。他笃信宗教，长着小眼睛、薄嘴唇，一头凌乱的灰发，脸刮得干干净净，用一位美国军官的话说，"一副露齿而笑、引人注目的样子"。有人说他缺一个"坚毅的突下巴"。一位英国朋友说："看他模样，与其说是一名军人，倒不如说是一位小有所成的军医。"穿着上，他喜欢一身旧式的马裤和绑腿。在东征的路上，他不时撩起敞篷车的帆布，查看他乘坐的火车。

一位英国将军明褒实贬，说他是个"好厨师"，这句妙语很快传遍军营。当然，他这种不擅交际、不招人待见的苏格兰人往往被人称作"刺头"。一名刻薄的副官给他起了个外号叫"阳光"，而美国人则说他是"牢骚鬼"。他精通法语和意大利语，但哪一种语言他都难得开口。就算他开了口，其言论也不便公开：他曾经扬言，胆敢提到他的记者，统统逐出北非。艾森豪威尔说："他学透了书面语言，直到把纸张烧穿的程度。"很少有人猜到，长期以来，安德森始终都在突破他所谓的"一种难以走出自我的心理障碍或腼腆……我也想和蔼可亲，但何其之难。人的本性真是一种奇怪的东西"。这无疑是天意，他笃信上帝，好比他深信，"间或受一次挫折，是对自信的一剂良药"。在去突尼斯的路上，就有这么一剂药。

安德森的一大愿望是，11月12日前，盟军伞兵空降突尼斯和比塞大，增援部队随后赶到。登陆时的危局（如法军抵抗和美军伞兵四散各地）乱了他的全盘计划。与之相反，和海军沿地中海一线浅深包围一样，各部队经公路和铁路向纵深推进缓慢。

11月11日，皇家肯特郡团的一个营登陆布日伊（Bougie，阿尔及利亚北部港市贝贾亚的旧称。——译者注），没有遭到任何抵抗，据说这个阿尔及尔以东110英里的小港是蜡烛的发明地。但滔天的大浪让皇家海军放弃了30英里以东的另一个登陆点季杰利。这个小小的挫折酿成了严重的后果。皇家空军的"喷火战斗机"因缺少燃料，在季杰利机场趴了两天窝，没有空军的掩护，登陆布日伊的部队成了活靶子。

11月11日下午4点40分，30架容克-88轰炸机在低矮云层的掩护下，和随后赶到的德军鱼雷轰炸机一起进攻布日伊港。四枚炸弹炸穿运输船"爱华特"号，一枚鱼雷紧跟着贯穿该轮左舷；该轮不久即倾斜40度，腾起布日伊蜡烛商人从没见过的大火。"比斯特"号驱逐舰救起25名幸存者，并用消防水带扑救烈焰滚滚的货盘，由于靠得太近，"爱华特"号的吊艇架撞到了该轮的驾驶台。"爱华特"号在最后一声猛烈的爆炸声中，于晚上11点沉没。

两发炸弹击中浅水炮舰"罗伯茨"号，重创该舰。载有1 200名英军官兵的"中国"号时运不济，险些命中的炸弹打瘪了船体，厨房还中了一发哑弹。这一出吓坏了舰上的船员，他们自顾放下小艇，划离这支恐怖的部队。一支登陆艇组成的救援队救走了舰上的全部人员。虽说肇事者被击落，一位军医说，见"一名被炸飞双腿的士兵拼命地用仅剩的胳膊游泳逃命"。午夜前不久,"中国"号着火,烧了一夜后沉没。

11月12日也好不了多少。为备战拂晓的空袭,凌晨4点45分起锚的防空舰"马恩岛"号,撞上了德军飞机布下的水雷,沉入7英寻深的海底。拂晓的进攻如期而至。炸弹击中甲板上挤满"中国"号幸存者的运输船"卡兰贾"号,舰上的官兵又自顾放下救生艇。"卡兰贾"号舰长意识到这个早晨属于敌人的天下,上午8点30分他下令弃船。该舰不久即行沉没。

海陆两军的官兵表现出非凡的勇气,但勇气也掩盖不了败绩:四艘英国军舰沉没、一艘好不容易赶到阿尔及尔的军舰受损。几艘临时充作医疗船的舰只,载着装在帆布袋里的阵亡者返回阿尔及尔港,伤员将住舱甲板的餐桌弄得形同肉铺的案板。在布日伊登陆后向东推进的英军,不时扭头望一眼身后,除了其他损失,他们的大衣沉到了布日伊湾的海底,而寒冷的突尼斯阿特拉斯山在前面若隐若现。

波尼(Bône,阿尔及利亚东北部港市,现称Annaba,即安纳巴。——译者注)的战事较为顺利。这座小港位于布日伊以东125英里,是主教会于393年首次承认《新约》教义的地方。两艘驱逐舰送唱着法国国歌的英美联军登陆,没有遭到任何抵抗。不久,300名伞兵跳伞加入了他们的行列。但指挥官R. G. 派恩-科芬(R. G. Pine-Coffin,字面意思为"松木棺材"。——译者注)少校的姓氏太不吉利,硬着陆当场造成一人阵亡,十二人受伤,一名受了脑震荡的伞兵军官昏迷了4天,嘴里一直念叨着:"再来一份大比目鱼,服务员。"11月12日日落时分,这支盟军部队距比塞大仅185英里。

波尼偏巧离凯塞林在西西里和撒丁岛的机场相对较近。炸弹炸毁了火车站、电影院和撑着条纹伞的路边大排档。炸弹击中港口的谷仓,码头上顿时扬起金色的谷物瀑布,妈妈们抱着购物袋、推着婴儿车,慌不择路地跑过卵石街寻找藏身之处。港口的22座码头中,18座不久就被毁。进攻还吓坏了当地人,盟军六艘船周末靠泊,竟然找不到突

第 4 章 东 进

尼斯劳工卸货。临时充作装卸工的英国兵为此还作了一首打油诗：

> 在这支部队，我们心里只有一样委屈：肉少，骨头多（在英语里，骨头和波尼的读音相近。——译者注）。

英军曾追得拿破仑·波拿巴亡命天涯，兴许认为不能不听这位皇帝的某些教诲。比如：兵力广为分散、被敌人各个击破乃兵家大忌。安德森将军和手下的副官恰恰提出拉开战线的建议。此外，他们打算仅以几辆坦克和大炮，在易守难攻和有埋伏的山区采取这一行动。

11月14日，安德森下令手下的盟军部队东进，打算在一周内攻打比塞大和突尼斯。英军第36旅——来自第78师的4 500名官兵要登陆盟军左翼的海滩。第11旅一支人数相当的分遣队在盟军右翼25英里与他们齐头并进。盟军的中路，一支由2 600名坦克兵、步兵和伞兵组成的杂牌军，亦作尖刀部队，要攻占两个旅之间的高地。

英国计划占领突尼斯后，切断轴心国的桥头堡，孤立比塞大。赶过来的美军各部即刻投入战斗。安德森手下的官兵眼下刚过1.2万人，"可以动用"的部队不过"火炬行动"登陆官兵的十分之一。英国装甲部队的主力是瓦伦丁坦克，这种老式坦克可乘3人，越野速度每小时8英里，一门可发射两磅炮弹的炮或许能给敌人一顿迎头痛击。

他们制定了方案，订下了计划。虽然成千上万名久经沙场的轴心国老兵正在向西拓展桥头堡，但若要调整计划，"按部就班的英国人提不起兴趣"。鉴于安德森这支微不足道的军队和拙劣的后勤，他的其他举措饱受非议；但将这支七零八落的部队凝聚成一记重拳，将是一个良好的开端。

没过多久，他们就到了突尼斯。越过努米底亚(Numidia，北非一古国，其位置相当于现代的阿尔及利亚。——译者注)和迦太基间这条古老的边界，公路又折回雾霭和烟火中散发着浓浓苔藓味的橡树和花椒树墩。

203

夜间转凉，寒风呼啸，官兵们如同古时的骑士，拿头盔遮住脸。官兵们的家信中开始强调北非这个"北"字，将这里说成"一个烈日当空的寒冷国度"。突尼斯的面积略大于佐治亚，但其冬天冷似密歇根。由于严格控制用火，美军蜷缩在沾满雪花的毛毯下。浑身打战的英国人则怀念他们丢失的大衣。

由于梅塞施密特战斗机（Messerschmitts，"二战"期间的德军战斗机。——译者注）频繁出动，连营火都熄了。官兵吃早餐要面向东方，便于发现背对太阳飞过来扫射的战斗机。补给不尽人意，尽管缺炮弹、新鲜食品和餐具等日用品，发油等无关紧要的东西却多多有余。一名英国坦克兵说得好，"最重要的物资往往离不开勺子"。

艾森豪威尔派埃德森·拉夫保护安德森的南翼。拉夫的伞兵营在"恶棍行动"中四散地中海各地，如今又重新部署。拉夫手下的"恶棍"分乘30架飞机，在阿尔及利亚东部城镇泰贝萨空降，这次一举成功。他随后让他们分乘绿色的木炭车，在每辆车顶的行李架上架一挺机枪，沿着笔直的大道，驱车穿过粉红色的泥灰农舍和尼奥-帕拉迪奥式法国别墅，直奔遥远的突尼斯绿洲加夫萨，其部队在这里很快增加到2 500人。跟在他们后面穿越凯塞林山口关卡的美国工兵部队，被法国海关官员扣住，要征一应物资的关税。工兵们发现法国人和阿拉伯人一样执迷于官印的威力，于是私刻了橡皮图章，"在每件物资上一阵猛盖"。但盟军多半远在北部，赶往突尼斯的只有七零八落的两个旅。英国第78师师长维维安·伊夫利少将的手下多半是兰开夏郡工人、肯特郡小职员和萨里郡劳工。伊夫利有着红脸膛和大肚腩，人称"圣诞老人"，他长着塌鼻子和一口稀牙，上唇的一抹胡子犹如一条军功绶带。他能言善辩，嬉笑怒骂，但一发脾气就语无伦次。据说他为了资历这个荒谬绝伦的问题，和精锐第1近卫旅旅长结下了梁子；据说他一心要赶在别人前头夺下突尼斯，立下头功。

经安德森首肯，伊夫利决定让500名伞兵空降到拖拖拉拉的大部

第 4 章 东 进

队前面。英军第 1 营从阿尔及尔登上飞机，11 月 16 日空降到边境小镇苏克阿尔巴。五名士兵因斯特恩机枪走火受伤，一名士兵则在半空被自己的伞索勒死；这座小镇全城出动，为这名士兵举行葬礼，按当地的风俗，全镇 3 000 人坚持要和指定为主丧人的营长握手。

他们乘公共汽车赶往 40 英里外的巴杰，一座自当地的农田替罗马竞技场供应面包时起就满目疮痍的山顶小镇。一夜凄风苦雨后，该营于 11 月 17 日将营部搬到了当地的一座屠宰场。500 名官兵戴着汤碗头盔穿过巴杰狭窄的街道，然后谨慎地换上红色贝雷帽，冒充"一支纯属乌有的大部队"，吓唬三心二意的法国人或阿拉伯人。上当也好，没上当也罢，当地人从自家白屋子的露台和巴杰拜占庭式尖塔的扶栏上冲他们欢呼。11 月 18 日，一支英军侦察队在该镇东北伏击了一小股德军，打死 6 名德国兵，扭回 9 名俘虏，缴获一辆德军指挥车，如百人队队长战利品似的列队返回巴杰，人群再一次夹道欢呼。这次伏击离比塞大的门户马特尔仅 10 英里。眼下他们和马特尔近在咫尺！在英美两国伞兵和在他们身后艰难跋涉的两个旅看来，这一目标似乎唾手可得。

德军俯冲轰炸机对巴杰进行了轮番轰炸，英国兵认为这次进攻十分"反常"，欢呼声也戛然而止。炸弹让该镇陷入一片火海，掀去了加雷大道两侧的法式折线形屋顶，烧焦的椽子和墙纸仿佛裸体示众。炸弹在小花园内遍地开花，将阿拉伯泥巴屋夷为平地。炸弹让废墟雪上加霜，罗马式也好，拜占庭式也罢，都变成分不清是古迹还是当今建筑的废墟。巴杰频繁遭到轰炸，截至周末，有 300 名法国人和阿拉伯人丧生，为尸体防腐的石灰一时短缺。

当地人顾不得盟军的事业，连一只大鸟的影子都能让市民在大街上乱窜，惊叫着寻找不存在的避难地。和波尼、布日伊的遭遇，以及这里和柏林之间上千座城镇即将到来的遭遇一样，巴杰卷入了盟军和轴心国的战争，是这个星期打响的全面战争的受害者。

Medjez-el-Bab
★★★

与轴心国首次交锋

汉尼拔兴许说过:"谁占领迈杰兹巴卜,谁就掌握着大门的钥匙,统领整个突尼斯。"这句话虽不足信,但这个观点在公元前和1942年却千真万确。现代的迈杰兹巴卜四通八达,是个尘土飞扬、散发着迷迭香和红松味的贸易城市,精明的商人拿科隆香水换阿拉伯农民的烟草和盐巴。小镇名字的含义是"涉水而入",随处可见罗马、拜占庭甚至17世纪西班牙的遗迹。盟军和轴心国在迈杰兹巴卜首次交锋,套用《荷马史诗》中的话说,"如青铜器武装的斗士般拼杀"。由此他们展开了长达7个月的拉锯战。

迈杰兹巴卜横跨麦杰尔达河,到突尼斯直线距离30英里,具有重要的战略意义。麦杰尔达河发源于阿尔及利亚高原,向东北蜿蜒125英里,汇入比塞大和首都之间的突尼斯湾,是东多萨尔的重要门户,南面连绵起伏的山峦是突尼斯东部沿海平原的一道屏障。位于迈杰兹巴卜的麦杰尔达河谷据说是全球六个最肥沃的地区之一:肥沃的土地和灌溉渠类似于加州的中央裂谷。浅而呈芥末色的麦杰尔达河,宽不足百码，两岸是20英尺高的峭壁，河底怪石密布。一座建于18世纪的八孔石拱桥在迈杰兹巴卜横跨麦杰尔达河两岸，据说建桥的石头来自罗马栈道。九座大桥中每两座之间相隔6到10英里，横跨河两岸，蔚为壮观。

突尼斯师师长巴雷将军选这个田园风光之地作为自己的根据地。在婉拒维希上将埃斯泰瓦和达尔朗的通敌卖国行径后，巴雷采取权宜之计，向德国人示好，换取了几个星期的时间。他率领手下9 000名官兵出突尼斯，向西进入山区，取出德国入侵法国后、两年前为防万一藏在那里的燃料和弹药。他们以几辆吱吱嘎嘎的坦克和六门骡子拉的大炮，在西边过来的盟军和东进的轴心国军队的夹缝中艰难求生，这也恰如其分地体现了维希指挥官的总体现状。

11月18日，正当英国伞兵在巴杰炫耀战利品之际，在20英里外，德军第5伞兵团3营则兵临迈杰兹巴卜的城下。身穿土灰色军装、头戴煤斗式头盔的军队沿50号公路呈扇形散开，在这条狭窄的沥青路上，沿麦杰尔达河而上，直通迈杰兹石桥。他们越过沿河林立的桉树丛，绕过镇东一个个小农场四周的仙人掌篱笆。许多士兵用报纸裹住枪口，以防枪口沾上泥巴。

虽说他们都是些老兵，为登陆马尔特，他们先前在诺曼底训练了两周，但比起长途跋涉的英军或法军，德国人的装备好不了多少。发给突尼斯司令部的电报抱怨称，缺少铁锹、电台、热饭菜、机枪和望远镜。该营营长威廉·科洛奇皮肤黝黑、浓眉大眼，平素爱援引腓特烈大帝的至理名言："我手下不需要倒霉的军官。"与法国军官的几次谈判，科洛奇迄今运气亨通；看了他标着纯属乌有的几个团位置的地图后，法国人向德军交出了麦杰尔达河谷的朱代伊德和泰布尔拜镇。但巴雷不肯放弃迈杰兹。本来就没有多少耐心的德国人这时候已忍无可忍。凯塞林元帅提出了新要求，"将敌人赶回波尼"，"动用轰炸机严惩法军，结束这一叫人忍无可忍的局面"。科洛奇在最后一次谈判中放了话:"请好好考虑一下利害关系。我只要出兵,就能攻无不克。"

11月19日凌晨4点,一名德国使者打着一面休战旗驱车驶入迈杰兹巴卜,直奔河边一座水泥建筑。这次不是谈判,是最后通牒,命法国人上午7点前投降。一位法军上校故作愤慨地答道,德军的通牒侮辱了他和法国。尽管巴雷手下的官兵分散在东多萨尔一线,只有几百名官兵驻守迈杰兹巴卜,但他们愿意决一死战。如果节省一点的话,法军的弹药足够坚持一天。

巴雷传话给迈杰兹附近的英国装甲兵中队,敌人很可能在几个小时内进攻。他还致电设在阿尔及尔的法军司令部,宣布他要收回成命,重返盟军阵营。

英国人本就欠妥的计划愈发漏洞百出。11月18日,安德森命伊夫利将军,完成集结前不得出兵。但法国将军这时慌忙请求增援。11月19日凌晨6点前,安德森司令部告知吉罗,"虽说要不惜一切力量予以协助",但战斗机远在波尼,难以有效地调动,再说手边没有坦克。

"圣诞老人"那头吃紧,麦杰尔达河谷的战略意义显而易见。德军的坦克已出现在他的左翼,距地中海仅几英里之遥。四散各地的盟军又要七零八落。伊夫利向迈杰兹派了几支部队,包括从巴杰出发的500名伞兵和美军第175野战炮兵营的12门榴弹炮。

一抹杏黄色的晨曦洒遍河谷,宣告这是一个晴朗的秋日。出门喂养牲口的农夫,不时忧心忡忡地瞥一眼200名身着土灰色军装的德国兵,他们连夜在迈杰兹外1 000码处,沿麦杰尔达东岸挖了一条战壕。科洛奇将营部搬到镇东一处高地的公墓。7点过了,接着是8点,然后是9点,最后通牒仿佛虚张声势。但9点15分,步枪开火,紧接着响起了清脆的机枪声。子弹在河两岸来回乱飞。市民惊慌失措地逃往镇外。事后回想起来,一名炮兵感慨万千地说:"战争就此打响了!"

镇子以西,几名英国兵守在路边,等着指挥美军大炮进入阵地。远处腾起一股滚滚的烟尘,这股烟尘中很快现出四门巨大的榴弹炮,炮组不顾拼命挥手的英国兵,从他们身边疾驰而过。他们翻过一座小山岗,正要沿着前面一道俯瞰迈杰兹的斜坡而下时,在德军眼皮底下陡然收住了脚步。清脆的枪声陡然大作。一位英国军官汇报:"各种枪炮齐发。"

英国伞兵和德比郡自耕农匆忙赶来营救自家兄弟。好斗的美国炮兵被说服相信了山谷的优势,混战才稍有缓和。问起美国人的古怪观点,英国伞兵指挥官S.J.L.希尔中校才知道,"这个炮组在统计,这次世界大战中,谁是对德国人开第一枪的美国人。他们一个个你追我赶地争抢这个身份"。希尔上校泰然自若地接受了这一解释。当一名年轻的美国人被问及为什么要打迈杰兹教堂的尖塔时,他答道,因为他可以"看到是否击中",希尔同样认为这一回答"合情合理"。

这一天的较量并不荒唐。上午10点45分,120名身披红斗篷、头缠骆驼毛头巾的阿尔及利亚骑兵,两路汇成一股,呐喊着冲向石桥之际,第一批德军俯冲轰炸机出现在上空。"可怜的小伙子被俯冲轰炸机炸得身首异处,跌落马下。"一名美国炮兵说。飞机一摆机身,近乎垂直地俯冲而下,银色的炸弹带着啸声翻滚而下。滚滚的烟尘和纷飞的斗篷中,马和骑手的残肢断臂飞上半空。俯冲轰炸机没摧毁的,都由德军机枪和迫击炮补遗。一名目击者数了96具骑兵尸体。

截至当天傍晚,除火车站外,德军占领了河东岸的一应要塞。法国殖民军战斗到弹尽粮绝,火车站也失守。即使德军俯冲轰炸机每隔两个小时准时来轰炸一次,也没能击退河西岸商店和民宅内巴雷的部下。美军25磅炮弹猛烈的炮火为这座大桥竖起了一道屏障,击退了敌军的一次次强攻。德军营长科洛奇派10连这支侦察队泅渡过河,从南翼包抄守军。德军蹚着齐脖深的冰冷的河水,打哑一挺法军机枪,生擒了几名俘虏。

但这支侦察队中了埋伏,暴露在纵射炮火之下,去不了桥头。这时候,德军沦为俎上肉。该连连长冒险冲出河岸隐蔽处,不久被一枪

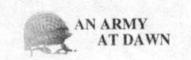

击中脑袋，倒在人行道上。盟军机枪对准灌木丛一通猛扫，打得河水泛红，德军尸体如同灰色的小舰队随波逐流。只有4名士兵回到东岸。

夜幕降临，一门德军迫击炮响起，几秒钟后，小镇传来一声巨响。盟军士兵躺在散兵坑内望着头顶狭长的天空，数着星星。法国指挥官清点刽子手的血债，巴雷手下的官兵近四分之一阵亡，再次徒劳地请求增加装甲、弹药和援军。

11月20日凌晨，迈杰兹四个区响起断断续续的爆炸声。由两个意大利步兵连增援，十个德军侦察队身背炸药包和手榴弹泅渡过河。德军全自动手枪见到闪过的影子就打。盟军来不及炸毁大桥，匆忙撤退。大火吞没了这座空城。

希尔上校召来迈杰兹的法国高级军官，通知他们准备全面撤退。凌晨4点30分弃城。美国炮兵连同英国和法国步兵翻过陡峭的山脊，仓皇西撤到巴杰。科洛奇手下伤亡仅22人，盟军刚一撤出，科洛奇的部队即刻拥入迈杰兹。截至拂晓，"钥匙"落入德军囊中。

★★★

计划11月21日对突尼斯和比塞大发动总攻的安德森将军，被坏消息搅得坐卧不宁。安德森反对向突尼斯增派美军，担心第一集团军本就脆弱的后勤不堪重负，这时候，他甚至怀疑没有重兵增援，盟军能否抵达突尼斯。鉴于补给连连出现问题，难以集中盟军作战力量，他下令推迟3天。

天性悲观的安德森在前线一番视察后，情绪愈发低落，他发现了一个不争的事实：轴心国扩充兵力远比伦敦或华盛顿料想的更加迅速。不过，双方目前都打不了持久战。记者A.J.列伯林写道："战争仿佛线上的珠子……连成一线。"一名美军少校说，突尼斯成了"一条滑稽的战线，宽约50英尺，横跨公路，两侧稍稍有点距离"。

但轴心国部队向北进逼，渗透到南翼，占领了加夫萨绿洲。新任

第4章 东 进

驻突尼斯指挥官沃尔特·K.内林是位波兰、法国、俄国和隆美尔非洲军团的老兵,他以盟军罕见的迅雷不及掩耳之势宣布:"眼下刻不容缓……每一名官兵都必须明白,一定要战斗到底。"内林在突尼斯有1.6万名德军和9 000名意军,他们行动迅速,除"超级机密"外,盟军情报机关一时失算,以为兵力不到这个数字的一半。由于拖三拉四、战略失算,错误地利用了突尼斯的地形,盟军一方无法发动偷袭,比如宝贵的坦克转移到南翼,来到一处山区,完全施展不了身手。

计划落空的挫败感着实叫人恼火。英国士兵提到美军时全以"爱丽丝"相称,这绝不是恭维。安德森致电身在直布罗陀的艾森豪威尔:"一支高效的法军神速赶来支援的乐观局面不过是个幻想。"艾森豪威尔手下的海军司令安德鲁·B.坎宁安上将在给朋友的信中写道:"突尼斯谁到谁先得。但这帮德国佬先了我们一步。"

一向毫无顾忌地嘲弄这位元帅的丘吉尔,忍不住指责他手下的指挥官胆小如鼠、过分依赖后勤。"陆军就像孔雀,只看见尾巴。"他愤愤不平地说。帝国总参谋长布鲁克将军反唇相讥,"少了尾巴,孔雀只会头重脚轻"。丘吉尔不为所动,换了个比喻,斥责道:"我要将北非变成一块跳板,不是沙发!"当英国指挥官质疑美国人的作战素质时,有些人也对手下队伍的失职暗自惭愧。丘吉尔年初就表示过担忧:"我们的士兵一代不如一代。"布鲁克则担心,由于上次大战损失了优秀的指挥官,"近半数军长和师长根本不称职"。

虽说怀疑此战稍不留神即会铸成大错,不胜其烦的艾森豪威尔依然摆出一副若无其事的模样。11月21日,他致信外号"幸运"的陆军航空兵司令亨利·H.阿诺德将军:"我眼下最担心的,是从西西里和意大利涌入突尼斯的轴心国增援部队快过我挥师东进的速度。"一天后,艾森豪威尔在备忘录中写道:"眼下认为可以一举歼灭兵力达1.2万人的轴心国部队是错误的。"实际情况比他料想的更严重:内林11月25日的实际兵力达2.5万人。失败的后果不堪设想,但艾森豪威尔在给史密斯的一封短信中总结："如果不能迅速攻克突尼斯，我方将丧失主动权，同时也给了轴心国充分的时间在该地区为所欲为，助长敌人的气焰……我们赢不了，重申一遍，我们赢不了这场战争。"

最令人气馁的莫过于敌军的空中优势。除西西里、撒丁岛和意大利的基地外，轴心国在突尼斯拥有七座地势优越的机场。凯塞林集结了二十个俯冲轰炸机和战斗机中队，他们出手极其凶狠。

相比之下，盟军战斗机从远在波尼这种条件恶劣的机场起飞，距离突尼斯135英里，在战场上空逗留不了10分钟。德国空军11月21日一次空袭，摧毁了十几架停在阿尔及尔机场上的飞机，将空中堡垒悉数逼到奥兰附近较为安全的机场，意味着来回突尼斯一趟要飞1 200英里。被击落的飞机包括艾森豪威尔捐给空军的B-17座机。

机场的条件相当落后。飞行员常常要亲自提5加仑的油桶为飞机加油，用羊皮过滤法国炼的劣质煤油；仅有几套雷达设备送到非洲，早期预警系统还要靠法国宪兵的电话。截至11月末，盟军在北非的飞机只有一半能参战；因失事等事故损失的美军飞行员是作战的两倍，一名指挥官说这一比例"骇人听闻"。盟军的空中指挥因明争暗斗和大国沙文主义而变得混乱无序、各自为战。

盟军这才知道，北非不仅寒冷，而且多雨：突尼斯一年16英寸的降雨量几乎集中在11月到来年的3月。机组人员挥舞棍棒和铁锹剔去机轮上的烂泥，好让飞行员将飞机滑上跑道。为防机鼻冲进烂泥，机长要坐在飞机水平尾翼上，等飞机有了速度，才跳下飞机。飞行技师在道路上铺垫过软木、竹子和钢垫，但都被烂泥吞噬。"这种可爱的烂泥能一直漫到你的胳肢窝。"一名英国士兵写道。

★★★

11月24日，安德森命伊夫利将军迅速出击突尼斯和比塞大。两个旅和中间的尖刀部队再次艰难地向东挺进。第36旅发现，在他们的左翼，

第4章 东 进

即距地中海8英里的地方有一支德军不肯履行自己的职责。与其待在狭窄的公路上挨英国人的打,德国伞兵干脆沿途埋下地雷,一路后撤。盟军扑了个空。第36旅猛冲,德国人犹如小步舞伴,再次后撤。就这样每小时几百步的速度,持续了不下两天。

盟军南翼30英里处,英军第11旅三个营由美军炮兵增援,分两路再次进攻迈杰兹巴卜。士兵拿炭灰抹脸的工夫,军官们挥着黑刺李手杖为他们打气。11月25日拂晓前,北安普敦郡团第5营和美军第175野战炮兵团从西南方向发动进攻,在迈杰兹3英里外打死12名意大利士兵,占领了布·慕斯山,并将之更名为"近卫兵山"。山名流传至今,但盟军却没能守住。德军坦克从迈杰兹发动了反攻,几个小时内就扫清了这座山脊。英美两军再次后退,这次是等待第二天赶来的美军装甲营增援。

另一路盟军从西北进攻迈杰兹。兰开夏明火枪团第2营乘卡车赶来,然后下车步行接近该镇。官兵们披着猎手月(11月的满月。——译者注)笼上的蓝影,沿公路和铁路路基前进,只听到脚步和吱吱嘎嘎的装备声。凌晨4点30分,迈杰兹映入眼帘,黑色桥拱下的河水波光粼粼。河对岸地平线上露出第一抹晨曦之际,英军营长L. A.曼利中校漫步走向目标,交换了几下手势、沙哑地低声交谈几句后,上前侦察。500个身影呈完美的突击队形,鱼贯穿过一片开阔地。

这一切尽在科洛奇营长手下的眼底,他们如今有88毫米口径大炮和第190坦克营增援。这批德国伞兵参加过克里特岛(Crete,希腊。——译者注)和低地国家各大战役,善于夜间近距离作战。迫击炮手瞄准移动的身影,以开保险柜的精度调整俯仰转螺。

第一阵机枪响起,曼利中校应声倒地。500名英国士兵顿时卧倒在地,匍匐着四下寻找掩体。迫击炮管突突作响,德国人的炮弹在战场后方轰炸,挡住了退路,又继续向前,让英国士兵无法守在原地。子弹噗噗地钻进地里。步兵像父辈在索姆河说的"跳袋子"一样跳出战壕,兰开夏人跳起身反攻枪口冒火的德军前线部队。他们冲过桥边的树篱，冲向河边，跳下泥泞的河堤，跳进麦杰尔达河，高举着步枪蹚着齐胸深的河水冲向对岸。

他们和5天前科洛奇的第10连一样无处藏身。子弹和迫击炮弹片溅起朵朵水花，德军88毫米炮弹在头顶噼啪作响。伤兵跌进河里，有的被战友拖上岸，有的却没这么好的运气。尽管曼利等军官阵亡，群龙无首，两个连还是冲到河东岸，在嘟嘟的哨声中，呐喊着冲向一片无人地带。

两个连被打得七零八落。一轮红日跃上天空，染红了英国兵的脸，晃得他们看不清炮口的火焰。军官们大声下达命令，但轰鸣声中，仿佛每一句话都被打掉了尾巴，只听到半截音儿。眯着眼睛的官兵跳进子弹横飞的麦杰尔达河，仓皇后撤。待在战壕内的兰开夏第3连也一样倒霉，其中一个排被机枪和炮弹打到只剩下最后一人。尸体再次随波逐流，但这次身上穿的是英军的哔叽呢。

进攻结束。一支盟军炮兵掩护还活着的士兵过河爬上西岸。他们拽着伤员的领子，蹚过宽阔泛着血水的麦杰尔达河，从残垣断壁中反攻一路追赶英国兵的坦克和步兵。麦杰尔达两岸留下"一片阵亡官兵的屁股"，又一幕索姆河惨景。但刽子手这次的血债是打死打伤144名兰开夏郡团官兵。

Fat Geese on a Pond
★★★

突袭朱代伊德，攫取门户钥匙

两个旅两面受敌，英国第一集团军突破的希望如今落到了中路暂编尖刀部队的肩上。这个单位规模小，兵力不足3 000人，却有百余辆坦克，其中半数属于美军。喊着"驰援突尼斯"的尖刀部队和形似"一口大牙、手持一码长刺刀的黑勇士"的塞内加尔狙击兵迎敌而上。尖刀部队发现山城西迪恩西尔以东的轴心国防线较为薄弱，打算派两个坦克营、英国第17/21枪骑兵团和美军装甲第1团第1营打开一条突破口。双方都接令要在与麦杰尔达近乎平行的迪内河谷开辟一个"坦克出没的战场"。

这项命令让美国人欢欣鼓舞，即使他们不明白"坦克出没"是什么意思或者如何发挥这个充分的条件。第1营的上级单位于19世纪30年代为黑鹰战争（Black Hawk War，1831～1832年美国正规军、民兵和印第安人盟军在伊利诺伊州和威斯康星州击败由黑鹰率领、企图收复失地的索克和福克斯印第安人。——译者注）组建，官兵主要抽调自肯塔基、田纳西和西弗吉尼亚。35岁的营长约翰·K.沃特斯，英俊潇洒，父亲是巴尔的摩的银行家。沃特斯上了两年约翰·霍普金斯大学,之后花了一天时间,说动一位芝加哥众议员,安排他上了西点1931班。沃特斯的志向是当一名飞行员,但因视力不佳受挫;后来退而求其次,进了骑兵队,和脾气火爆的少校巴顿的千金订下婚约。巴顿对这个前来求婚的年轻中尉说:"沃特斯,我不认识你,3年后再来。"沃特斯如约前来,最终赢得了巴顿的青睐和他女儿的芳心。

沃特斯手下的54辆轻型坦克担当尖刀部队的前锋,因为奥兰登陆的美军中型坦克过不了狭窄的铁路隧道,现正经水路送往前线。14吨重的M-3斯图尔特行动敏捷,配备一门37毫米口径的大炮,美国坦克手称之为"小口径步枪"。斯图尔特头重脚轻,仿佛"壁橱顶架上要掉下来的帽盒",坦克有一个手动炮塔,和一台猛摇12下才能启动的发动机。挤在里面的4名坦克手从狭小的棱镜窥视孔看敌人,实际是两眼一抹黑。内部通信系统失灵的时候,炮塔上的坦克长常常靠踢车内司机的左右肩直接下达指令:踢一脚后背是"停",猛踢一脚是"前进",照头一脚是"后退"。

这个营沿崎岖的羊肠小道,向东穿过狭窄的迪内河谷。德军俯冲轰炸机一出现在头顶,沃特斯就连忙将斯图尔特赶进附近的仙人掌丛,他的司机跳出舱盖,连声说着"吓死我了!吓死我了!"并躲进壕沟。11月25日下午,侦察兵发现一股敌军躲在迪内河畔一座为抵御阿拉伯土匪而建的法国村寨。一圈带胸墙和枪眼的厚石头水泥围墙中间,是一座胶树成荫的长方形庭院。只见意大利兵在围墙外的战壕和坑道内探头探脑。

A连的坦克冲了过去,尖叫着围攻这座村寨。他们将机关枪伸进战壕,打死了几名步兵,但"小口径步枪"却奈何不得石墙。沃特斯出动迫击炮排和突击炮加入战斗。迫击炮和野战炮的轰隆声很快加入了密集的坦克炮火。连连的炮击打碎了许多屋顶的红瓦,点燃了两个干草堆,却没有收到多少效果。守军的步枪和机枪冲斯图尔特一顿猛射,打碎了不少玻璃瞭望孔。坦克长拼命地踢着司机,左肩、右肩、左肩,但没有步兵和炮兵增援,进攻很快成了强弩之末。沃特斯将该连撤回山谷,坦克手们在这里花了一个下午的时间,抠出嵌在车身上数百枚敌军子弹。一位军官事后写道,其效果"仿佛长了3天的胡楂",给装甲钢板平添了一股男子汉气概。

再往北,一个英国枪骑兵团围捕了140名轴心国俘虏,收下一位慷慨的农夫送来的咩咩叫的绵羊,然后稍事休息,吃了茶点。德军俯冲轰炸机飞行员显然将盟军的高射炮火误作德军的信号弹:一名枪骑兵汇报,"我们看到,德军步兵一再发射一串串维利式信号弹,却将炮弹引向了自己的阵地"。比塞大的门户马特尔仅在10英里外。

但恰恰是在这片坦克出没之地的南缘,上演了当天最不可思议的一幕。进攻村寨即将结束之际,沃特斯出动C连的17辆坦克,侦察麦杰尔达河上的大桥。长一英里的舒维居伊隘口出迪内河谷,向东正对突尼斯20英里外肥沃、一马平川的平原。一条纵贯隘口的石板路折向东南,通往5英里外麦杰尔达河谷的农田和果园。鲁道夫·巴罗少校在这条路上一路尾随C连的三个排。

巴罗和手下的官兵以35英里的速度绕过泰布尔拜镇,沿通往横跨麦吉尔达河艾尔巴山桥的55号公路前进了2英里。一阵坦克机枪吓得哨兵四散逃窜。在迈杰兹巴卜吃了大亏的盟军如今在迈杰兹下游22英里的德军腹地占领了一座麦吉尔达大桥。

巴罗一副骑兵的架势,向敌人冲去。坦克借橄榄树的掩护,沿麦杰尔达河左岸隆隆地驶向7英里外的朱代伊德村。几百码处的一座山脊后,一架德军飞机升空,紧跟着又是一架。巴罗派威尔伯·H.胡克中尉带一个排过去摸摸情况,余部则隐蔽在橄榄林中。

胡克和手下的坦克手很快跑了回来。胡克汇报称,小山另一侧新发现一座"停满飞机"的机场。机场没有哨兵,纳粹德国空军看来没注意到逼近的美军。巴罗命坦克摆好阵,两个排在前,一个排稍稍在后。

巴罗电告沃特斯，大声转达了胡克的汇报："我们前方发现一座停满飞机的机场，敌军官兵都下了飞机，坐在油桶上聊天。请指示！"

沃特斯大半天都藏在仙人掌丛中，躲避这些飞机。他顿时不敢相信地跳起身。"快给我进攻！杀过去！"

17辆斯图尔特一拥而上，翻过山岗，履带碾压着麦茬地，从西北方向冲下前坡。坦克长将头伸出炮塔，拼命地催司机向前冲。数十架梅塞斯米特战斗机、俯冲轰炸机和容克斯战斗机挤在泥泞的跑道两侧，让一名美国军官想起了"小池塘上的肥鹅"。有的飞机在临时加油站加油，有的则正装上炮弹和一条条机枪子弹。夕阳下落在坦克前的影子，仿佛和坦克赛跑，看谁先到坡底。不少德国空军转身挥手，他们显然以为是意大利人的坦克。

机枪首先对停在机场的飞机开火，由此展开了一场混战。油桶爆炸，一团团火焰飞过跑道，吞没了德军士兵和飞机。17辆坦克的炮声在山谷中回荡，坦克炮手连连扣动扳机，装弹手都来不及将炮弹装进炮膛。坦克炮火的阵阵热风，荡平了灌木丛，在坦克前腾起一阵阵黑色的烟尘。

"小口径炮"是机身的克星。飞机爆炸、解体，在冲向跑道尽头的路上撞上别的飞机。一架梅塞斯米特战斗机加速正准备升空，但被机枪击中，一头栽到地上，腾起了大火。容克斯战斗机在泥泞的跑道上挪不动步，美国炮手可以从容地瞄准，用机枪从螺旋桨一直打到垂直尾翼。至于还能提速的，一名坦克长在跑道尽头对起飞的飞机一通纵射，打得附近庄稼地变成火光冲天的十字架。

坦克冲上跑道，吓破了胆的飞行员头戴皮帽绕着弯儿穿过机场，但都难逃一死，或被履带轧成肉饼。几辆坦克冲到一排飞机身后，斩断了它们的机尾。一名坦克手事后回忆，德军杂乱的步枪打在炮塔上，"豌豆似的弹了开去"。几名守军妄图掉转20毫米高射炮口，对准坦克瞄准器，但斯图尔特轻便灵活，几名炮手还没来得及开火，就死在自己的炮上。

第 4 章 东 进

坦克在机场上来回寻找猎杀的目标。泛弹雨点般地落到斯图尔特司机和炮手身上,他们一个个用毛巾裹住颈子,扣紧领口,以防被通红的子弹烫伤。进攻时升空的几架飞机折回头冲过来一阵猛扫,打着了绑在美军坦克上的背包。坦克手爬出舱盖,扑灭火焰后冲上去继续追杀。

战斗半个小时内结束。巴罗带领突突作响的坦克撤回山顶。这次突袭损失了一辆坦克,另外几辆受损,外加两人阵亡,其中包括一名排长。

他停车最后看了一眼山脚下的战场。20 余架燃烧的德军飞机残骸散落 1 英里,燃料和弹药爆炸蹿起的火苗舔舐着跑道,照亮四下散落的螺旋桨、机轮和机身。机场上尸横遍地。巴罗一时想冒被斩断退路之险,乘胜进攻突尼斯,但此刻夜幕笼罩四野,沃特斯要 C 连回去。坦克掉头驶向舒维居伊隘口,他们身后的东方,朱代伊德上空的云层下露出一抹浅橙色的霞光,仿佛黎明前短暂的天光。

★★★

11 月 25 日夜,接到"美军坦克距突尼斯仅 9 公里"这一惊慌失措、言过其实的汇报,内林险些气绝。盟军和突尼斯港仅有几条灌溉渠和两门 88 毫米高射炮。内林从设在美国原领事馆的指挥部致电身在罗马的凯塞林,事先通知他,自己"出于无奈,撕开一道战术缺口,以免因小失大"。由于首都兵临城下,一个驻守马特尔的坦克营要向南转移。这一招洞开了比塞大的门户。桥头堡的德军指挥官翻箱倒柜,准备烧毁秘密文件。

凯塞林对这位战地司令员"情有可原的激动"深表同情。他承认,突袭朱代伊德"闹得机毁人亡,说明德军防守薄弱"。但内林不应过于慌张。凯塞林说:"这个横生的枝节肯定叫人不爽。"但他们的境况并不像内林想的那样糟。这位战地司令对敌人多少有些了解:他们谨慎、浅尝辄止，不敢贸然出手。凯塞林要他保持冷静，并且答应早上飞往突尼斯，仔细察看一下情况。

"微笑的阿尔贝特"的安慰听来似乎言之有理。一鼓作气有时难似重振旗鼓，朱代伊德大捷后，盟军却不知乘胜追击。刚将指挥部从直布罗陀搬到阿尔及尔的艾森豪威尔，看来无意冲上前线，给赶来阻止的凯塞林最后一击。

安德森和伊夫利故步自封，没能集中兵力以击破脆弱的轴心国防线。后勤不力、空中力量薄弱、步兵不足和恶劣的天气似乎合起伙来和盟军作对。他们连主要目标是比塞大（代号"迪齐"）还是突尼斯（代号"因可"）都搞不清楚。

但凯塞林的放心话也没能说动内林，他断定，元帅不了解突尼斯势如累卵。德国空军飞行员汇报，30辆坦克向北进逼马特尔。作为"一战"中的步兵和此次大战中的坦克司令，内林的勇气可嘉、身手不凡。此番在非洲军团担任隆美尔的副手，两个月前他在一次空袭中身负重伤。但此次到突尼斯肩负重任，中断了他身心的康复，去突尼斯途中飞机失事对他的身体犹如雪上加霜。

内林一蹶不振。挂了电话不久，他就下令收缩战线，退守一个易守难攻的桥头堡。麦吉尔达河谷的战线从泰布尔拜后撤7英里，至朱代伊德；以北的部队后撤到马特尔。全线的德意士兵收起武器和弹药，不声不响地向东转移。

11月26日星期四破晓时分，迈杰兹巴卜镇内一声闷响，吓了西面山中的盟军哨兵一跳。河上腾起一股白烟。刚刚赶到的一队美军坦克营，由英国步兵带路，谨慎地穿过迈杰兹郊外的残垣断壁。

德军爆破手刚刚炸毁的一段长40英尺的石拱桥倒进麦吉尔达河。除了几只流浪猫和一头踢踢踏踏的骡子，这里成了一座空城，瓦砾中散发着说不出的味道。美军坦克手惊讶地发现，一个星期前吃了败仗的英军留下的尸体，遭阿拉伯人剥得一丝不挂。一名士兵在家信中说：

"这种行为是因为他们缺乏起码的教养。"

门户的钥匙又回到了盟军的囊中。在镇上，美英士兵为自己的好运欢呼雀跃。丧葬队挖坑修墓，埋葬阵亡的官兵。工兵察看断桥，花了10个小时，建起一座浮桥。步兵和装甲兵沿河去往东北部的泰布尔拜。50号公路沿途丢了一地敌军撤退留下的罐头盒、空弹夹和血迹斑斑的绷带。高两英尺、红漆帽顶的白水泥里程碑倒计着去突尼斯的里程。营炊事员围着行军灶跑前跑后，翻箱倒柜地找些好食材和牛肉，用以庆祝1942年的感恩节。

官兵们重新树立了信心。两个星期来，艾森豪威尔一直游离在希望和绝望之间，迈杰兹传来的消息让他振奋不已。他在给巴顿的信中写道："我们目前的战况好于预期。"给比德尔·史密斯的一封电报中，他愈发自信。他说："我深信，敌人出于无奈，要不了多久，不是放弃'迪齐'，就是放弃'因可'，以便集中兵力把守一处。"

第 5 章
德国第 10 装甲师的反扑

在战役的关键阶段,每个步枪班都弥足珍贵,盟军却白白葬送了一个又一个营,从"预备役行动"、"终极行动"和"村夫行动",到阿盖尔、汉普郡团、萨里郡团、突击队、弗罗斯特的伞兵,再到现在只剩 10 辆战车的麦吉内斯第 2 营。一个月的战斗落下帷幕,这只是盟军和轴心国为期 30 个月的苦战的序幕。

PRIMUS IN CARTHAGO

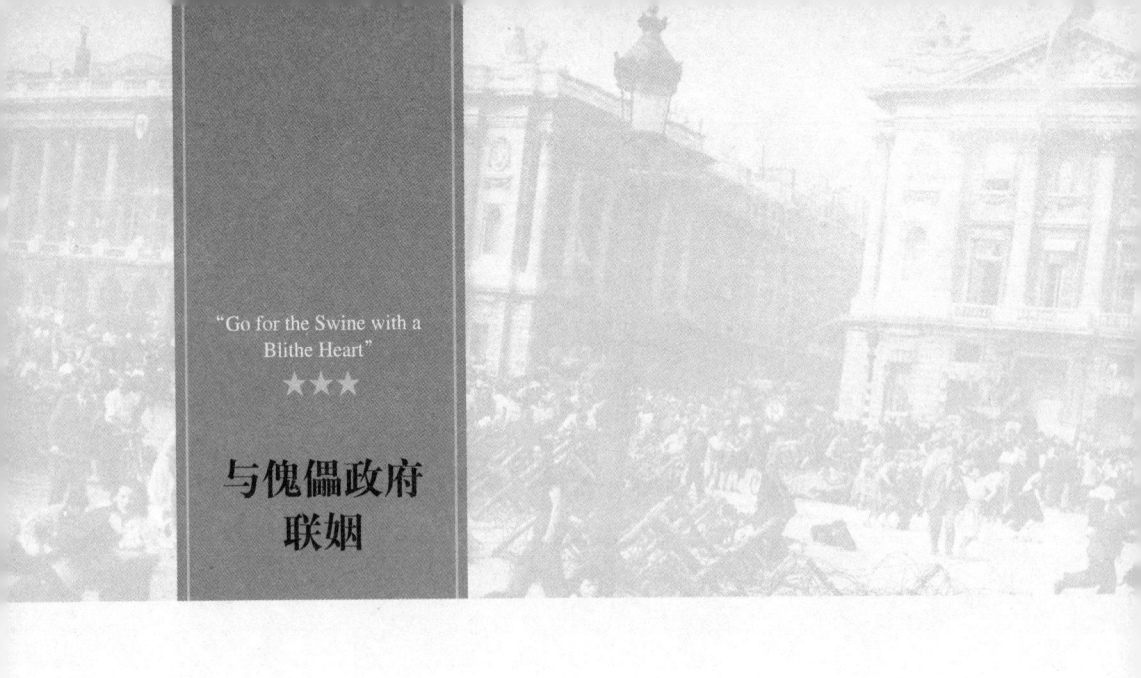

"Go for the Swine with a Blithe Heart"
★★★

与傀儡政府联姻

艾森豪威尔从圣乔治饭店的角落办公室，通过高大的窗户望着外面的城市，那儿仿佛战争并不存在，一切照旧。有轨电车刺耳的喇叭声淹没了信徒祷告的声音，也淹没了圣女日南斐法学校涌出的蓝校服女生的叽叽喳喳声。饭店前门外的咖啡厅，阿拉伯人翘起粉红的手指，按住麻烦的胡须呷着咖啡。唯一的理发椅上的制作者印章表明它是圣路易年代的古董。阿尔及利亚骑兵跨着白马，领着满载刚从突尼斯下来的伤兵的敞篷卡车，嘚嘚地从门前走过。阿拉伯妇女挥着扫帚，清除饭店走廊上泥泞的脚印，可惜白费功夫。圣乔治餐厅飘出扑鼻的感恩节大餐味：烤孔雀、卷心菜和豌豆，佐以上好的阿尔及利亚玫瑰葡萄酒。

对长期窝在直布罗陀阴暗潮湿的防空洞中的军官来说（从他们苍白的脸色和闷咳即可看出一二），阳光明媚的阿尔及尔是个疗养胜地。紫色的叶子花、粉红的夹竹桃、鲜艳的蓝雪花将这个城市装点得五彩缤纷。然而说到逃离直布罗陀，艾森豪威尔比谁都高兴，湿气浸透了骨髓，他的感冒几个月迁延不愈。总司令本打算11月10日或11日迁出司令部，但比起阿尔及尔，直布罗陀的海底电缆更方便他与伦敦和华盛顿联系，直到11月23日他才成行。通信方便现在看来祸福参半。11月20日，他在给克拉克的信中写道："我烦透了和伦敦、华盛顿的这种长途论文竞赛。"一天后，他又说："我在后方挨了一个星期的训。有时候，战场上的我们，谁都无法令华盛顿和伦敦满意。"

阿尔及尔，他鞭长莫及，但要是通讯不畅，陆军部和唐宁街更是山高水远。圣乔治二楼东头的通信科，浴缸的一个木架上摆着密码机。英方的密码室挤在花园内一座狭窄的活动房内，而美方的发报员和译电员则在饭店休息室里胡乱摆放的椅子和铜桌间忙个不停。

艾森豪威尔的办公室宽敞、功能齐全，长廊尽头的三间客房和一个客厅改装成一个套间。窗户多，光线足，但老式宾馆的供热只能靠几座小壁炉，弄得他和手下的参谋浑身散发着烟火味。圣乔治的夜晚寒气逼人，尤其苦了在走廊上过夜的士兵。德军轰炸机频频袭击附近的港口和机场，饭店每次都剧烈地晃动。在办公室经历了第一个不眠之夜后（他自此将寝室搬到一座偏远的别墅），他指责盟军空防不力，大骂手下的空军司令无能。

撤离直布罗陀几天前，他就提出将司令部限制在150人内。"我迫切希望裁减臃肿的机构，削减一应文件，"他对克拉克说。阿尔及尔不过是个临时营地，盟军司令部要在两个月内迁到靠近战场的地方。但盟军联合司令部迅速扩张。不到两个星期，司令部就占用了11栋大楼，近400间办公室。300名军官目前要消耗配给1.5万名法国平民的肉食。艾森豪威尔的通信参谋提出，配备一个司令部的方案要有"一个合理数值，再乘以5"。盟军联合司令部要坐镇阿尔及尔数年之久，扩张成一个"庞大的文职大军"，高达1 000名军官和1.5万名士兵，占用2 000座门房。一句戏言很快传遍前线："这么多的军官隔着这么远的距离指挥着这么少的士兵，真乃旷世奇闻。"问及德军为什么不轰炸盟军联合司令部，一名美军少校嘲讽道："因为司令部顶他们50个师。"

阿尔及尔业已显露出占领的气象。早上电动剃刀嗡嗡作响，甚至干扰了电台发射。阿勒提饭店的妓女每次收10先令。一家法语报纸开始刊印英语教程，比如："对不起，先生，我是有夫之妇，要赶回去，我家先生等着我呢。"在奥兰的食堂，一身红绿制服的军官坐在绿皮椅上用餐，旁边有身穿晚礼服的乐师演奏乐曲。军需少校提议制作勋章，题上"英勇、忍耐、晦涩难解"，用以"奖励优秀的社会问题论文"。

阿尔及尔的橙子原来15美分一蒲式耳（计量单位，美国Winchester bushel = 35.238升，英国Imperial bushel = 36升。——译者注）如今飙升到15美分一打；啤酒从两美分一大杯涨到一美元。"漂亮玫瑰"和"一桶血"这样的夜总会人满为患，营军士长到妓院挨家挨户检查，选出名声较好的发予执照。发现码头上等着出口的大酒桶，士兵们举枪打穿，拿水壶去灌；酗酒闹事演变成一场枪战，赶来镇压的宪兵统统缴了码头工人的械。纪律涣散让军事法庭应接不暇：仅奥兰一处，登陆后两周，就有数百名美军士兵因各种违法行为被捕，但提起公诉的不到2%。盟军为整顿秩序成立了一个简易审判庭；12月上旬审判的300名士兵，只有9人宣判无罪。三分之一案件与酗酒有关。重罪严惩不贷，自残大脚趾逃避战争要判4年，强迫劳役中踢打上司判8年，枪杀一名阿尔及利亚妇女判终身监禁。

文件尽和艾森豪威尔作对，纷纷落到他的肩上。许多烦心事着实荒唐。阿拉伯人中谣言四起，说艾森豪威尔是个犹太人，奉犹太教徒罗斯福之命，要在北非建立一个犹太国家，打一场宣传战，突出这位将军的德裔新教徒祖宗。陆军部想抬高他的身价，敦促记者不得提"艾克"，但适得其反，这个绰号反而流传至今。一心盼着自己的名字见诸报端的克拉克，在记者会上信誓旦旦地说不久就能占领突尼斯和比塞大；艾森豪威尔离开直布罗陀前就戳穿了这段大话。记者们建议，最好不发引起国内民众难过的急电，很快下发了严格的新闻审查制度。

第 5 章 德国第 10 装甲师的反扑

同样严格的家信审查制度让一名士兵突发灵感,在给父母的信中写道:

> 从原地出发来这里前,我们并不知道是从那里开赴这里,我们也说不上到底有没有抵达这里。不过,我们在这里,不在那里。
>
> 这里的天是这个季节一贯的天,这里的人还是同样的人。

一名检查员在这封信上只写了一个词:"阿门。"

11 月 22 日一份电文中,丘吉尔希望艾森豪威尔"不要过于担心政局"。说到突尼斯的德军,首相提出,"以轻松的心情痛击这帮猪猡"。但这又谈何容易。艾森豪威尔在给克拉克的信中写道:"德军重兵压境,我们要让所有士兵都上阵杀敌,身在国内的人恐怕理解不了我们这场恶战。"给比德尔·史密斯的信中,他写道:"我只想着突尼斯。"

★★★

实际上,艾森豪威尔的精力至少有四分之三用在政治问题上,根本无益于盟军的大业。要是这位司令排除杂念,一心拿下突尼斯,未来几个月的战局兴许另当别论。但做了二十余年的参谋,对行动指令的谨小慎微和取悦上司的天性,他积习难改。艾森豪威尔还要软硬兼施,按自己的意志行事,成为一位真正的指挥官。

最叫他心烦的莫过于法国人。虽说他瞧不起"这帮法国佬",瞧不起他们"不可理喻地要面子",但他心里明白,法国人的合作对社会秩序至关重要,在保护盟军补给线方面他们抵得上 10 个师。如今统领北非法军的吉罗将军,还是一如既往地要求统领盟军。艾森豪威尔认为他"反复无常"、狂妄自大,"他对后勤的了解,还不如狗对宗教的了解"。

但这位总司令缺乏自信或器量去坚持要求法军与安德森将军全面协作,事实上如今许多法国兵因抵抗英美联军而立功受奖。结果,军

227

队的行动、前线补给和进攻敌军桥头堡依然各自为战。家属在德占区的突尼斯法军官兵尤其令人生疑,仅一个营就上报132人开小差。许多部队的装备不比70年前普法战争的好多少。一名法军士兵说,他的靴底太薄,踩上一团口香糖,都知道是什么味;有些殖民地兵根本没靴子,但他们的一双光脚丫脏得仿佛穿了靴子。法国军需官还请求提供大批桌子、台布、瓷器和军官制服的金穗。

眼下最恼人的莫过于国内对《达尔朗协议》一片哗然。"美国媒体像报道坦慕尼协会丑闻一样报道"北非的政治乱象。与傀儡政府头子达尔朗这桩贪财图利的联姻纯属动机不纯,违反了盟国的基本原则。"这到底怎么说?我们是打纳粹,还是要和他们同床共枕?"美国著名主播爱德华·R.默罗脱口问道。

英国的民意和议会的反响更为强烈。艾森豪威尔的副官在日记中写道,达尔朗在伦敦"臭名昭著"。英国外交部电告华盛顿大使馆,"我们在捍卫国际礼仪,达尔朗却背道而驰"。戴高乐设在伦敦的自由法国公关部门煽风点火,将达尔朗斥为魔鬼。身为特使,达尔朗的隐忍难以平息民愤。数千人深陷北非囹圄,其中包括曾协助英美联军的官兵。维希政府唯恐开罪阿拉伯人,仍保留着反犹太人法。400名新闻审查员为达尔朗效力,干扰BBC广播信号,因此北非人没收听到一则指控,即有人从上将在法国的家中没收了500磅咖啡和800磅糖。

艾森豪威尔对此充耳不闻、视而不见。感恩节那天的一封短信中,他告诉巴顿:"我们来此不是干涉别人家事的,而是来履行军职的。"他变得闪烁其词,到处诉苦。他告诉马歇尔:"我们尽量减小损失。"对联席会议,他则说:"我发现,这也许是国内的情绪,以为我们出卖了国家。"但达尔朗提出:"这是趋利避害的唯一可行之举。"艾森豪威尔有时怒火中烧,他告诉史密斯:"传言我们的军队控制了这个国家,伦敦和华盛顿当局一再受此误解所害,实际上我们骑上高头大马、号令天下的日子还远着呢。"

罗斯福承认达尔朗的协议，但在支持这项协议的公开声明中，"暂时"一词，他提了5次。达尔朗明白，对盟军来说，自己不过是枚棋子，他11月21日致信艾森豪威尔："各方传来的消息都认为，我不过是个柠檬，榨过后便可随手扔掉。"

令人反感的胡话莫过于此，叫艾森豪威尔不胜其烦。他声称："老天，你认为我想谈政治？见鬼，我不想谈，我烦透了这种该死的政治问题。"虽然艾森豪威尔无法了解罗斯福背地里怀疑他的判断，但是他明白自己不过是个可以丢弃的过河卒。提到他的战前军衔（如果革除三星中将军衔，他将重返这个职务），他曾咕哝道："告诉罗斯福，我是美国最他妈优秀的少校。"让他大动肝火的是，报纸歪曲事实，说他不顾民权，是个法西斯分子（他的发音是"肥起司分子"）。担任公职这些年，他从没像1942年冬这样敏感、暴躁。媒体的批评对和平时期默默无闻的军官来说是种磨砺。但是在战争时期，面对劈头盖脸的批评，艾森豪威尔终于按捺不住，说道："我绝不是反动分子！耶稣基督在上！我是个十足的理想主义者！"

★★★

漫长的一天后，他回达尔·艾尔瓦尔别墅吃晚餐。轴心国轰炸机再次炸毁了别墅内的供暖、煤气和供水设备，勤务兵只能在餐厅壁炉上做饭。拼花石地板冷如冰窖。通风良好的别墅有七间卧室、一间带乒乓球桌的藏书室、一间放着一架大钢琴的琴房。艾森豪威尔时而玩"挑棒棒游戏"，时而和手下的参谋高歌一曲西点校歌或牛仔小调。不过，心事重重的夜晚，他会放一张唱片，听意大利歌剧作曲家威尔第的歌剧《游吟诗人》(*Il Trovatore*) 中他最喜欢的一节：《看吧！夜幕已揭开》(*Vedi! le fosche notturne spoglie*)，也就是著名的铁砧合唱 (Anvil Chorus)。别墅中一时成了铁匠铺，回荡着吉普赛人的歌声。刚从伦敦送来的苏格兰小狗特雷克，转着圈圈追自己的尾巴。

即便是艾森豪威尔这样坚强、无私的指挥官，有时也会有不堪重负之感。几天前，他致信马歇尔："说我没压力，那是假话。"一位朋友说他是个"心事重重、孤独的人"。从不自怜的艾森豪威尔，在给阿诺德将军的信中，偶尔也掩饰不住辛酸的腔调："我犹如一条身不由己的狗。"达尔朗协议事件闹得沸沸扬扬，掩盖了他的士兵们在"火炬行动"中获得的非凡成就，对此他也感到很遗憾。

他还抱恨不曾全力以赴，占领突尼斯。他告诉马歇尔："我度日如年，多半为政治经济问题操心。"攻占突尼斯投入四分之三兵力的某些英国将领，渐渐对这个没带过兵打过仗却统领三军的人有了看法。

"艾森豪威尔一心钻营政治……顾不上德国人。"英国三军总司令布鲁克在12月7日的日记中写道。布鲁克不得不承认，艾森豪威尔讨人喜欢，以公正无私的态度把盟军联合在一起，而且他运气非常好。不过，他似乎"不了解赶在德国人集结兵力前挺进突尼斯的紧迫性"。艾森豪威尔责无旁贷。哈里·布彻在感恩节这天的日记中写道："阿尔及尔和东线的一应事务，只有艾克才能协调。"空袭警报鸣咽。阿尔及尔港紫色的上空，猩红的高射炮弹和曳光弹、探照灯交织。10英里范围内的炮台和战舰似乎都在开火。港口四周的发烟器施放的烟幕遮天蔽日。阻击火网和烟幕才是防御工事。盟军有6架飞机可以在夜间拦截敌机，结果还没起飞，就被轴心国炸弹或乱开火的盟军炮兵摧毁了3架。

窗户哐哐震动。艾森豪威尔明天又要训斥空军司令，不仅如此，装模作样的防空部队扬言要煽动被吓坏了的法国和阿拉伯平民起来反抗。他走进别墅后的主卧室。防空泛弹片冰雹似的落在屋顶。

艾森豪威尔最近给西点的儿子的信中写道："希望你有空温习一下地中海地理，有朝一日，我想和你探讨这场战役，听听你的看法。"不过，这位将军现在不想考虑大问题。他从床头堆积如山的文件中抽出一本庸俗的西部杂志，入梦前，他想偷几分钟闲，看看偷牛贼、矮种马和八卦新闻。

230

"The Dead Salute the Gods"
★★★

德美第一场坦克战

感恩节这天，约翰·沃特斯的第1营没吃上烤火鸡，再次躲进突尼斯25英里以西的迪内河谷。他手下的坦克兵点燃浸了汽油的抹布，炖着油腻腻的羊肉，就着硬饼干和浓茶，对付了一顿早餐。香烟早就抽光了，官兵们只得拿手纸卷干桉树叶对付。

不论吃饭、抽烟、写信，还是擦武器，一个个士兵都习惯性地看着天。纳粹空军飞行员平均每个小时来空袭一次，因此美军给迪内山谷起了个新名字，叫"欢乐谷"。星期三晚上空袭后不到几个小时，德军就夺回了朱代伊德机场，俯冲轰炸机像出租车似的排队，再次在跑道上起降。骤然冲过来的轰炸机让一名记者想起"家乡晚上追蠓虫的燕子"。说到德军俯冲轰炸机，英军上尉伊夫利·沃写道："凡是德国的东西，都非常高效持久。"

德军Me-109战斗机躲在云层背后或附近的山谷，然后突然越过山脊，丢下一批炸弹或扑过来一阵扫射，弹起的弹片和子弹仿佛路上腾起火红的石子。军官们吹响空袭哨，官兵们一个个冲向身边的狭长掩体壕。陆路运输其实都在晚上进行：一队烧毁的车辆让人想到白天开车的危险。酷虐的空袭叫美军义愤填膺，一名士兵说，见到敌军飞机，"他们操起手中的武器（包括迫击炮）就是一阵猛打"。盟军一句非官方的训诫很快在突尼斯流传开来："要么挖战壕，要么等死。"

盟军飞机难得一次制空，却误伤自己人，给地面部队的折磨雪上加霜。迈杰兹巴卜附近一次事故很快传开。感恩节早上，美军一个高速轻型反坦克装甲车连赶来该镇增援的途中，11架美军P-38闪电飞临上空。装甲车手看到友军战斗机赶来增援喜出望外，欢呼雀跃地冲到开阔地带挥手致意。一架架醒目的双机身P-38冷漠地盘旋，直到挡住了太阳，然后下降到50英尺的高度，在3分钟内来了五轮漂亮的扫射。

这次空袭险些灭了这个连，惊呆了的全连士兵都没来得及还击一枪一弹。五名士兵当场阵亡，包括该单位唯一的"一战"老兵，另外有16人负伤；每辆车和反坦克炮不是被毁就是受损。第1装甲师一名被惹火了的连长对士兵们下令，空中凡是比鹅大的目标，格杀勿论。美军士兵间流传一句老话："谁飞谁死。"盟军飞行员习惯了友军炮火，"WEFT"（check the Wings, Engines, Fuselage, Tail）原指地面部队识别敌机的定式，即"检查机翼、引擎、机身和尾翼"，到了士兵口中就成了"次次都他妈的出错"（Wrong Every Fucking Time）。

尽管发生了这些令人沮丧的小插曲，但是轴心国收缩战线，为伊夫利将军手下的2个旅创造了条件，左翼沿地中海公路向东推进了数英里，南翼出迈杰兹巴卜进入麦吉尔达河谷。但两个旅都没能乘胜追击。盟军中路，尖刀部队按兵不动。沃特斯驱车40英里，到巴杰征求尖刀指挥官的意见，却被告知第1营按兵不动，沿欢乐谷3英里的战壕防守。没有命令，不得进攻突尼斯平原。

11月26日拂晓前，沃特斯乘吉普返回设在迪内河以南半英里一座沙石围墙、名叫圣约瑟夫农庄内的指挥部。大风吹动沿河的胶树；河对岸，一名阿拉伯农夫赶着两头牛耙地。伪装网和干草堆掩饰着村寨内的美军吉普和电台天线。

粗糙的地图上用蓝铅笔标出该营幸存的52辆斯图尔特坦克的部署：鲁道夫·巴罗的C连在头晚机场大捷之际乘胜追击，从欢乐谷折向右，把守圣约瑟夫农庄两英里下游的舒维居伊隘口东面的入口；威廉·R.塔克少校的B连隐蔽在隘口正北一座俯瞰迪内河的山丘后方；卡尔·西格林的A连守在隘口以南一英里一座长满仙人掌的山脊上，与沃特斯的指挥部遥相呼应。

中午前不久，一名拿着法国海军望远镜的哨兵发现河下游数英里处尘烟滚滚。沃特斯大步流星地跑上山，确认来者是"一支大部队，打头的是几辆惨兮兮的意军侦察装甲车"。事实上，那是德军3个连的兵力，其中包括第190装甲营的一个装甲连——从马特尔赶来增援撤出迈杰兹巴卜的轴心国部队。沃特斯还没来得及数清德军的坦克，一发发炮弹就呼啸着飞向圣约瑟夫农庄。官兵们扯下伪装网，发动斯图尔特引擎，扔下铺盖卷。德美两军"二战"第一场坦克战拉开了战幕。

为争取时间，沃特斯命三门75毫米口径突击炮占领沿河公路一处橄榄林。他们爬上装甲半履带式坦克，以1 000码射程，一连打了30发，唯一的效果是造成尘土飞扬，敌人从橄榄枝间予以猛烈的还击。按沃特斯的命令，榴弹炮借几枚烟幕弹的掩护，匆忙返回农庄。沃特斯很快发现，直扑过来的Mk Ⅳ装甲坦克都装了一门75毫米口径的长筒大炮，这种新式大炮连盟军情报机关都还没探明情况，其发射速度达每秒3 000英尺，是美军坦克大炮的两倍，杀伤力大增。

西格林少校驾驶"铁马"号坦克，翻过农庄东南的一道山坡，和A连的11辆斯图尔特冲到山下的河谷。空中的机枪子弹仿佛火红的连枷。斯图尔特主炮连连怒吼，击中一辆意军装甲车，装甲车猛地一停，腾起一阵浓烟。

德军坦克以牙还牙，击中一辆斯图尔特。不足100码的A连右翼，带领三辆坦克的排长小弗利兰·A.多班中尉见被摧毁的坦克舱盖上吐出"橙红的长火舌",油底壳下汇成一条"亮闪闪的小溪"。弹药爆炸时,炮管火花四射。燃烧的橡胶履带和负重轮腾起阵阵浓烟。

斯图尔特被接二连三地击中,和第一辆一样爆炸。头发和制服都着火的坦克手跌跌撞撞地爬出舱盖,就地在烂泥地上打着滚,扯下夹克和冒着火的布条。四肢骨折的士兵困在坦克内,被熊熊大火活活烧死,隆隆的爆炸声中传来他们撕心裂肺的哭喊声。

炸点附近一片狼藉。一枚炮弹没能穿透甲板,但数千克的余力足以震断斯图尔特的铆钉头,如机枪子弹般在坦克内乱窜。一名坦克长事后说,他这辆坦克的炮塔壁被子弹凿出一片铁块,"仿佛指头划过一块黄油,在炮塔内壁划出短短一条弹着点似的红条痕"。

坦克在300码内短兵相接。西格林的"铁马"和其他幸存的斯图尔特左冲右突,尘土飞扬、硝烟弥漫,坦克司机仅凭感觉换挡,操纵方向。一名排长说,比起德军坦克上的大炮,斯图尔特上的37毫米口径如同"玩具枪"。"德国兵看来是被惹恼了。"

右翼的多班中尉对一辆德国Mk IV就打了18发;但从坚硬的装甲板上弹开的炮弹,"仿佛马达驱动的砂轮,洒落一地火花"。多班拼命地踢司机的双肩,吼着指挥司机迂回前进。一辆德军坦克在50码内一发命中坦克前舱,斯图尔特正面仿佛中了一锤的罐头盒,顿时陷了进去。司机当场阵亡,打瞎了炮手。装弹手爬出舱口时遭乱枪打死。多班虽然受伤,但还活着,他滚到地上,爬进一条战壕。他的坦克轱轱辘辘倒退出战场,遭大火吞没。

10分钟内,西格林上尉的12辆坦克,近半数被毁。但沃特斯目前突出了A连所中的埋伏。德军只顾进攻西格林的斯图尔特,没注意到埋伏在舒维居伊隘口入口正北山脊后塔克少校的B连。轴心国坦克车队刚进隘口不到100码,塔克带领坦克翻过山头,从两翼和后方包抄敌军。近距离射程内,连"小口径炮"的两磅炮弹都能穿透坦克引擎盖。

敌人企图掉转车头，但为时已晚。数十发炮弹钻进德军坦克。7辆德军坦克被毁，包括6辆新型Mk IV。

轴心国幸存者被复仇心切的美国人一路追赶到迪内河。德军步兵和两辆幸存坦克躲进西格林的连队头天失利的村寨。这一次，美军冲开大门，闯进这座要塞，没等敌军撤退到墙外，就轰塌了胸墙。美军乘胜追击，将轴心国士兵一举歼灭在河上游的葡萄园内。夜幕降临后，德军指挥官带领残兵败将撤退到以北8英里的马特尔，一到这里，他当即遭撤职，并因擅自撤退被送上军事法庭。这个德国人在11月26日的作战日记中指出："我方蒙受了重大损失。"

美军的损失大致相当，沃特斯实际是以坦克换坦克。第一次坦克战不分胜负。村寨中的最后一场混战，一枚炮弹击穿"铁马"炮塔，英勇无畏的西格林少校当场阵亡，遗体被送往圣约瑟夫农庄安葬，揭穿了"弱果子先落"这句由来已久的谎话。随后赶到的英国轻骑兵见欢乐谷硝烟弥漫、燃烧的坦克浓烟滚滚，他们给的赞词或许名副其实。轻骑兵史学家事后写道："美国人干得漂亮，战果辉煌。"

★★★

盟军又一次把握了契机。左翼的第36旅突出重围，跑步前进。中路的尖刀部队扫清迪内河谷，比塞大的门户马特尔遥遥在望。在南翼，争夺突尼斯取决于这座首都附近展开的一系列激战。

欢乐谷以南10英里，11月27日星期五拂晓前，英军东萨里郡团第1营的步兵占领麦吉尔达河谷小镇泰布尔拜。英国兵从敌军哨兵撤出的一个警察局厨房搜出了煮得半熟的鸡蛋和冒着热气的牛排。两个星期前，泰布尔拜的人口还是4 000人，如今快速普查清点的数字是6名阿拉伯人、3名意大利人、一头猪、一头毛驴和几只鸡。除几座低矮的茅屋和面市中心广场而建的法兰西饭店，炸弹和大炮将这个小镇夷成了平地。随军记者德鲁·米德尔顿报道："和遭过战火洗劫的城市一样,泰布尔拜是座荒无人烟的空城。"

泰布尔拜隐藏在麦吉尔达河套,掩映在橄榄林中,位于迈杰兹巴卜和突尼斯中间。萨里郡团派了一个连驻守该镇以南一英里的麦吉尔达桥。另一个连登上迈亚纳山,该镇以东一英里一座陡峭、寸草不生的小山,立刻按高度将其命名为186高地。从山顶可见铁路、河流和50号公路几乎比肩横跨麦吉尔达河,通向远方,德军俯冲轰炸机停在4个小时前夺回的纳粹德国空军机场。突尼斯城内的清真寺尖塔仿佛地中海雾霭中伸出的一根根纤细的手指,肉眼清晰可见。一名美国装甲兵指挥官事后写道,军官们爬上蓟草丛生、岸燕盘旋的山顶,见到的一幕景象,"在今后激战的日子里,始终挥之不去"。

萨里郡团分散在7英里的山上,但这一天官兵们普遍情绪高涨。伊夫利将军说要在12个小时内挺进突尼斯。英国第1近卫旅的三个营不久从阿尔及尔赶到,补充伊夫利的第78师,美军第1装甲师的大部也从奥兰赶来增援。

东萨里官兵们从停在橄榄林中的卡车上拽下毛毯,一致认为进攻前要稍事休息。他们带前来视察的军官登山观摩。一行人中,有一位是首相公子兰道夫·丘吉尔。这位公子哥儿脑满肠肥,穿着一身突击队制服,他停下来把一名在橄榄林中挖散兵坑的士兵教训了好一通:"老兄,你知不知道,在那地方挖战壕,说不定会毁了一株千年老树?"

上午11点半,德军又杀了回来,不知是谁喊了一声:"坦克!坦克!"顿时扫了游客的兴致。17辆坦克穿过186号高地两侧的橄榄林,向萨里的卡车开炮。两个小时内,激烈的战斗从相距100码到短兵相接。炮弹和机枪子弹摧杆断枝,直奔泰布尔拜,将高大的仙人掌篱笆和前一次留下来的几座茅屋打得尽是窟窿。英军防守该镇的八门野战炮被打哑,稍小的2英寸和6英寸口径的大炮也难逃一劫。威尔士炮手跳过尸体,往后膛填上一枚炮弹,猛拉拉火绳。一名英国兵答应身负重伤的战友:"要不了一个星期,我们就能去突尼斯吃大橙子了。"

236

第 5 章 德国第 10 装甲师的反扑

敌我双方在英军阵线展开了拉锯战，下午 2 点许，炮声渐稀。八门大炮七门被摧毁，唯一幸存的 25 磅大炮如今只剩下一名中士。8 辆被摧毁的坦克呈半圆形排开，一管弯曲的坦克炮筒正对几英尺外击毁它的一门英军大炮残骸的炮口。满地是瓦砾、弹片，外加德军坦克炸飞出来的基安蒂红葡萄酒瓶和葡萄牙沙丁鱼罐头。9 辆逃过一劫的坦克沿铁道逃回朱代伊德，德军坦克手逃出燃烧的坦克，像兔子一样奔进沙漠，亡命强盗般边逃跑边回头射击。树林一片狼藉，战斗中阵亡的萨里兵中间躺着弹痕累累的千年老树。

这时候刻不容缓，但组织反攻花了一天时间。萨里郡团埋葬阵亡官兵之际，一个英国营和一个美国营向突尼斯推进。他们奉命占领朱代伊德，同一天突袭马特尔。不少士兵听信空着肚子可免遭腹部伤口感染，没吃早餐和午餐。11 月 28 日星期六下午 1 点，北安普敦郡团第 5 营两个连登上美军第 13 装甲团第 2 营的 19 辆坦克。每辆坦克周围紧贴着一打英国兵，300 码后跟着北安普敦郡团的两个步兵连，沿头一天德军撤退走过的铁路路基，出发扑向朱代伊德。

英美联军呈楔形冲过纵贯两英里的山地，那块地方东一处果园、西一丛胶树。云雀和红松鸡扑着翅膀蹿出矮丛棵子，但唯一的人迹是 186 高地上捉着望远镜的军官，仿佛田径场看台上的观众。右翼的官兵赶到麦吉尔达河，朱代伊德白色的轮廓也遥遥在望。美军驾驶的坦克是"格兰特 / 李"（General Lee）中型坦克，重达斯图尔特的两倍，车上配备一门 75 毫米口径大炮，炮台上配有一门 37 毫米口径大炮和四挺机枪。虽然体积更大、杀伤力更强，但"格兰特 / 李"却有明显的瑕疵。一名坦克手抱怨说,高达 10 英尺的车身,"仿佛路上开过来一座大教堂"。大炮的转角较小，也就是说火力带只限坦克的前进方向，炮装得太低，开炮时整个车身暴露无遗。

德军伏兵等打头的美军坦克排（并肩四辆）推进到 300 码范围内，战壕后顿时喷出一条条火舌。六发反坦克炮弹击中"格兰特 / 李"，嗒嗒的机枪声响彻四野。英国兵跳下坦克，一部分冲向 50 码后的浅壕沟，另一部分不是隐蔽在装甲车身后，就是倒地阵亡。5 辆"格兰特/李"很快腾起大火，余下的一边对仙人掌丛开炮，一边撤退。指挥这支坦克部队的亨利·E. 加德纳少校是位 37 岁的蒙大拿人。他带上一名军医助手驾驶一辆半履带式，冲向一辆遭摧毁的坦克。两人打开坦克后舱门，拽出一个大兵（加德纳说："他身受重伤，后背到肩膀被弹片掀了一大块皮肉。"），然后冒着灼人的火焰，望着战场上挥手叫他们快走的伤员，退了回去。

南安普敦郡团迂回到右翼，打算从河边的胶树林包抄敌军。一阵阵猛烈的德军炮火斩断了他们的去路，德军俯冲轰炸机又炸得他们抱头鼠窜。几辆坦克沿紧靠麦吉尔达河北岸的铁路，准备强攻同一翼。尤金·F. 耶赫利克从敞开的舱口伸头寻找敌军炮兵掩体，德军一发炮弹顿时让他身首异处，他的无头尸体跌落到坦克手身上，后者早已吓呆了。至此，两面夹击全线崩溃。"及时雨"加德纳少校将耶赫利克放在一座山丘后，在尸体旁竖起两个炮弹罩，方便以后收尸。

除了撤退，只能撤退。由于缺乏攻其不备的战略，缺少空中增援、大炮和周密的安排，反攻大败而归。第 1 装甲师事后总结，英国人和美国人"非但不密切配合，反而各自为战"。夜幕降临后，加德纳带两名英方军医助理和几名担架员返回战场，熊熊燃烧的"格兰特/李"照得战场如同白昼，野战医院当即引来了德军炮火。一名美军士兵说，每辆坦克都"如同点燃了 20 座干草堆"。尸体的焦煳味笼罩着烈火熊熊的车身，飘过杀戮场，军医助理还要努力从上风接近这些"火葬场"。到处是求口水喝的哀求声，夹着因伤势过重而顾不上渴的呜咽声。

在泰布尔拜的一座急救站，树阴下堆着一具具尸体，也聚集了等待送到后方的一队队担架员和伤兵。烧伤人员躺在地上，脸上皮开肉绽，皮煳眉焦。加德纳救出的人中有二等兵罗伊·贝茨，一个 21 岁的西弗吉尼亚小伙子，他陪着几位阵亡的战友等了 9 个小时，才等来了救兵。

军医从他右腿上一条4英寸的口子里取出一块重达一磅的弹片,贝茨攥着弹片发誓:"伤一痊愈,我就要回到战场,把这块弹片塞进某个狗杂种的喉咙。"

英国兵对这一幕充耳不闻,污迹斑斑的脸上流着泪水,迈着沉重的步伐回到186高地以西一座定为北安普敦郡团集结地的农场。米德尔顿汇报称:"到了农场,他们跌跌撞撞地一头扑向谷仓,以头撞墙。"一名深受德军俯冲轰炸机所害的步兵喊了一个下午:"谁捐六个便士买一架喷火战斗机?"戏谑地模仿不列颠之战(Battle of Britain,1940年7月到10月英德空军的一系列空战。——译者注)期间那条鼓励学生捐零花钱购买战斗机的口号。收听BBC的士兵对盟军正冲进突尼斯的报道嘘声四起。一名听众将这种官方公报比作《爱丽丝梦游仙境》,称其"一派胡言,但在某些方面引人入胜"。记者A. D. 迪万报道,他看见一根罗马式纪念柱上题着"D.M.S.",他将这句祈祷的缩写译成"死者向上帝致敬(The dead salute the gods)"。其中的感悟似乎恰如其分。

临近午夜,北安普敦郡团打算夜袭朱代伊德,但大家都认为这项命令轻率欠妥,当即予以取消。不计美军的伤亡、失踪,伊夫利的两个旅损失580名官兵,他认为还是等到天亮再作打算为妙。

★★★

可惜英方指挥官的这项决定没传达到美军野战炮兵第5营,11月28日,他们带着紧缺的远程榴弹炮,怀着"朱代伊德属于盟军"的信念,开赴战场。一名美国军官写道,德国空军飞行员丢向50号公路的照明弹整齐划一,"仿佛一盏盏街灯"。泰布尔拜郊外的指挥部帐篷,让一名炮兵指挥官想起"父亲内战期间缴获的一幅弗雷德里克·雷明顿的旧作,一色的灰黑,画中面目严峻的军官盯着一幅地图"。晚上9点,炮兵获悉德军仍盘踞在朱代伊德。但如今已指挥不动美国佬的英方炮兵总指挥认定,该镇守不到午夜。第5野战炮兵营营长沃伦·C. 斯托特中校奉命侦察朱代伊德以北的地形，为在机场附近部署大炮而探路。

晚上9点半，斯托特带4名参谋、3名炮兵指挥官和10名士兵，驱车赶赴目的地。他以三言两语简洁而准确地下达了命令："关闭电台。凡是临时车站，一律步行。这是我们首次执行英方下达的任务。"一轮冉冉东升的明月，将如水的月光洒遍橄榄林。186高地下的一片树林中，一名英国哨兵拦住了他们，警告说："下一个拐弯处正展开一场坦克战，打得惨烈，长官。"斯托特眼镜反射的月光，给他的脸笼上一抹绿幽幽的色调。他对手下说："按计划继续前进。"往东走了一英里，一行人又停了下来。几辆烧焦了的"格兰特/李"烧坏了道路的南侧。一名参谋说："情况看来有变。"听天由命的斯托特摇了摇头，说："我有令在身。"

距朱代伊德不到一英里，斯托特要几名炮兵指挥官守在橄榄林中，他带司机和两名参谋前去侦察。茫茫夜色吞没了影影绰绰的指挥车。炮兵连长约瑟夫·S. 弗里林海森上尉事后回忆，半分钟后，远处的林木线"喷出一道蓝白色的火网"。黄色的曳光弹从两侧向路上汇集。军官双目圆睁，只听得反坦克炮一声爆炸，继而归于一片沉寂。他们等了45分钟，然后压低嗓子，心急如焚地讨论下一步行动，电台上呼不通斯托特，殊不知在泰布尔拜，该营余部正要出发去朱代伊德，英方取消了地面行动，称"该镇情况有变"。

午夜时分，三名英勇鲁莽的上尉达成一致，前去寻找斯托特中校。三人各带一名司机和机枪手，分乘三辆吉普。第四名军官不肯去。"祝你们好运，"他说，"但我绝不赞成你们的行动。"三辆吉普悄悄钻进林木线，快到斯托特指挥车残骸的时候，德军炮兵从两翼同时开火。

"世界仿佛在我面前爆炸，"弗里林海森上尉事后写道，"空气中弥漫着刺鼻的汽油、无烟火药和TNT味。"伏击一分钟内就结束了。数十名德军包围了吉普。在毫发无损地生还的弗里林海森看来，"他们一个个压低帽檐，灰头土脸，就像死人一样"。

第 5 章　德国第 10 装甲师的反扑

他和另外 9 人被俘。斯托特中校、司机和两名参谋阵亡。第 5 野战炮兵营没发一炮一弹,即群龙无首。德军还截获了第 1 装甲师的无线电频率,以及秘密联络信号和列明美军作战命令的文件。

11 月 29 日拂晓,伊夫利对朱代伊德发起新一轮攻势。遭受重创的北安普敦郡团在 12 辆美军坦克的增援下,再次冲过 186 高地。德国守军头一天才占领此高地,如今弃地而逃,但在美军坦克乘胜追击之际,一支反坦克伏兵击中 4 辆"格兰特/李",其余的落荒而逃。左翼的北安普敦郡团 D 连占领了一座山脊,之后不知所踪。一个小时后,才见到这个单位几名跑回来的散兵。"把那头驴拉走,"一名高个子美军炮兵喊道,"30 辆德军坦克正朝这个方向开过来。"

高地不久失守。英美联军丢盔弃甲地退了回去。坦克营只剩下 25 辆"格兰特/李",损失过半,和两天前的萨里郡团一样,北安普敦郡团以惨败告终。

这个星期天(确切地说,是"火炬行动"登陆 3 周后)是盟军在未来 6 个月的战斗的分水岭。突尼斯眼下不再是遥遥在望、迷人的白轮廓。攻方人少势微、兵力分散、行动拖拉。他们如今丧失了主动权,从西到东,草寇似的败下战场。丘吉尔在伦敦宣布占领朱代伊德。未能完成这项任务的士兵只能嘲笑 BBC,突尼斯战场渐渐落得一个不可避免的境地,即除当局的话外,什么都能信。

在朱代伊德伏击中被俘的弗里林海森上尉等人挤在一辆德军装甲车里,被送往不远处的突尼斯。他们驶过绿树成阴的大道,闻着浓浓的煤烟和畜粪味。弗里林海森冷冷地讽刺道:"我们完成了艾森豪威尔将军关于尽快抵达突尼斯的目标。"

在转送俘虏去意大利的欧韦奈机场,几名美国人目睹盟军轰炸机撂下几枚炸弹,扬长而去。一听到解除空袭警报声,德军士兵即将挠钩抛向一架遇袭的容克斯运输机,动用推土机将这架刚从意大利飞抵这里就遇袭的飞机残骸拖离跑道。机场起降很快恢复正常,德军士兵不等螺旋桨停止转动，就噔噔噔地跑下飞机舷梯。这时候，一辆救护车停在燃烧的容克斯前，一身石棉制服的德军援救人员忙着从残骸中救出伤员。另一名被俘军官转身对弗里林海森说："这样打仗的人，是打不垮的。"

★★★

攻打突尼斯的第一集团军南翼受挫，但突击比塞大的北翼尚存一线希望。一周时间无甚建树，11月27日，伊夫利手下的第36旅出其不意，向东突破塞杰南村，进入沿海一片荒无人烟的高地。28日拂晓，该旅接令需在日落时分占领马特尔以西10英里的一处十字路口，随即沿7号公路急行军26英里。这一速度，就算不是前无来者，也是史无前例。

4 000英军官兵草草吃了顿早餐，即刻开拔。他们由阿盖尔-萨瑟兰高地团第8营带队，在宽仅通得过一辆卡车，蜿蜒曲折的路上走了一个上午。树干上满是收割软木留下的黑疤痕，一堆堆晒干的树皮等着被运往市场。一身红长袍的妇女在淙淙的小溪中洗衣浣纱，穿着脏兮兮的束腰长袍的孩子在一旁抽着跛驴的屁股。南风大作，阿盖尔士兵将吹得干稠的泥浆比作"胶水和油灰的混合物"。要不了几百码，各辆车上的士兵都要带着铁锹跳下车，铲去车轮上的烂泥。工兵掘出不少德军撤退时埋下的地雷。

尽管一再延误，但是截至中午，这队人马还是前进了15英里，让军官们欣喜不已。流云飞奔的天空下是块块园地或农场，这片乡村像极了因弗内斯或威廉堡起伏不定的山地，萨瑟兰高地团人仿佛回到了家乡。

临近下午1点，该营沿7号公路进入一道两侧山势巍峨的山谷。左侧的阿齐格山高耸1 300英尺，山脚是茂密的橄榄林，山腰绿草如茵，微风拂过，仿佛游龙走蛇。阿盖尔营营长J. G.麦基勒中校将这面斜坡命名为绿山。公路以南的右侧,阿杰雷德山扶摇直上,高达1 800英尺,山顶是参差的岩石。麦基勒称之为童山。山谷另一头,贾夫纳村坐落在两山山洼,窄轨铁路从这里消失在隧道中。英国侦察兵发现几个土灰色的身影窜进散兵坑。一名阿盖尔兵写道,两山似乎"不像前一天经过时那样险恶",看样子,敌军是这个星期见惯了的小股巡逻队。

两种设想都大错特错。贾夫纳和附近的山坡隐蔽着炮阵和纵横交错的火力带。一份德军报告称之为"微缩版的突尼斯凡尔登"。把守山谷的是五门意军反坦克炮和空降工兵第21营。

营长鲁道夫·维齐希少校生着一张红扑扑的娃娃脸,眼窝深陷,一双眼睛仿佛从髑髅洞中偷窥。维齐希身经克里特岛、俄罗斯和法国等战。他最辉煌的战绩,莫过于1940年5月奇袭一座公认坚不可摧的堡垒,突破比利时防线,希特勒为此亲自授予他一枚骑士勋章。当时维齐希带领77名手下,带上一种称作"锥形装药"的爆破装备,分乘10架滑翔机空降到这里,在20分钟内,以伤亡26人的代价全歼800名守军。埃本·埃玛尔失守,德军坦克大举冲进这个突破口,将英法联军赶到敦刻尔克。现在,维齐希和手下的伞兵正埋伏在贾夫纳和两翼的山坡。

下午1点半,阿盖尔营停止前进,埋锅做饭;生着一对酒窝、英俊帅气的麦基勒中校命A连向山谷推进。由于只重速度,要赶在天黑前抵达十字路口,阿盖尔营没派前哨去山头瞭望,也不曾派出侦察兵,连起码的警惕都没有。机枪几次扫射可疑的敌军阵地,也没有惊动纪律严明的德军。阿盖尔营A连拖着8辆履带式小型装甲车慢慢地接近河谷,步兵下车,跌跌撞撞地穿过右侧一块犁过的地。后面跟着麦基勒和手下的几名连长。

一列纵队快到贾夫纳时,维齐希一声令下,一发反坦克炮弹命中领头的装甲车,继而乱枪齐发。一门意军大炮击毁了最后一辆装甲车,斩断了退路。机枪和迫击炮从西向东,来回扫射这列纵队。不到20分钟,

A连全军覆没，只逃出8个兵。麦基勒命Y连冲进山谷，但当即被打得进退不得。志在占领绿山的B连从左翼冲进山谷，但也被火力压得抬不起头，X连此时刚到童山山脚。全营深陷绝境，麦基勒一步一步地往后撤退。在最关键的一刻，他的副官却兴奋地小声说："快瞧，乔治，松鸡！"只见一窝7只鸟窜进灌木丛。

夜色使阿盖尔营免于全军覆没的命运。麦基勒传令下去，要各连到山谷入口以西半英里处集合。150名伤亡者中，包括肩膀、胸口和大腿各中一弹的三名连长。一名勇敢的营军医带着担架员对暗处喊道："有人吗？"他沿着7号公路一路寻了过来。他们共救回8名伤员，包括在一辆装甲车驾驶室找到的一名双腿被打断的司机，他说："哪怕只有一条腿，我也能把这玩意儿给开出来。"最后他不治身亡，尽了自己的职责。

该旅重新调整部署，11月30日拂晓，由两个营配合，再次发动进攻。皇家西肯特郡团以伤亡161人的代价，呐喊着冲上一片焦土的童山峰顶，不料却被维齐希休整期间赶来增援的官兵给赶了下去。冲上绿山的一个突击营功亏一篑。战斗惨烈，有些刺刀刺得太狠，拔都拔不出。

一个4 000余名官兵的英国旅被相当于其兵力十分之一的敌军挡住了去路。德军总计14人阵亡、20人受伤、1人失踪。盟军地图上现在可以再画上一条高潮线。和埃本·埃玛尔要塞一样，贾夫纳在6个月时间内坚不可摧。

筋疲力尽的英国兵瘫倒在露营地，在如注的雨中，头枕胳膊，张着嘴呼呼大睡。在绿山和童山上，红松和湿泥土味很快就被尸体的腐臭替代，来年春天，那里只剩下一堆堆白骨。8辆履带式小型装甲车每隔一英里一辆，在7号公路上生了一年半的锈。"形销骨立、满面愁容"的第36旅旅长因上了年纪以及劳累过度，被送回国内，当时他不过53岁。鉴于南面的朱代伊德和北面的贾夫纳两边溃败，安德森将军要伊夫利暂缓进攻，而此时第一集团军准备恢复元气。

第 5 章 德国第 10 装甲师的反扑

★★★

取消进攻的命令下达到盟军各单位,但最需要这条通报的单位却蒙在鼓里。

首轮进攻朱代伊德期间,伊夫利信心十足,他打算两面夹击,钳制一股肯定会缴械投降的敌军。北部一支 500 人的英美突击队在比塞大附近登陆,破坏敌军的各个设施。突尼斯以南,一个伞兵营要占领一座机场,掩护盟军右翼进攻这座首都。两路大军斗志昂扬,殊不知不但进攻已被取消,而且他们原本指望赶来增援的大部队仍旧远在天边。

11 月 30 日,最后一抹阳光消失在天际,突击队从紧邻阿尔及利亚边界的海滨小镇塔巴卡一座古堡动身。六支英军和四支美军突击队,每队 50 人,外加 8 头买来拉迫击炮的阿尔及利亚毛驴,挤满了 13 艘登陆艇。美军突击队员多半是征自爱荷华和明尼苏达的第 34 师官兵,长期接受英国教练训练,他们和约克夏或切尔西的大兵一样,抽"运动员"牌(Players)香烟、喝唐宁茶、穿英军作训服。

英军的《非常规战手册》(*Handbook of Irregular Warfare*)指出,"绝不能给敌人喘息的机会,所有士兵都必须作好成为暴徒的准备"。美军突击队队长杰克·A. 马歇尔少校事后回忆:"突击队的任务是制造不满情绪。我手下的兵受过军法处置的不下一半……有几个人不止一次受过降职处分。"加入突击队,要具备健康、智力、游泳和不晕船等几项素质。

可惜这几项素质,毛驴一项都不具备,在小艇中一路颠簸了60海里,连站都站不稳,更别说驮迫击炮爬山了。登陆艇靠近西迪艾尔穆贾德海滩,突击队员骂着艇长听了都脸红耳热的话,将又叫又吐、连踢带咬的毛驴拽过船舷。三头驴当即沉入海底,其余的总算上了岸,却对这支远征军毫无用处。

12 月 1 日凌晨 3 点 15 分,突击队员在比塞大以西 16 英里踩着齐腋深的海水向纵深推进。在地图上分派了各自的战区后,十支突击队随即分头行动。不到几分钟，他们就发现没有一张地图标明满山茂密的石楠，一名士兵将自己比作"毛刷上的蚂蚁"。只有四脚着地，沿野山羊留下的小道，大兵们才能一个小时前进一英里。

几支突击队沿北岸深一脚浅一脚地走了 3 天，等着一支永远也到不了的盟军大部队。当地人向德军通风报信，德军当即报以猛烈反攻。两支部队（一英一美）登陆后不久即遭到埋伏，只有 5 名美军士兵逃脱。一名德军军官向突尼斯汇报，突击队员"在近距离交火中死伤大半，我们生擒 52 名俘虏"。乱丛棵子密不透风，和内战时的维尔德内斯（Wilderness，美国弗吉尼亚东部森林地区。——译者注）一样，士兵们只得跪倒在地，凭感觉开枪。四支突击队围攻比塞大一座机场，捣毁了汽油库和停在机场的飞机。刚从意大利赶来的德军士兵穿着一身新制服，一边高歌一边反击，将突击队赶了回去。一名突击队队长前进至比塞大 4 英里内，却于第二天下午阵亡。一天后，另一名队长中弹，由于双腿受伤，他只能躺在一支用棉绳和两支步枪草草做成的担架上。"快撤出这块阵地！"说完这话不久，他就伤重身亡，他手下的兵将他埋葬在一座荒凉的小山上。

克莱尔·特雷弗总算注意到队长的提议，这位远征军司令"身材高大，留着一把大胡子，看起来就像德古拉伯爵"，"对所有的官兵，他一概瞧不起"。生还的突击队员到比塞大城郊伊其克乌尔盐湖以北集结。美军突击队司令杰克·马歇尔汇报："英军从南线溃败让我们很狼狈，而且又不能违背无线电管制。"官兵们即将弹尽粮绝。收听广播的士兵听"轴心国莎莉"说，要在突尼斯北部将"胆敢来犯的英美突击队"一举歼灭，最叫人不安的是，她一一报出了过去 3 天中阵亡和被俘人员的姓名。特雷弗提出夜袭比塞大，作最后一搏，经过一番激烈的讨论，他手下的指挥官无一请战。12 月 4 日，这支部队摸黑沿一条羊肠小道向西转移。两天后，这支突击队才靠近盟军防线。这次突袭付出 134 人阵亡或被俘的代价，其中多半是美军。

246

用马歇尔少校的话说，如果说突击队突袭"无功而返"，那么伞兵在突尼斯以南的任务则是愚蠢、荒唐。分乘54架美军运输机空降的530名英国伞兵，准备"给敌人制造恐慌，让敌人一蹶不振"。但空中侦察没发现德军机场早已人去楼空；虽然电话线畅通，他们也不曾给同情盟军的法国农民打个电话，了解一下情况。安德森和伊夫利都说不清，从2万英尺这个相对安全的高度轻取的目标，却偏偏要耗上一个营的兵力。执行这次任务的指挥官事后总结说："究其原因，只能说英军稀里糊涂，不知道何时何地动用空军这支新生力量。"

　　这位指挥官是约翰·D.弗罗斯特中校，两年后，他在荷兰小镇阿纳姆"夺桥遗恨"中一举成名。人高马大、满脸胡须的弗罗斯特事后写道："谁都没来骚扰我们，我们个个都当自己是迦太基大主教，无上光荣！"

　　当然，盟军先头部队谁都不曾耀武扬威地挺进迦太基。11月29日在突尼斯以北25英里空降后，这个营旋即赶着几辆征来的驴车北上。一名士兵事后回忆："与其说是个伞兵营，倒不如说是个巡回马戏团。"另一名士兵写道："头盔挂在前鞍桥上，我们身穿类似无袖紧身皮夹克（中世纪服装。——译者注）的束腰伪装服，轻机枪像石弓一样搭在背后，看上去就像中世纪的骑士。"德军坦克不消几个小时就将这支伞兵逼入绝境。他们刚出虎口，又入狼穴，每次都有伤亡。辗转向西去找盟军大部队的3天里，弗罗斯特手下的兵渴得舔劈开的仙人掌汁，或者吮制服上的雨水。

　　12月3日中午，身上步枪子弹不足100发的英国兵在迈杰兹巴卜城外8英里处拦下一支美军巡逻队。弗罗斯特问一个不明就里的美国佬："你该不是利文斯顿博士吧？"下午5点，180名官兵列队进入迈杰兹巴卜。此次行动中，289名伞兵伤亡或失踪，该营损失过半。这是北非战役最后一次重大的空降作战行动，却以悲壮而徒劳的方式告终。

"Jerry Is Counterattacking!"
★★★

瞎指挥害了第一集团军

11月末，艾森豪威尔和克拉克对他们固执地称之为"前线"的地方作了为期两天的巡视，但没有深入突尼斯。克拉克将这次远征戏称为"童子军之旅"。11月28日出发时就出师不利，给两位将军的座驾（装甲凯迪拉克）带路的吉普撞死了一名12岁的阿尔及利亚男孩。发了抚恤金后，车队继续赶路。日落前没能找到安德森的司令部，一行人摸黑继续赶路，一辆倒霉的吉普又栽进了一条水沟，伤了5个大兵。艾森豪威尔和克拉克在波尼以南40英里的一户法国人家过了一夜，第二天天一放亮，又动身沿途寻找安德森。两位美国将军在一处农舍激烈地讨论了几个小时后，挤进凯迪拉克，返回阿尔及尔。艾森豪威尔染了风寒，气喘吁吁，醉汉似的一头倒在床上，之后就躺在达尔·艾尔瓦尔别墅的卧室里指挥作战。

他不胜其烦，尤其是土伦海军基地传来一条骇人听闻的消息，在军事史上最大的一场自我牺牲的行动中，77艘法军舰只被悉数凿沉。11月11日德军侵占维希法国，放了这个基地一马，两个多星期的时间内,德军一直谋求舰队主动投降。同一时间,达尔朗一再敦促他的老冤家,让·德·拉博德上将启程前往北非,与盟军共命运。德·拉博德两边敷衍,德国人最后失去耐心。11月27日一早,党卫军坦克部队冲进土伦基地的大门。德·拉博德命信号兵从桁端发出一条绝命信号:"凿沉!凿沉!凿沉!"

法军水兵打开海底阀,炸毁锅炉,将电台和引航仪器砸了个稀巴烂。侵略军赶到停靠在6号码头上的旗舰,翻译在码头上用蹩脚的法语喊道:"上将,我军司令请你原封不动地交出旗舰。"德·拉博德指着脚下正在下沉的甲板吼道:"旗舰沉了!"损失的舰只包括3艘战舰、7艘巡洋舰和32艘驱逐舰。艾森豪威尔聊以自慰:这些战利品至少没有落入敌人之手。

总司令对突尼斯前线牵肠挂肚,虽说远隔120英里,但在视察之后,他对之已有所了解。艾森豪威尔同意安德森暂缓进攻,不过他对这位第一集团军司令多少有些不放心。

他一眼看穿了安德森的心思,用这位苏格兰将军的话说,"本性是种奇怪的东西"。但安德森苏格兰式的悲观与美国人的脾性格格不入,其左右不定的情绪动摇了盟军阵营。艾森豪威尔于11月30日致信马歇尔,他认为安德森"显然一心要赢得这场战争,但反复无常"。克拉克对"安德森式的计划"尤其大为光火,他提出"收回成命,将美军纳入自己的麾下,单独开辟一条战线"。艾森豪威尔眼下不赞成破坏盟军的团结。他深知"战争中最难的莫过于始终如一地严守一项战略计划",不得"朝三暮四,抛弃既定的行动方针"。他告诉马歇尔:"我们同心协力,一心要拿下突尼斯。我们将不遗余力地支持安德森。"

战事日趋明朗,比如盟军情报机关判断失误。"火炬行动"前夕,策划者估计德军可投入515架战斗机防守突尼斯,但实际数字超过550,外加近700架战斗机。相比之下,英美联军在前沿地带只有两座小型的英国机场;在泰贝萨的54架美军P-38,只有40架能参战。眼下流传一段用《多佛白崖》（*The White Cliffs of Dover*，"二战"时期的一首著名歌曲。——译者注）曲子唱的战场小调：

> 我吃茶的时候，
> 泰布尔拜山谷上空来了俯冲轰炸机。
> 十分钟后喷火来了，
> 对我却屁用没有。

令艾森豪威尔意外的是，美军缺少坦克，同样缺乏装甲战术。美军秉持的宗旨，是坦克不应迎战敌军坦克，而是将这一任务交给专门的高速轻型反坦克装甲车，装甲兵团要突破防线，深入到敌后。美军的各项条例规定，不得研发重于30吨的坦克，截至1941年，坦克装甲只能抵挡轻武器。盟军的装甲部队远不如敌人。提到不起任何作用的M-3斯图尔特，一位美国将军说道："要想用37毫米口径坦克炮打伤德国佬，只有一个办法，那就是先逮住他，再给他一个穿心过。"配备75毫米口径大炮的半履带式坦克如今号称"紫心勋章盒"。美军坦克一打就着火，大家根据广告语"一打就着"的名牌打火机，给它们起了"郎森"这个绰号。此外，美军坦克兵不懂侦察，与步兵配合失当，误打误撞，眼下是"疲于奔命"。

一应问题，都等着卧病在床的总司令定夺。这时候，他气喘吁吁地给马歇尔口授了一封电报："我眼下的目标是乘胜追击，首要目标是牵制比塞大后方的敌人，防止他们突围或大举反攻。"

★★★

就在这个天真的想法随着传信人飞往华盛顿陆军参谋长的办公室之际，艾森豪威尔想要阻止的"大规模反攻"已然准备就绪。在他和克拉克驱车奔走东线的同一天，凯塞林乘机从罗马南下。一到突尼斯，

第5章 德国第10装甲师的反扑

他就大骂内林畏首畏尾，不该放弃迈杰兹巴卜，不过，这一步"无疑是弃车保帅"。轴心国正以一天1 000人的速度赶赴突尼斯，但11月29日的空中侦察统计英美联军在巴杰以东有135辆坦克。盟军日益壮大，要不了多久，他们的地位将不可撼动。29日下午，凯塞林视察麦吉尔达河谷后，于下午5点45分下令："必须坚守每一寸土地，甚至不惜牺牲。"他还说，必须拓展桥头堡，以"争取时间"。

内林将这项任务交给了新近赶到的第10装甲师师长沃尔夫冈·菲舍尔准将，后者完成苏俄的作战任务后，一直在法国养精蓄锐。内林告诉菲舍尔："在泰布尔拜附近将敌军一举歼灭。"坦克从比塞大码头直接开往前线，缴获的法军75毫米大炮则由驴马拉往朱代伊德。从机场调来德军88毫米高射炮，用作西线的反坦克炮。菲舍尔乘一辆权作师部的装甲车在乡下横冲直撞，他手下的参谋则骑着摩托车紧随其后。他们迅速将手下的人马编成四路纵队，打算12月1日凭借64辆坦克和14辆装甲车发动进攻。突尼斯城内只留下30名士兵，他们要孤注一掷，成败在此一举。

根据11月30日破获的德军情报，安德森获悉德军准备反攻。星期二凌晨4点52分，一份"加急电报"通知盟军指挥官，德军第10装甲师将于拂晓进攻泰布尔拜。就算这条通知已经传达到前线部队，那也并没有起到实际作用。上午8点，菲舍尔亲自上阵，带两个"V"形德军方阵从北和东北两翼攻入舒维居伊村。包括约翰·沃特斯的坦克营在内的尖刀部队招架不住，向西逃到麦吉尔达河谷。

"我们身边的士兵一路跑一路喊：'德国兵反攻了！'"一名英国二等兵事后回忆。菲舍尔这个生性嗜血的杀手不慌不忙地步步紧追。记者A. D.迪万从西面一座山头见尘土漫天飞扬，滚滚而来，突突的引擎声越来越近。德军坦克越过一道山脊线，"借起伏的地形掩护，从一个盲区冲向另一个盲区"，冲向河谷。

等菲舍尔的坦克距离泰布尔拜以西50号公路几百码，英国炮兵才

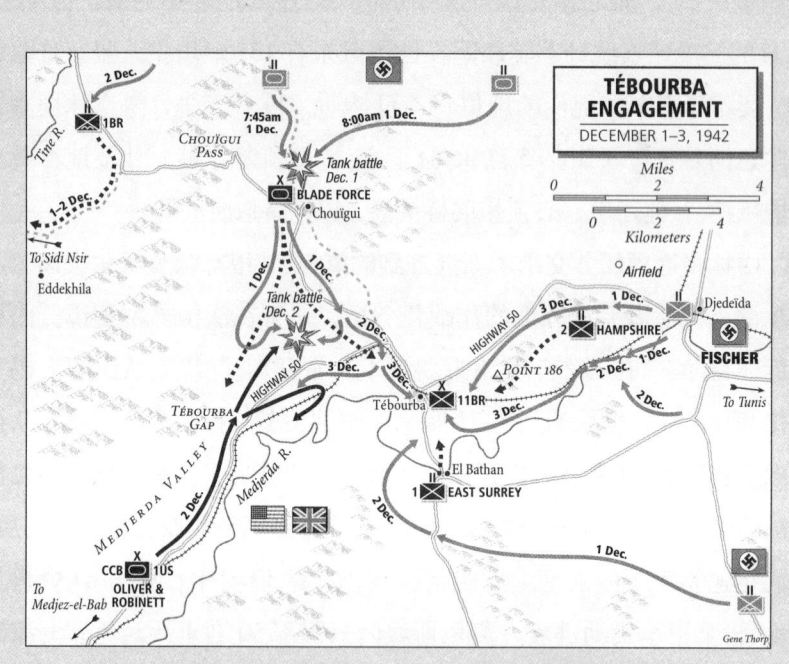

1942年12月1～3日，泰布尔拜之战

BLADE FORCE 尖刀部队
CCB OLIVER&ROBINETT
奥利弗和罗比内特第13装甲团B战斗群
EAST SURREY 东萨里郡团
FISCHER 菲舍尔第10装甲师
HAMPSHINE 汉普郡团
HIGHWAY 50 50号公路
POINT 186 186号高地
Tank battle,Dec.2 12月2号坦克战
To Medjez-el-Bab 往迈杰兹巴卜方向
To Sidi Nsir 往西迪恩西尔方向
To Tunis 往突尼斯方向

Airfield 机场
Chouïgui Pass 舒维居伊隘口
Chouïgui 舒维居伊
Djedeïda 朱代伊德
Eddekhila 埃迪希拉
El Bathan 艾尔巴山
Medjerda R. 麦吉尔达河
MEDJERDA VALLEY
麦吉尔达河谷
Tébourba 泰布尔拜
Tine R. 迪内河

开火。听到撕帛裂锦的炮弹声,站在坦克外抽烟的德军坦克兵竖起耳朵,不慌不忙地掐灭烟头,上车掉转车头,寻找隐蔽处。至少这一刻,菲舍尔的进攻受阻。

两列德军步兵纵队星期一下午一早从东和东南两翼夹攻泰布尔拜。第一列突破朱代伊德,不料却遭到皇家汉普郡团的阻击。汉普郡团换下了两天前伤亡惨重的北安普敦郡团。在给内林的一封措辞尖刻的电报中,菲舍尔把一口怨气全撒到了德军步兵头上:"垂头丧气、不见一丝斗志,仓促上阵……谁也别想带这样一支部队冲锋陷阵。"从东南发动的进攻也没能占领艾尔巴桥。东萨里郡团坚守这块阵地,美军野战炮兵第5营的指挥官如今多半深陷德军的战俘营,爱莫能助。美军即将弹尽粮绝,又无法呼通英国炮兵指挥官以请求下达命令,为了避免大炮落入敌军之手,美军擅自撤退到迈杰兹巴卜。

12月1日夜幕降临时分,坚守泰布尔拜的盟军还不如菲舍尔怄气提到的德军部队。德军从三面包围这座小镇。如果德军坦克从北面切断50号公路,盟军部署在泰布尔拜周围的三个营将被斩断退路。为避免这一灾难,伊夫利派出第1装甲师B战斗群(CCB)的4 000名官兵,即开赴突尼斯前线的第一支美军大部队。

★★★

他们从奥兰出发,一路奔驰而来。在两个星期的漫长行程里,B战斗群官兵盛气凌人、信心十足,尽管这个师的大部还在从利物浦赶来的路上。横穿阿尔及尔通往突尼斯的700英里公路,英国交管人员沿途竖起提醒"软路肩"的路标:"远离路沿(Keep clear of the verges)。"爱搞恶作剧的士兵拿黑漆将路标改为"远离处女(Keep clear of the virgins)"。看见援军源源不断地涌入迈杰兹巴卜,一名英军参谋一头扎进指挥车,喊道:"谢天谢地,你们总算来了!"是啊,包括美军在内,已有大批援军赶到,德国人和处女都要当心了。

B战斗群指挥官伦斯福德·E.奥利弗准将绰号"疯子",现年53岁,生于内布拉斯加,毕业于西点军校,是个老工兵。陆军编制人员突发奇想,将他这个旅命名为"战斗群",由六个营组成,其中两个现在突尼斯东北部,担任伊夫利的装甲部队前锋。奥利弗将指挥部设在迈杰兹以北5英里的一座红瓦农舍。约翰·迪尔的指挥部设在一座谷仓,周围的灌溉地上随处可见柠檬、杏仁和杏树。12月2日一早,他派第13装甲团团长保罗·罗比内特上校到泰布尔拜组建一支盟军坦克部队,击退德军的反攻。

罗比内特欣然从命。带兵打仗给了他一个证明自己信条的机会:"尽一切所能,避免上司犯错。"他身高5英尺4英寸(约1.63米),生着一副排障器似的下巴,有着骑兵的自负,人称"小拿破仑"、"小恺撒"和"罗比"。他的军旅生涯包括奥林匹克马术队队员、塞缪尔法国骑兵学校学员,以及在乔治·马歇尔手下担任过战略计划和情报官。他喜欢出一美元和部下赌枪法,但只有第3步兵师的一名神枪手将这一美元收入囊中。罗比内特年轻时"出口成脏",如今他以"改掉了我这张臭嘴"为豪。这个来自密苏里奥扎克的48岁单身汉,目中无人、牢骚满腹,用第1装甲师一位军官的话说,"像个少见多怪的老处女,人见人厌"。没过几天,他就开罪了英方最高司令部,后者说他"满口空话,牢骚满腹"。后来的一纸解职令意味着盟军低估了他的能力:撇开他的小肚鸡肠不说,其实他是一个懂战术的战略家。

罗比内特赶到泰布尔拜以西4英里的一座山脊,正好目睹了美军任人宰割的一幕。30辆斯图尔特趁菲舍尔准将还没缓过神来,不等炮兵支援,全速冲向敌军阵地。见美军坦克冲上来,德军飞行员以4辆坦克的损失重创美军,击退了这次进攻。之后,营长不顾连长的激烈反对,指挥一队"格兰特/李"从正面发动进攻。这队坦克在没有探明敌情的前提下,沿泰布尔拜以西两英里的一条铁路线,于正午冲过一片开阔地带。

不到 20 分钟，8 辆"格兰特/李"被击中，燃起大火。德军反坦克炮兵发发命中，坦克手站在露天下，掏出海泡石烟斗，完全没想要爬上各自的坦克。"他们就像在看戏。"一名中尉说。德军让人闻风丧胆的 88 毫米高射炮弹拖着半人高的尘旋风，"嗖嗖"地飞过战场。生还者顾不得火中的阵亡者，抱起伤员。尽管英方钦佩他们的勇气，一名英国兵表示，"没见过这么勇敢的家伙"，但是这次进攻空手而归。消息传来，"疯子"奥利弗说："这帮大兵是自寻死路。"

罗比内特从山顶指挥部看到，泰布尔拜城外的这条绞索越收越紧。山下一英里处的"格兰特/李"和往北的斯图尔特残骸腾起缕缕油烟。德军统计的战果，当天摧毁 64 辆坦克和 6 辆装甲车，生擒 200 名英美联军俘虏。每隔几分钟，就见敌军从北面运来一门大炮，继而消失在草垛或农宅后。罗比内特数了数，至少有 25 辆德军坦克，另有不少无疑隐蔽在别处。新式德军机枪的吼声传上山顶（一架 MG 42 机枪一分钟可打 1 500 发），一名士兵说"好像魔鬼的铁锤"。

罗比内特看够了。约翰·沃特斯等指挥官一一前来汇报，罗比内特发现三个美军坦克营中有两个损失过半。尖刀部队显然名存实亡。如果领导有方（当然，罗比内特想到了自己）、指挥得当，盟军大可以趁德军恢复元气前挫败敌人的锋芒。但疲于奔命和瞎指挥害了第一集团军。此时空中力量薄弱，占领突尼斯不过是痴人说梦。罗比内特还得出一个结论：安德森、伊夫利，现在又加上奥利弗，他们都远在后方，难以遥控战场。

他下了山，穿过橄榄林，一路颠簸地返回迈杰兹。他要劝盟军撤退，弃守泰布尔拜。

★★★

奥利弗同意了，英方也表示赞成，但这已是第二天的事，这时候，又损失了一大批官兵，任务举步维艰。泰布尔拜由詹姆斯·李中校带近700名汉普郡团和500名东萨里郡团的士兵驻守。12月2日,美军坦克在该镇以北挨打,英军步兵则在朱代伊德以北2 000码处疲于奔命。菲舍尔准将亲自上阵,带德军步兵生擒15名士兵,他开车将俘虏送到比塞大一座战俘营,然后又带两个坦克掷弹兵连返回前线。

菲舍尔还部署了德军新式秘密武器,由希特勒分配来支援突尼斯战役,以确保一战"定乾坤"。至此没人见过Mk VI虎式坦克,这是头年春天研制出来献给元首的生日礼物。这种坦克是重达60吨的庞然大物,前装甲厚达4英寸,配备一门88毫米口径大炮。第一辆运到比塞大的虎式坦克在码头上卡死,第二辆在路上抛锚。但其余4辆在一向爱炫耀脚上球鞋的尼古拉·拜伦·冯·诺尔德上尉的指挥下,隆隆驶入朱代伊德。12月2日上午10点左右,所到之处摧枯拉朽的猛虎和几辆小型坦克攻入英军阵线。

一辆猛虎在20码射程内消灭了李中校的一个排,有人看见一名深陷德军重围的中士"猛一转身,拿手中的冲锋枪狠狠地扫射敌人"。坦克随后掉头向南,扫射设在怀特农场内的营部,打死6名通信兵。英军右翼,把守麦杰尔达河北岸的一个连展开了肉搏战,但截至中午,这个阵地同样失守,仅有7人生还。德军的损失同样惨重。诺尔德信步走进一片空地,准备给另一名上尉交代任务,英军一发反坦克炮弹截了他两条穿着球鞋的腿,狙击手一枪毙了第二名德军上尉。"情况不容乐观,"一名德军中尉在日记中写道,"一名受伤的英国兵躺在断枝落叶中,就在我们前面50米,但只有等天黑后才能带他回去。他被一枪击穿了肺。"午夜时分,汉普郡团后撤两英里,在麦杰尔达河与186高地间筑起一道防线,萨里郡团则把守两翼。

如果说星期三的情况不容乐观,那么星期四的形势则更加不妙。以火力标明己方阵线的德军,以空袭和4个小时的炮击迎接这一天的到来。截至中午,他们包抄并占领了186高地。汉普郡团的一名上尉汇报:"极其惨烈的混战持续了一整个上午。"菲舍尔给突尼斯的急电断定："种种迹象表明，我方已挫败敌人的锐气，敌人即将缴械投降。"

英军少校 H. W. 勒帕图雷尔带领一支队伍欲夺回这座山头，但犹如飞蛾扑火，他最后留下的英勇身影，是挥舞一把手枪和手榴弹。战后盟军追授他一枚维多利亚十字勋章，谁料他虽然受伤，却还活着，在一所战俘医院露面。12 月 3 日黄昏，两支德军完成两面包抄，在泰布尔拜火车站会师。李损兵折将，手下仅剩 40 名军官和 200 名士兵，他沿营部四周摆开一个防御方阵。事后提起，一名萨里士兵说："重演敦刻尔克一幕。"实际上，在敦刻尔克大撤退期间，安德森将军时任旅长，萨里郡团就是他的麾下，同样落得焦头烂额的境地。在给伊夫利的一封电报中，他声称：

> 第 78 师师长不满自己的阵地。不仅如此，这块阵地极其危险，因为它困在泰布尔拜外围一条狭窄的阵线中……敌军盘踞舒维居伊山头，居高临下，泰布尔拜不堪一击。

"拓展阵地，"安德森还说，"否则敌人会将我们一举歼灭。"

但为时已晚。下午 7 点，李传下命令，要幸存官兵装上刺刀，取下阵亡士兵身上的武器。德军用冷冷的声音劝盟军投降："我们优待俘虏！"一名汉普郡兵回敬了一句："狗屁扯！"威利照明弹惨白的光线下，官兵们折向西，沿铁路左侧呈一路纵队前进。李提议说："靠近些再打。"没一会儿工夫，他端起布朗机枪，大吼一声："冲啊！"一队人马冲进泰布尔拜。两辆德军坦克和一个步兵连缴械投降前，截杀了第一排喊着冲上前来的队伍。英国兵冲进无顶的教堂，进入满目疮痍的小镇。费了好长一段时间，他们才喊着"左、右、左"，列队走过空无一人的大街，不料敌军却切断通往城西的 50 号公路。按照伊夫利的指示，泰布尔拜已被弃守，但这条关键的命令还未传达到最需要了解的队伍中。

连李中校也泄了气，命手下的官兵分成小股，三三两两地趁夜色

257

突围。有人落入麦吉尔达河身亡，其余的冒着通红的机枪子弹弧光在路基道砟上匍匐前进。"回首望泰布尔拜，"一名军官事后写道，"满眼都是敌军要将幸存者赶尽杀绝的炮火。"一度气派的集市如今满目疮痍。

12月4日中午，菲舍尔致电师部。"我们已占领泰布尔拜，"他三言两语地汇报了战绩，"重创敌军，战果辉煌。"两天后，一名美军中尉看见英国残兵陆续返回迈杰兹巴卜，他向罗比内特汇报："除了伤员偶尔骂一句和呻吟一声，他们来得悄无声息，真他妈的训练有素。"伦敦《泰晤士报》一名记者报道，生还者"对敌人咬牙切齿"。"只要在格拉斯哥逍遥一个晚上，"一名士兵说，"我就会重返战场，狠狠地打这帮狗杂种。"

后方一座野战医院，临终的士兵面无血色，额头上显眼的污垢，仿佛五月斋的忏悔。军医通宵达旦，忙得一刻不停，遇上血液告急，还要捐自己的血。美军少校亨利·加德纳带领坦克手在泰布尔拜附近苦战了一个星期，他在最近一次战斗中负了伤，带着嵌满榴霰弹片的胳膊赶到这里，找到一个臭气熏天"靠蜡烛照明"的帐篷医院。帐篷中拉长的人影奇形怪状。相邻两个病床的士兵，除了嘴眼留了几个小孔，浑身上下裹着厚厚的绷带。两人时不时无力吸一口气。一名士兵借了支长烟斗，"这样可以抽支烟，因为烟要露在纱布外"。

数英里以东，一名德国军医从手术台上抬起头，喊道："下一个！"接着他截去一名身负重伤的士兵的腿。一名在轴心国外科医院打杂的英国俘虏后来说，他们"毕恭毕敬地将截下来的残肢断臂放在屋角"。

六个星期前从英国出征的793名东萨里郡团官兵，只有343人返回迈杰兹。汉普郡团的损失更加惨重，原有689名官兵，生还194人。但另一个国外战场将永远属于英国。李中校在最后一次溃败中负伤被俘。英军部署在泰布尔拜附近的74门野战炮，损失53门。为期3天的战斗中，菲舍尔统计的盟军损失为55辆坦克、300辆各种车辆、1000余名俘虏。记者菲利普·乔丹写道："前线司令部上下一派迷茫，参谋们似笑非笑（只能如此）地说，不知我们是否会深陷重围……情况瞬息万变。"

罗比内特上校照例一心要避免自己的上司犯糊涂，打算直接向乔治·马歇尔汇报盟军的失败。他坐在泰布尔拜以西高地上的指挥部，提笔给马歇尔写了一封密信，这封信最终落到愤怒的艾森豪威尔手中。信中写道：

> 德方的坦克、步兵和战斗机配合默契。我方配合还有待完善……官兵们的身心承受不了连连空袭之苦，不禁怀疑我方击退敌方空军的努力纯属徒劳……他们看在眼里，记在心上，眼下空中难得一见我方战斗机。

且不论其狂妄傲慢，罗比内特分析独到、一针见血。他承认，这次惨败，他负有不可推卸的责任，因他没有趁夜组织反攻，说不定可以多救几名萨里郡团、汉普郡团和美军士兵。他事后承认，他"失算在先，没有拿出应对这一意外的对策"。他说，"平心而论，我是个初出茅庐的生手。"

★★★

12月5日，安德森致信艾森豪威尔："亲爱的总司令，12月3日一战，以我方惨败告终。"带着一个悲观主义者想法应验的微妙满足感，他将手下的失职归纳为：敌军猛烈的空袭；野战炮运用失当；没有善用美军中型坦克。

他又说："面对猛攻的敌军坦克，我方蛮打蛮干，行动和指挥失当，等反应过来，为时已晚。尖刀部队前一天在舒维居伊一战应引起警觉，但显然无人注意。"有几个营目前的兵力不足350人，而"敌人已补充兵力，比起我方，可以迅速源源不断地获得增援"。后勤靠"一队老掉牙的卡车"运送补给，时断时续。因此，进攻势必至少要再推迟4天。

"我深感痛心，"安德森最后说，"但事已至此，无可挽回。"

菲舍尔和手下的第10装甲师却无意再等，他看出了盟军B战斗群的薄弱环节。在寒冷晴朗的12月6日早上7点，德军沿一英里的前线发动猛攻。德军俯冲轰炸机两轮轰炸，重创在泰布尔拜以西3英里盖萨山下安营扎寨的第6装甲步兵团第1营。德军伞兵爬上一座马鞍形山，占领了山脊，25分钟内迂回到美军的右翼。一名吓昏了头的炮兵掉转0.50毫米口径枪口，对准己方的一个排，被打死的兵仿佛罐头盒中的鲱鱼，躺了一地，仅一人生还。德军坦克继而进攻美军右翼，将士兵碾死在散兵坑里，重伤一名连长。这名连长后来死在德军的一所野战医院，被草草地埋在通往突尼斯的路旁。

营长威廉·B.克恩中校为不让自己的部下全军覆没，命装甲野战炮兵第27营C连对一英里处的20辆德军坦克开火。这次出击引开了追着炮兵打的德军。炮兵带着半履带式榴弹炮，慢慢退到一片怪石嶙峋的圆形凹地。德军坦克穷追不舍，每辆坦克后跟着黑压压的步兵，他们或步行或骑着摩托车。上午10点50分，炮兵连长威廉·H.哈里森请求增援。11点20分，他的苦苦哀求以这段电报结束：

请问除了C连，第1装甲师还有没有别的单位？我连奋起反击，但守不了一整天。请务必，务必派兵增援！

上午8点，奥利弗将军下令增援，但由于说不清的原因，第13装甲团第2营没接到命令。到了下午1点，海曼·布鲁斯中校才带坦克沿麦杰尔达河辗转6英里，赶到盖萨山。布鲁斯以蛮干解决拖拉问题，事先不作侦察，命"坦克全速攻进山谷"。有了巴顿从摩洛哥派来增援的5辆新谢尔曼，"格兰特/李"全速赶到这里，却不知克恩手下的人马身在何处，更别提敌军。德军炮兵等5辆并排的谢尔曼进入四分之

第 5 章 德国第 10 装甲师的反扑

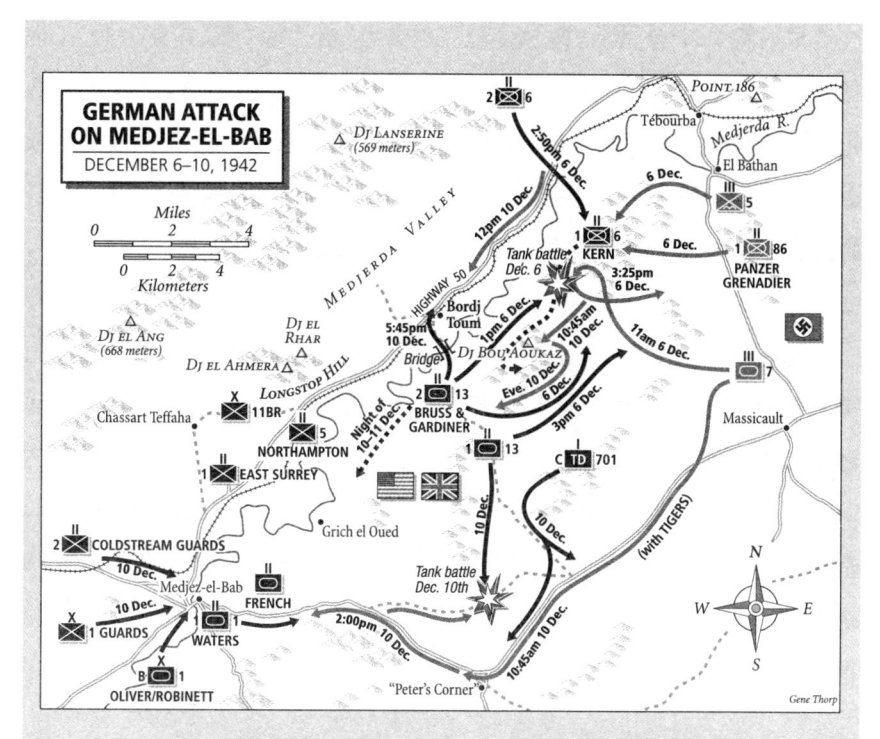

1942 年 12 月 6～10 日，德军攻打迈杰兹巴卜

"Peter's Corner" "彼得角"
BRUSS&GARDINER
布鲁斯和加德纳第 2 装甲营
COLDSTREAM GUARDS
冷溪近卫步兵团
EAST SURREY 东萨里郡团
Eve. 10th Dec. 12 月 10 日前夜
FRENCH 法军
HIGHWAY 50 50 号公路
KERN 克恩第 6 装甲团第 1 营
NORTH AMPTON 北安普敦郡团
OLIVER&ROBINETT
奥利弗和罗比内特第 13 装甲 B 战斗群
PANZER GRENADIER 装甲掷弹兵
POINT 186 186 高地
Tank battle Dec. 10th 12 月 10 日坦克战
WATERS 沃特斯第 1 装甲营

with TIGERS 有虎式坦克参战
Bordj Toum 图姆堡
Chassart Teffaha 夏塞尔·泰法哈
DJ BOU AOUKAZ 布奥卡兹山
DJ EL AHMERA 阿美拉山
DJ EL ANG(668 meters)
埃尔昂山（668 米）
DJ EL RHAR 拉哈尔山
DJ LANSERINE(569 meters)
兰瑟林山（569 米）
El Bathan 艾尔巴山
Grich el Oued 阿伯迪
LONGSTOP HILL 长停山
Massicault 马西科
MEDJERDA VALLEY 麦吉尔达河谷
Medjez-el-Bab 迈杰兹巴卜
Tébourba 泰布尔拜

261

一英里射程。15 分钟后，谢尔曼坦克和大半"格兰特/李"葬身火海。"炮弹连连击中我们两翼的新兵，"菲利普·G.沃克事后写道，"我东奔西走，要一辆辆坦克边开炮边撤退。他们看来吓呆了。我又骂又吼，喊着爬上一辆坦克。"一声爆炸，一名士兵在沃克脚下的炮塔中当场阵亡，弹片击中他的胳膊、眼睑和太阳穴。"我疼得破口大骂，打了一针吗啡，才好了些。"

德军炮兵调整部署、装好弹药后，又有几辆美军坦克闯进了埋伏圈。美军惨败，德军医助手套上漆着大红十字的长护板，从燃烧的坦克残骸中救出不少伤员。克恩手下的营在混战中逃过一劫，但伤亡仍高达 219 人。C 连的五门榴弹炮全部被毁，最后一门毁于 20 码不到的炮口下，全连伤亡 39 人，包括如今被俘的英勇无畏的哈里森上尉。此战损失 18 辆坦克。应罗比内特的提议，奥利弗将布鲁斯上校就地免职。亨利·加德纳少校一出院，布莱斯的余部纳入了他的麾下。

★★★

晚上下起了雨，一连下了三天。和"一战"中的父辈一样，浑身透湿、直打哆嗦的士兵怀疑是德军兴风作浪。虽说菲舍尔的部下也苦不堪言，但盖萨山的惨败如同瘟疫般传遍第一集团军，官兵们因此一蹶不振。如今被称为"斯图卡谷"（即斯图卡式轰炸机谷）的麦杰尔达河谷显得阴森恐怖。德国人的心理战又往士兵的伤口上撒了把盐，尤其是黄昏时分，轻武器万枪齐发，一发接一发的照明弹，仿佛为进攻拉开了序幕。B 战斗群的情报官指出："总体效果其实是威慑，这是战斗的一大要素。"

小道消息不胫而走：德军枪杀俘虏、使用毒气弹、征招阿拉伯食人族。盟军自卫队枪杀阿拉伯抢劫分子，烧毁他们的房屋，完全无视英美的法律程序。法军士兵将阿拉伯人的尸体吊在巴杰露台的栏杆上以儆效尤，突击队员烧了整个阿拉伯村庄，仅仅因为怀疑他们枪杀了一名护林员。惶惶不安的士兵口口相传亲眼所见或听来的谣言：一名

第 5 章　德国第 10 装甲师的反扑

遭伏击的哨兵眼睛像弹珠似的吊在眼眶外；一名胆敢和阿拉伯妇女搭话的英国兵，肉被割成一条条，拼出"当心"这个词；一名遭 88 毫米炮弹斩首的吉普车司机死死地握着方向盘，开了 30 英尺、50 英尺、半英里。一名记者写道，据传德军坦克手"犹如越狱的杀人犯，一口气能杀 20 人"，渗透过来的德军坦克兵据说个个都是雕塑高手，几把泥巴就能将 Mk IV 伪装成一辆谢尔曼。士兵们开始找护身符（榴霰弹片尤其受欢迎，被认为能以毒攻毒），人人的口袋都有可能成为遗物盒。

英国军事理论家 J.F.C. 富勒说过："进攻中，前线的士兵有一半害怕，另一半丧失斗志。"不少第一集团军的士兵将烟幕弹误作纷飞的敌军降落伞，有人妄图击落德军照明弹，反而暴露了自己的阵地。高层军官同样惶惶不安。伊夫利下令让英美各部后撤 4 英里，但奥利弗每天都抗议说 B 战斗群不堪一击。安德森已着手弃守"斯图卡谷"。12 月 8 日致艾森豪威尔的一封"绝密"电报中，他传递了这个想法。

"各部必须先休整，才能发动下一轮进攻，"安德森写道，"目前的阵地太招眼，分布过散。"他指出，"我虽悔不该弃守迈杰兹巴卜"，但在迈杰兹以西 15 英里开辟一条新战线是"明智之举"。安德森在当天深夜又发了一封电报给艾森豪威尔，当中写道："人的忍耐力是有限的。"为了跟总司令强调这一点，在 12 月 9 日一封电报中，他又说："心有余而力不足。"艾森豪威尔的答复还没从阿尔及尔传来，B 战斗群就接令准备撤往巴杰，执行"游丝行动"。但 30 分钟后，撤退令取消。获悉英方的计划，朱安和巴雷两位法国将军吓了一跳。难道安德森将军不知道迈杰兹的战略位置？难道他没听说过汉尼拔的名言——迈杰兹是门户的钥匙？朱安放下行礼的左手，大步走到桌前给吉罗打电话，而后吉罗威胁艾森豪威尔，要他收回成命。

一项新计划出炉：调英国第 1 近卫旅接管迈杰兹，B 战斗群和伊夫利手下各部退到该镇以西，用安德森的话说，"补充兵力、换服装、休整"。这一行动安排在 12 月 10 日晚上。

263

★★★

这座山谷显出种种征兆。村民背着几件可怜的家当，从盖萨山的农舍逃进深山。一名醉醺醺的德军逃兵误闯进盟军阵线，交代说掷弹兵在山谷大批集结。雨停了，但淹没小路的水久久不退。地面都成了一片沼泽，乌云压境，风不吹，草不动。

12月10日上午8点，奥利弗将军去前线察看敌情。不多久，法军哨兵喊着"德国佬的坦克！德国佬的坦克！"闯进盟军前线。总计约60辆的两列坦克纵队沿麦杰尔达河两岸攻了过来。截至中午，美军坦克和迈杰兹巴卜下游10英里的图姆堡村附近密布的地雷将敌人阻击在50号公路。河南岸一股敌军成群结队地越过泥沼，向克恩上校的第1营发动进攻。目前第1营退守到泰布尔拜和迈杰兹中间一处崎岖巍峨的高地——布奥卡兹山。布奥卡兹山被称为"布"，由克恩把守，现在仍在美国人手中。

东南面危机重重。菲舍尔派第7坦克旅，出动30辆坦克，由炮兵配合，打算抄后路夺取迈杰兹。包括"猛虎"在内的坦克隆隆驶过马西科，将约翰·沃特斯仅存的斯图尔特和半履带式摧毁了10辆。沃特斯带领余部逃到迈杰兹巴卜，逃过横跨麦吉尔达的贝利大桥。截至当天下午，敌军攻到城外两英里，兵临城下，有望全歼B战斗群。唯一一支英勇无畏的法国轻步兵（散兵）身陷炮兵的重围，进退不得。

罗比内特膝头放着一张粗劣的地图，左手擎一只时不时罢工的电话听筒，坐在迈杰兹西南3英里的一座农舍里，试图在脑海里把一场他可能闻所未闻的战争场景拼凑起来。他见不到奥利弗，一再要伊夫利派美军谢尔曼增援的请求如石沉大海。迈杰兹危在旦夕，但下午1点30分，罗比内特第13装甲团第1营从"布"正南发动进攻，迎战从后方抄过来的德军。

第1营险些得手。一队坦克从天而降，50码射程内一阵冒着烟的

第 5 章 德国第 10 装甲师的反扑

排炮，摧毁了敌军 7 辆措手不及的装甲侦察车。但德军坦克随后赶到（一位美军上尉说，"山顶上到处是德军坦克"），反击半途夭折。"小口径步枪"子弹照例在坦克上乱飞，德军坦克的宽履带在泥淖上如履平地。技不如人，武器也不如人，美军指挥官只能瞄准坦克的瞄准器，徒劳地要将他们打瞎。

此战损失 19 辆斯图尔特，当坦克手从一堆废铁中爬出来时，又遭到机枪扫射。二十余名生还的美国佬躲进山涧，继而又慌不择路地向北泗过麦杰尔达河。下午 4 点 30 分，罗比内特下令，要"布"附近的美军余部天黑后过位于图姆堡的一座单孔桥，沿 50 号公路退守迈杰兹。

此令下达后不久，奥利弗已躲了一天的德军巡逻队，他满身泥泞、筋疲力尽地回到指挥部。他一屁股坐在椅子上，痛心疾首地听完罗比内特历数第 1 营的反攻，热泪盈眶地说："天哪，你为什么动用轻型坦克进攻？你毁了我！"

罗比内特一把将他拖起来，身材矮小的他伸着下巴，眼睛一眨不眨地直视着奥利弗，说："不，将军，我救了你。"

确实如此，但 12 月 10 日夜，他不过救了一时之急。迈杰兹暂时保住了，但不下三个营的美军依然处境维艰。奥利弗不想再贸然攻下山，反攻回去很快就会断了图姆堡到迈杰兹的去路，他紧张的神经看来也难以应付。疏散任务还不如交给身在"布"的一名中级军官——43 岁的约翰·R.麦吉内斯中校，生于俄亥俄州，是西点军校毕业生。奥利弗从橄榄压榨机下拖出一条草垫，倒头睡了过去。

一队人马走出"布"附近的山涧时，天又下起了大如鸟弹的雨。卡车和半履带式反光镜反射的微弱灯光，一点点地接近通往安全地带的麦吉尔达河与碎石公路。一颗照明弹在空中划过一道长达一英里的弧线，落向东北，嘶嘶亮了半分钟才熄灭。300 名德军步兵和两打坦克苦战了一天，在图姆堡火车站附近的某处露营。这是一场肉搏战，炮兵和步兵一样操步枪上阵。夜色下的某处，还有两个排的英国兵苦等美军增援。伊夫利原计划坚守此桥至晚上 10 点半,在 B 战斗群一再请求下,又延长到凌晨 4 点,最后推到了拂晓。

B 战斗群一个步兵排越过狭窄的图姆堡桥,接着是一队"格兰特/李"。坦克履带吱吱嘎嘎地驶过两边仅几英寸的木板桥面。"格兰特/李"折上 50 号公路时,火车站附近的德军歌声震天响。枪口喷出的黄色火焰划破夜空,紧接着"哒哒哒"地响起一阵机枪声。一位军官命步兵退回小桥隐蔽处,等歼灭了这个炮阵再说。

但恐慌之情经过了一周的积累,再加上无头司机和吊在眼眶外的眼球等谣言推波助澜,已经达到无以复加的地步。和罗比内特事后说的一样,又一枚啪啪作响的照明弹让"弱者的脑中浮现出一幕幕活生生的恐怖场面"。意志虽薄弱,两条腿却有力:阴森的光线照见一个个惊恐万状的身影飞奔回小桥。他们大叫着:"德国佬!德国佬!"恐惧仿佛点着的引信,传遍整个纵队。一名气喘吁吁的军官蹚过泥淖,跑到麦吉内斯的吉普车跟前,结结巴巴地说:"德军突破防线,不见一个英国佬,据说德军坦克已封锁了这座桥。"

只要到队伍前面看一眼,就能驳斥这段无稽之谈。德军没有突破防线,英国人兵力虽弱,但仍坚守在离桥不远的阵地。德军坦克在早前的战斗中被摧毁,不过是废铁一堆。枪声也只是断断续续。

可惜麦吉内斯胆小怕事,他不顾副官理性的分析,吓慌了神,下达了一道重大的命令:"打道回府。"几个营沿着河南岸的一条羊肠小道,返回迈杰兹。

当初跟在队尾,如今在队首的几辆车掉转车头,蹚着深度不及保险杠的泥淖,向西转移。但滚滚的车轮和装甲车履带将本就泥泞的小道碾成了泥浆。没走出几百码,先是坦克,继而是半履带式、大炮、吉普和卡车,一辆接一辆地相继陷入泥浆。汗流浃背的士兵骂着娘,将铺盖和食品箱垫在车轮和履带下。士兵拿锹和铲犀泥浆直到手掌出血,司机则狠踩油门,想要冲出泥浆。离合器烧毁,车轴和传动轴断裂。负重轮滑出履带，油箱烧空。下午1点半，一名副官摇醒奥利弗。这位将军嗅着淡淡的橄榄余烬，难以置信地看着麦吉内斯发来的电报。队伍陷入泥淖，车辆多半进退不得，麦吉内斯已"下令弃车捣毁"。奥利弗想通过电台呼叫这支队伍，但无人应答。

雨天的晨曦中露出一列陷在泥淖中的队伍，沿河水泛滥的麦吉尔达河绵延3英里。铝热剂手榴弹炸穿了气缸，在泥浆里凝结成一个个银白色的小坑。不少士兵不顾弃车令，还在前后推着卡车，固执地寻找抓力。有些兵抛下步枪，蹚过一片沼泽地，然后裹着泥浆，死人似的倒地不起。另外几百人深一脚浅一脚地跋涉了8英里，返回迈杰兹，一个个累得都没人留意德军的俯冲轰炸机。军官安排征粮队为瑟瑟发抖的士兵征稻草。

中午时分，落汤鸡似的麦吉内斯跟跟跄跄闯了进来。一听到这场溃败，巴顿提议派一个紧急任务执行小组，但奥利弗仅仅就地解了麦吉内斯的职，将他降为第13装甲团副营长。奥利弗说："我这辈子从没这么窝囊过。"艾森豪威尔也考虑罢免奥利弗，这一来反而成全了他，送他回国晋升，最终担任师长。晋升准将的罗比内特不久接替他担任B战斗群指挥官。

罗比内特要接管的是一支影子部队。图姆堡的泥坑吞噬了18辆坦克、41门大炮，外加132辆半履带式等车辆。车辆深陷泥沼，连大灯也被淹没，深得恐怕连德国人也抢救不出来。安德森观察后，难以置信的心情比愤怒还要强烈，说道："这是一场陷我军于绝境的损失。"上阵两个星期，B战斗群损失了四分之三的坦克和榴弹炮，外加相当比例的半履带式卡车。美军绝没料到损失如此惨重，未遭捣毁的124辆坦克也坏得不成样子，一时无法供应配件。有个营仅剩6辆坦克；不少失了坦克的坦克手修了几个星期的路。图姆堡两天后，安德森宣布B战斗群不再具备作战能力。

对一个月前还雄赳赳气昂昂地从奥兰和阿尔及尔出征的年轻士兵

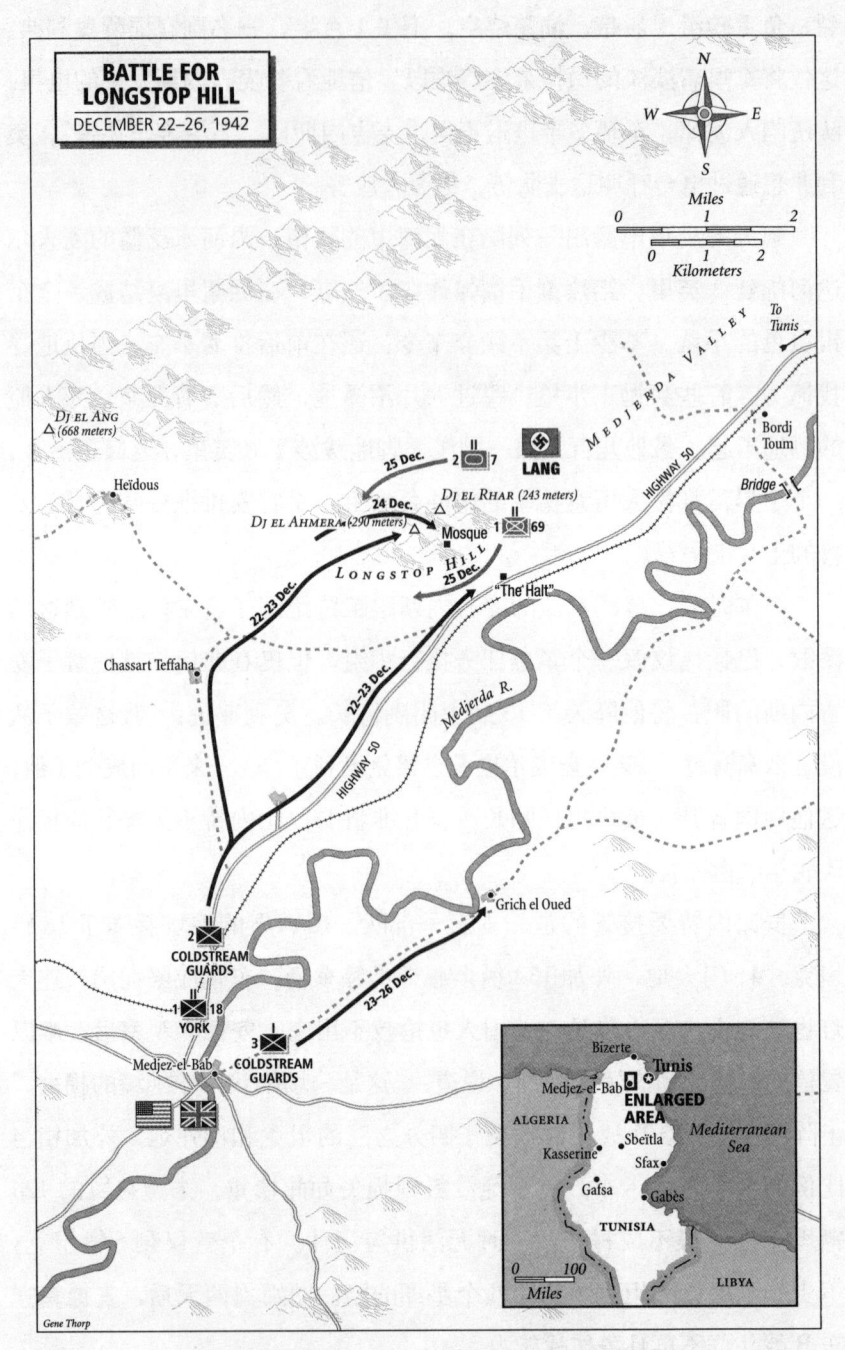

1942年12月22～26日，长停山之战

第 5 章　德国第 10 装甲师的反扑

"The Halt" "临时站"
COLDSTREAM GUARDS 冷溪近卫步兵团
HIGHWAY 50 50 号公路
LANG 鲁道夫·朗第 69 装甲掷弹兵团
To Tunis 往突尼斯方向
ALGERIA 阿尔及利亚
LIBYA 利比亚
TUNISIA 突尼斯
Bizerte 比塞大
Bordj Toum 图姆堡
Chassart Teffaha 夏塞尔·泰法哈
DJ EL AHMERA 阿美拉山
DJ EL ANG(668 meters) 艾尔昂山（668 米）
DJ EL RHAR(243 meters) 拉哈尔山（243 米）
Gabes 加贝斯
Gafsa 加夫萨
Grich el Oued 阿伯迪
Kasserine 凯塞林
LONGSTOP HILL 长停山
Mediterranean Sea 地中海
Medjerda R. 麦吉尔达河
MEDJERDA VALLEY 麦吉尔达河谷
Medjez-el-Bab 迈杰兹巴卜
Mosque 清真寺
Sbeïtla 斯贝特拉
Sfax 斯法克斯
Tunis 突尼斯

来说，这是万万没想到的奇耻大辱。说到他们的不足之处，生于南非、跟随美军数周的记者 A.D. 迪万一针见血：

> 缺陷显而易见：最主要的是不主动探明敌情、纪律涣散、狂妄自大……他们使用架空索，因为那儿的视野开阔；他们不作伪装，因为那显得过于谨小慎微；他们没有挖狭长掩体壕，因为挖起来太吃力了。

其他缺陷则怪罪不得初次出征的大兵。事实上，突尼斯甚至没有反坦克火箭筒，巴顿倒是有不少，但远在 1 000 英里外的摩洛哥，远水解不了近渴。他在轻型坦克中放上活山羊以检验火箭筒的威力。又过了三个星期，军械官才发现美军坦克兵上阵杀敌的是训练弹，而不是高爆、具有杀伤力的穿甲弹。德军不仅坦克、战术和空中力量高人一等，而且他们的望远镜、坦克视角、无烟火药和机枪也强过美军。

更有甚者，盟军——甚至美军各单位没有团结一致，他们不是统一作战，而是各自为营。尽管英雄壮举不胜枚举，但是无论官兵都有负众望。英美两军的指挥同样欠妥。在战役的关键阶段，每个步枪班都弥足珍贵（占领山头和把守关卡，步兵尤其不容小觑），他们却白白葬送了一个又一个营，从"预备役"、"终极"和"村夫行动"，到阿盖尔、汉普郡团、萨里郡团、突击队、弗罗斯特的伞兵，再到现在只剩 10 辆战车的麦吉内斯第 2 营。

艾森豪威尔再次往好处打算。"我们吃了亏，敌人也没讨到便宜，"他在 12 月 10 日的一份备忘录中写道，"如果不怕吃苦，冲得更前，战斗得更狠……我们何愁不胜？"历史会为这句话下个定论，但他却料不到"不怕吃苦、冲得更前"中隐含的辛苦。一个月的战斗落下帷幕，这只是盟军和轴心国为期 30 个月的苦战的序幕。演员目前都已亮相。尽管最初几周的战斗都是小规模的，连或营猛攻敌方的连或营，但这场血腥的战斗很快将卷入团、师、军，最终卷入集团军。

盟军还来得及重新部署，突围并占领非洲沿海一线，避免"一战"堑壕战的僵局。但时日已不多。

第 6 章
关隘之国

阿尼姆中将接管德国第五装甲集团军，转而防守，备战接下来的战斗。盟军预备在平安夜一战投入 80% 的兵力。但在发动攻势前，必须先拿下长停山。突尼斯战役陷入僵局。法军不肯听命于英方安德森的指挥，英美关系出现裂痕，德军明显更善于打仗……与此同时，美军渐渐在血的教训中学会了作战，也学会了恨。

A COUNTRY OF DEFILES

Longstop
★★★

冷溪近卫团的致命失误

12月中旬的11天里，双方都在麦杰尔达河谷一带恢复元气。一场场战役在迈杰兹巴卜和图姆堡之间挠出了一块宽7英里、满是坟墓的无人地带。巡逻队来来去去，或者有去无回。狙击子弹仿佛愤怒的小鸟，嗖嗖乱飞。炮弹从头顶呼啸而过，如今炸成木片的白杨林上方伸出的乌黑的炮口飘着黑烟。冲击波掀着小帐篷，仿佛池塘投下的石子。凡是会动的都能引来炮火，但阿拉伯农夫依旧用古老的犁，绕过炮弹坑，犁着自己的地。地下掩体内的哨兵见了，争论着犁垄是不是给敌机飞行员通风报信的箭头。"在两军交战的中间地带徘徊，"一名记者事后写道，"犹如站在高楼的窗沿，自寻死路。"

迈杰兹一片废墟，但德军大炮还一再打得它瓦砾乱飞，英国人称之为"他们的炮击节目"。空中只要落下一枚哑弹，法军士兵就会念一句"巴黎制造"，以此称赞国内怠工者的劳动成果。活物都转入了地下。一个近卫步兵营占领了一眼人去矿空的铅矿矿井，"过了好几天，他们才发现黑洞洞的矿井尽头住了一大家阿拉伯人"。散兵坑和战壕（英国兵称作"墓穴")仿佛地上生了天花。英国工兵自豪地将迈杰兹以东的去路变成了一个"大地雷坑"。

截至 12 月底,抵达北非的美军官兵达 18 万人。但突尼斯前线的美军不到 1.2 万人,外加 2 万名英军和 3 万名缺枪少弹的法军(目前加入盟军阵营的只有 7 000 人)。这些士兵全部驻扎第一线。

严冬漫长的夜晚,灯火管制等于下午 6 点熄灯,凌晨 4 点起床。听装炖菜和饼干形同"驴粪蛋"和"装甲板"。士兵们拿味同嚼蜡的硬饼干就着看似墨水、拿椰枣粉冲的代用咖啡进食。军用手纸粗得能当两面抄的信纸,官兵们拿它应付肆虐的痢疾,同时还要指望拿它来写信。

一名士兵在给姐姐的信中说:"刮不了胡子,洗不了澡,饱一餐饿一顿,没床、没酒、没姑娘、没娱乐,一无所有。"第 18 步兵团一名排长因送不了圣诞礼物,一一给亲朋好友赔不是;军队资金短缺,他仅剩的 50 美元都掏出来为手下的 9 名士兵配了眼镜。罗伯特·M. 马伦中尉说:"感谢你们给我的最珍贵的礼物——信任和爱。"3 个月不到,他将血洒疆场。某些部队终于收到了信件,不少人和家人已断了两个月的联系,圣诞礼物包裹里尽是浴衣、拖鞋,最常见的是唱片,说明后方实在不了解战场上的生活。

一个红发男人出现了,他戴着绒线帽,骨瘦如柴(体重不到 100 磅),常常带着酒意和伤感之情,凭借一个打字机以写作教育美国人,大萧条期间写过不下 200 万字的报道,他就是流动通讯员欧内斯特·泰勒·派尔,新近上前线担任战地记者。他从突尼斯报道:

这里的生活和国内大相径庭。没椅子、电灯、地板或桌子。没地方放东西,甚至无处去买这些用具。报纸、牛奶、床、被褥、暖气管、啤酒、冰激凌和热水一概没有。人们仅仅是在维系生存……生活中的一切享乐之物全是泡影。

停战间隙，英国兵和美国兵比的不是战果，而是各自的遭遇。蓬头垢面的美国兵注意到，不管天气好坏，英国兵每天早上都要认认真真地修脸。他们一身长裤、无领衬衫和宽吊带，让一名美军军官仿佛见到了"周末晚上洗漱一新的老派工人"。每座英国军官食堂都有一个"圣诞肥鹅"募捐箱，每人捐了 200 法郎和各种建议。美国兵不久就学会了"干得漂亮"(Good show) 这句话，但说的往往是反话。英国随军小贩给两军供应了不少商品，美国人时不时能吃上一顿糖蜜布丁和牛尾炖骨头。吃了英军"混合"军粮中的"牛肉腰花派"，有人编了一段讽刺野战炊事员小调：

吃了英国的"混合"军粮，我们最喜欢里面的肉，谁都知道牛有腰子，但其他的肉都到哪儿去了？

在死亡地带对面，德意两军也在清点兵力。轴心国在突尼斯桥头堡的兵力达 5.6 万人，坦克 160 辆，与盟军大致相当，但他们占据了有利地形，且德国空军稍胜一筹。从比塞大以北 20 英里的地中海海岸，战线一直延伸到迈杰兹巴卜以东，继而南下纵贯突尼斯全境。德军第 10 装甲师盘踞在北部扼守突尼斯，意军苏佩尔加师则坐镇突尼斯以南。这块飞地纵深不过 40 英里，就算内林挥师南下，盟军也挤在一条狭长的前线。

即使内林挫败了盟军的进攻，也弥补不了他的过错，包括弃守迈杰兹和与生俱来的悲观。12 月 8 日，希特勒在没有事先通知的情况下，就将汉斯-于尔根·冯·阿尼姆中将从苏联调到突尼斯，接管内林新组建的第五装甲集团军。内林黯然回国。现年 53 岁的阿尼姆长着鹰钩鼻，不苟言笑，出自一个自 14 世纪起就为祖国培养军官的普鲁士世家。他在"一战"和"二战"中都战功赫赫，在凯塞林的眼中，他是个勤恳、思维敏捷的战地司令。12 月 13 日，阿尼姆宣布，既然已经铲除泰布尔拜附近的盟军，第五装甲集团军要转而防守，备战接下来的战斗。

防守靠的是防御工事，防御工事需要劳工。6 000名犹太人正好派上用场。突尼斯犹太人是一个历史悠久的少数民族，多半是工匠和商人；在杰尔巴岛（突尼斯东南海岸以外的岛屿，传说是荷马《奥德赛》里"忘忧国"的原型。——译者注）上，这个犹太人群落自公元前586年尼布甲尼撒二世侵吞耶路撒冷后就来到此地，一直沿袭着古老的民风。维希政府授意突尼斯颁布的一项法令规定，自1940年起，禁止犹太人从教、从商。轴心国的入侵使他们的生活雪上加霜。

11月23日，德军逮捕一大批突尼斯犹太人，其中包括犹太人社团议会会长。12月9日，德军命突尼斯大拉比第二天一早为劳工团征召2 000名犹太壮丁，拉比请求缓期，这一数字随即又增加到3 000，且人人都要自带工具报到。第二天仅120人报到，轴心国士兵冲上大街和各个犹太教堂抓捕人质。战略情报局一份秘密调查估计："由犹太社区提供工具和食品，最终征召了3 600名劳工。数百人顶着盟军的炮火，在比塞大和突尼斯机场卖力干活；另有数百人在绿山和童山附近或泰布尔拜以西，替维齐希少校和菲舍尔将军手下的官兵挖战壕；其余的则被强征去照料拉弹药的骡马。

12月中旬，犹太人议会接到通知，"作为英国人的盟友"，犹太人要缴2 000万法郎，补偿在突尼斯损失的炸弹。一家见利忘义的突尼斯银行以犹太人的土地和财产做抵押，以八分利贷出这笔款项。此外，德国人还掠夺了犹太人的金银珠宝和银行存款。与此同时，麦杰尔达山谷两侧崎岖的山上传来阵阵铁镐和铁锹的叮当声。

★★★

在艾森豪威尔的一再催促下，安德森致电阿尔及尔，盟军将于12月23日至24日夜发动进攻。届时突尼斯铁路终点可储备支撑苦战一周的补给，一轮满月将为盟军行动提供便利。在美军的协助下，伊夫利的第78师可拿下俯瞰麦杰尔达的高地左翼,刚从英国赶到的英国第6装甲师将从麦吉尔达山谷南端一举攻入突尼斯。

安德森对总司令说:"这是一个有违基督教义的圣诞节,但鉴于目前的状况,兴许情有可原。"他同意艾森豪威尔所说,盟军不能"默认德军的桥头堡坚不可摧"。虽然安德森认为攻下突尼斯的"胜算不到五五开","不过,这不是一项完不成的任务,绝非如此。只要计划周密、指挥有方、不畏艰难,外加一个好天气,我们将竭尽全力,取得胜利。如果上天佑我,我们一定能行"。

与此同时,安德森要艾森豪威尔继续关注突尼斯。盟军司令部制订了几套在突尼斯南部的作战方案,但没有一套有助于占领首都、切断意大利这条轴心国命脉的主要目标。安德森说,第一集团军"后无援军,已是疲于应付",在平安夜一战,他打算投入80%的兵力。他向艾森豪威尔提议:"所有作战计划的关键都在于集中兵力,攻克目标。"

在发动攻势前,安德森首先要夺下一座叫人头疼的山上的德军前哨,其位于麦杰尔达河谷下游,距离迈杰兹巴卜6英里。图姆堡桥之战惨败后,菲舍尔的部下占领了阿美拉山。这座长两英里、800英尺的险峻山脊仿佛垂直焊接在山体上:山脊突出山谷,距麦杰尔达河仅几百码之遥,扼守通往突尼斯市的50号公路和铁路。英国人根据一个板球术语将这座山命名为"长停山"。

长停山居高临下,将山下的麦吉尔达河谷尽收眼底:一只兔子、一个人都逃不过山顶上的观察,坦克就更不必说。百里香飘香、石楠和红松丛生的小山,即使在阳光下也阴气逼人。山上怪石嶙峋、铺满灰尘,登山者也染了一身尘土,犹如面粉厂工人。长停山虽不高,但地势复杂,大大小小的隐蔽坑洼不下千余。山腰下橄榄树成林,山顶几棵胶树犹如哨兵。一名英国军官认为这里"地势凶险、起伏不定、贫瘠荒凉,当初想必是魔王亲自操刀"。长停山也是另一位军官称突尼斯为"关隘之国"的一个例证。

英国人要是少骂几句这座小山,多花些时间研究一番,结果或将截然不同。冷溪近卫步兵团第 2 营在进攻前犯了两个大错:

第一,盟军情报机关认为这座山只有一个德军连把守,4 到 8 挺机枪;实际上,敌军的兵力将近一个营,外加埃本·埃玛尔老兵鲁道夫·朗上校手下的第 69 装甲掷弹兵团的三个连。

第二,也是更致命的一点,英国人不但看错了地形,还看错了地图。长停山实际是两座山:阿美拉山是主峰,与东北稍矮一点的拉哈尔山隔一道山谷相望。只攻下其一等于两手空空。英军侦察队在 7 英里外用望远镜没看到第二座圆丘。就算如此,盟军地图上明明白白地标着拉哈尔山,11 月和 12 月初,步兵来来回回地在两座山间过了不知多少趟。冷溪近卫兵团事后承认:"我们没看出它的战略意义。"这一错误着实令人扼腕。

★★★

按军事灾难一条不成文的惯例,进攻之初一切顺利。一周的艳阳晒干了道路,振奋了士气。自从两年半前敦刻尔克大撤退以来,冷溪近卫步兵团一直伺机与敌人来一场正面交锋。一轮明月避开流云,将明亮的月光洒满他们脚下的大路。12 月 22 日星期二晚 11 点 15 分,16 门英军大炮的阻击火网向德军证实德国空军早就侦察到的盟军突袭。大炮吼了足足 15 分钟。炮焰染红了橄榄叶,炮弹击中长停山顶,缕缕白烟在月光下盘旋而上。炮击随即停止,4 个冷溪连冲了上去。

英军当即攻占了山西北面一个无人把守的山口,但最棘手的是山顶。空中陡然升起一颗颗照明弹,机枪子弹和手榴弹瀑布般泻下山坡。冷溪兵不顾一名连长和军士长倒地阵亡,仍踏着脚下打滑的碎石,冒着头顶的炮火爬向山顶。新成立的德军第 754 步兵团的步哨端着刺刀反扑过来,然后匆匆逃回石楠林,临走还不忘回头开几枪。冷溪兵尾随过去,但地形太复杂,有人想借厚厚的云层后露出的星星辨认方向,继而闯入了乱石阵。山的右翼，靠近50号公路，一个冷溪连攻下一座临时火车站，但在德军一次反攻中随即又交还给了敌人。

但不要紧，冷溪兵拿下了这座高地，包括最高峰290高地。两个小时内，他们拿下了长停山的主要目标。冷溪指挥官不想动用后备连或再攻临时站。按计划，特里·艾伦的第1步兵师的一个营要来和冷溪兵换防，参加主攻前，他们要在迈杰兹休整一天。

军官将指挥部设在长停山南面一座白色的小清真寺。山下传来美国人正动身慢慢上山的消息。零星的迫击炮声后的寂静，被英国中士压低嗓子嘶哑的说话声和士兵在贫瘠的土地上挖战壕的叮当声打破。与290高地800码之隔的拉哈尔山伏在暗处，无人看见，也无人知晓。天下起了雨。

一个小时过去了，又一个小时过去。月亮落山，夜色愈浓，雨点愈猛。12月23日凌晨3点，美军对答口令的声音仿佛高声私语，在山中此起彼伏——"布鲁克林？""传单！""布鲁克林？""传单！"见暗中闪出美军，一名冷溪中士赶紧要他们别出声。士兵们好不容易出了齐腰深的石楠丛，一个个似落汤鸡。一名英国兵抱怨，美国人一向大嗓门，嘈杂得"就像夏季周日下午的黑潭海滩"。

战斗中两个营换防，就算是兄弟单位，在天气晴朗的大白天也实属非易，何况是在大雨倾盆的夜间，分属两个不同国家、对面不识的陌生人之间。前去侦察这支部队的英国哨兵不是错将他们当作敌人，就是不知道他们的去处。第18步兵旅第1营营长罗伯特H.约克中校在临时站附近迷了路，为敌军的机枪所困。他跌跌撞撞地跑进设在清真寺附近的冷溪指挥部时，他手下的参谋则摸黑到处乱窜，800名步兵遍布山间。凌晨4点半，双方完成了指定的任务，冷溪团撤营。一队人马又困又饿，踩着咔嚓咔嚓的靴子，一路唱着《仁君温瑟拉》返回迈杰兹巴卜。

晨曦将危机四伏的长停山呈现在美军眼前。险峻的山脊近一半在德军手中，美军还没赶到，德军就收复了几个冷溪兵弃守的前沿阵地。英国人说要歼灭的只有几个小股德军，但约克中校从敌军俘虏口中得知，包围长停山的却是足足一个装甲掷弹兵营，外加源源不断的援军。东边的乱石丛中时不时地闪过一个土灰色的身影或煤斗盔。

敌人不久就展开进攻，"他们不知从哪儿冒出来的"，欧文·亚洛克上尉事后回忆。临时占领右翼的装甲掷弹兵包围了晚上掉队的A连。掷弹兵用迫击炮和机枪组成一条火力带，在他们还来不及突围时，分批歼灭了这个连。只有一名美军军官和13名士兵死里逃生或被俘。

长停山顶，哒哒哒的德军炮火犹如"小男孩没完没了地敲着一排铁栅栏"，一位编年史家如是写道。山脊上浓烟滚滚，随着敌军大炮的火焰"跳跃"。没来得及挖好战壕的士兵，被石块崩瞎了眼睛或削去了鼻子。炮火打断了电话线，营部派出去的通信兵有去无回。"打不了几枪，烂泥就会堵住枪口，我们只好扔掉，匍匐过去再找一支，"C连中士查尔斯·C.佩里事后说，"长停山一天一夜后，多的是成打成打的步枪。"

约克被敌军火力压制在B连身后1 000码的一片沙地，他请求炮兵反击。英国炮兵不了解美国兵的阵地，外加英美联军的无线电话不兼容，反应迟钝。几枚炮弹总算腾起阵阵白烟，一名观察员见了，不禁联想到"巨大的白菊花"。但炮兵也挡不住德军的攻势，截至下午3点，德军悉数夺回冷溪团进攻前290高地在内的阵地。最后一抹余晖消失在天际，这时第1营已退到长停山西南面的防守阵地。

12月23日，听到美军第一次呼救，刚吃完一顿迟早餐的冷溪团先是不敢相信，继而一脸不屑。难道美国佬连一座拱手送到他们手中的山头都守不住？执着的第18步兵团团长弗兰克·格里尔闯进迈杰兹巴卜附近的英军指挥部，说是约克的部下就快弹尽粮绝，形势不容乐观。眼下别无选择，唯一派得出的后援军是力倦神疲的冷溪团第2营，用一名士兵的话说，他们一个个"抱着对忘恩负义者的冷漠之情"，拖着沉重的脚步返回长停山。

这支先头部队赶到长停山西北面下方的山口，天色已近黄昏。一天一夜的大雨，将麦杰尔达河谷变成一片褐色的汪洋，连骡子都抬不动步，几门大炮只能靠两头牛拉。车辆陷入山外5 000码的一片泥沼，进退不得。在一个阴暗潮湿、形同屠宰场的地下室内，军医借着烛光给救不了的士兵做手术。担架员丢下伤员，还没来得及折起沾满血迹的担架，就一头冲进夜色中。四分之一步兵充作小工，扛着笨重的绿弹药箱和迫击炮弹箱，冒着大雨深一脚浅一脚地爬到山脚。阵亡士兵横七竖八地倒在浅战壕内，有的已经发绿膨胀，有的则苍白威严，如同"月亮王子"。战斗临近尾声，一名冷溪团军官不禁要为活着的人说句公道话，当晚在长停山坡上，凡是头脑还清醒的人都犹如"逃脱地狱，飞出牢笼"。

12月24日拂晓到下午，双方都按兵不动。盟军炮兵接着又拉响了大炮，向290高地100平方码的山头倾泻了750发炮弹。一名见证者写道，山谷中的"树丛处处冒着炮火，炮弹呼啸着钻进云雨"。下午5点，冷溪团对一条长1 200码的阵地发动猛攻，而美军步兵则近乎袖手旁观。士兵扔着手榴弹冲过山脊，吼着扑向敌人，敌人也还以猛烈的炮火。山下的援军以如同一条条倒流的红色小溪般的炮火配合冷溪团进攻。一个个小小的身影在洞坑闪进闪出，不屈不挠地向上攀登。一发亮如启明星的照明弹通知收复290高地。

站在山顶的冷溪兵终于看到了暮色中的拉哈尔山，隔一道宽半英里的深谷相望。一位冷溪团少校叹道："谁也没看到这座关键的山峰。"别无选择，只能接着攻。一队英勇的士兵冲下山谷，上了通向顶峰的山坡。德国守军打死排长和中士，迫击炮将余者炸得血肉横飞。

德军炮击稍稍停了一下，继而一连打到第二天上午。现在是骑虎难下，英美8个连以伤亡500余人的代价，包括冷溪营长和副官，攻下阿美拉山和拉哈尔山一翼。德军的损失同样惨重，但阿尼姆和菲舍尔驱车赶到朗上校设在山东面的指挥部，要他坚守到底：突尼斯桥头堡本身就岌岌可危。德军步兵和第 7 装甲团的坦克又奉命赶来增援。

下午 7 点 15 分,伊夫利将军向英国最高司令部汇报,长停山"多半掌握在我军手中"。他满怀信心(恐怕只有圣诞老人才能做到如此乐观),圣诞节早上就能夺下其余山头。

雨点渐小,不久,天空两天来首次放晴。云朵中露出一轮橙红的满月。英军后勤人员冒着纷飞的炮火,将一听听冰冷的圣诞布丁送到弹痕累累的石掩体后的士兵手中。照明弹照见满地的尸体。德军对 290 高地发动了新一轮狂轰滥炸(地毯式轰炸),只听一个浓重的伦敦腔喊道:"把他抬走!把他抬走!"军医助手抬着用步枪和电话线绑成的担架飞奔而去。一个套着雨衣的身影弓着背从一个散兵坑跑到另一个散兵坑,把剃须刀递到士兵的手中。美军随军牧师连声感慨:"邋遢的圣诞节!邋遢的圣诞节!"

★★★

艾森豪威尔至今尚未涉足突尼斯,但马歇尔 12 月 22 日一封措辞强硬的电报,让他匆忙赶赴东部前线:

把你的国际大事交给副官,你集中精力管好突尼斯的战事。

23 日上午 6 点 15 分,因为天气恶劣飞机无法起飞,艾森豪威尔爬上装甲凯迪拉克,带领一行 5 辆车驶出阿尔及尔。雨点打着沥青路面,来往前线的卡车碾起的泥浆把路面弄得湿滑不堪。总司令依然是他所谓的一身大老粗的打扮:齐腋的连体裤,扣着裤脚,一件厚夹克,一顶套头绒线帽。无论走到哪里,他都随身携带一个装着幸运币的拉锁钱包,和一根手柄上暗藏一把匕首的手杖。他鼻子上架着一副眼镜,一屁股落在后座,扫了一眼厚厚的一摞报告,愁眉苦脸地望着车窗外烟雨蒙蒙的乡村。

他隐约感觉到突尼斯战役陷入了僵局。一想到这，他就满腹怨气，只有拖延战术才能打破这一僵局。但是英美联合参谋部早前一封电报中恰恰要他避免拖延战术："第一轮进攻的损失或许惨重，但相比卷入旷日持久的消耗战，损失势必要轻得多。"华盛顿或伦敦果真没人明白突尼斯的胜算几何？在给丘吉尔的一封信中，艾森豪威尔提议道，如果盟军多带几个运输连登陆北非（或多600辆卡车），"这场战争说不定早就结束了"。

他无意为部下和自己的指挥开脱。"说到迄今的作战行动，"他写信给朋友托马斯·汉迪少将，"统统有违公认的作战原则，以及教科书中的行动和后勤秩序，今后20年中，势必是莱文沃思和军事学院课堂上的众矢之的。"

即便如此，他还是一再"祈求胜利"。安德森发动的新一轮攻势说不定能扭转乾坤。否则，他只能考虑12月16日丘吉尔在一封私信中提出的建议："学1864年的格兰特和南部同盟军，把德国人拖垮。"就艾森豪威尔所知，格兰特1864年的伤亡不下20万人。首相难道要孤注一掷？又一个斯波特瑟尔韦尼亚（Spotsylvania，美国弗吉尼亚州东北部村庄，南北战争期间的战场。——译者注）县衙，还是下一个冷港？

他照例从自己的弱处盘点指挥谋略。他在12月中旬的一篇日记中写道："种种经历让我吸取了很多教训。"其中一条教训是，"指挥官势必要耐心等待别人收获战果"。此外，"成功与否在于是否有一个条理清晰的大脑"。

> 华而不实的冒险家不会放过任何出风头的机会，成为众人眼中的英雄，可这对他作为司令官的角色毫无用处。反过来，反应迟钝、墨守成规的人在关键位置上也成不了大器。这两点必须相辅相成……司令官的主要职责是寻找几个这类人才。

午后不久，车队驶入君士坦丁。这座努米底亚古都看起来很像西藏的喇嘛庙，一位游客将其石灰石砌的高墙比喻为"冻结的月光"。一条长1000英尺的峡谷是阿特拉斯山脉最险峻的峡谷。君士坦丁历史上大概经历过八次围困，如今却挡不住准备在此建一座补给站的盟军办事员、随军商贩和高级将领。艾森豪威尔伸了伸腿脚，看了眼谷底鞣革厂飘来阵阵恶臭的峡谷，又接着赶路。

即使到了突尼斯边界，阿尔及尔的烦恼依然萦绕在心头，挥之不去招之即来。和法国人的难题久而不决，马歇尔却轻飘飘的一句话，要他"把国际大事放一放"。12月7日，吉罗将军又来向他要北非总司令一职。吉罗仍旧不肯让法军听命安德森的指挥，甚至在没有知会艾森豪威尔的情况下，就不断将法国殖民军送上后勤无法支撑他们的前线。后勤运输是个症结，各个港口和补给站需要铁路运输的物资往往要耽搁4天。物资报表是一笔糊涂账，由于英美两家单位纠结不清，越理越乱。靠"一战"资料计算军需的军械官后来才发现，虽说现在一个师的人数只有"一战"时的一半，但消耗的弹药却是"一战"的两倍多。而且荒唐的问题连绵不断：一支刚刚从英国抵达的船队运来了一大批帐篷架和桩，却没帐篷；盟军联合司令部致电华盛顿抗议道："请别再发袜子和指甲油了。"马歇尔好像还嫌艾森豪威尔不够烦，今天还要他在摩洛哥为罗斯福、丘吉尔和盟军智囊团寻一处合适的会议场所。然后参谋长又嘱咐了一句："没我的许可，不得和英国人讨论此事。"

愁纹渐渐爬上艾森豪威尔浓密的眉头和紫红的眼袋。12月20日，他在给儿子的一封信中说："报纸可以轻易将一个人塑造成英雄，也能将他说得一文不值。"副官说他是头"困兽，靠吼和挠解决问题"。参谋们如同对待大病初愈者或精神病人般，对他唯唯诺诺。马歇尔一周前写道："我最担心增加他的压力，却解决不了问题。"这位参谋长背地里怀疑，艾森豪威尔迟迟不出兵，是否因为蒙受重大伤亡的势必是英国。罗斯福一样耐不住性子："他们的进展为什么这样缓慢？"

　　压在艾森豪威尔肩头的担子本身就很沉重。美军空军司令詹姆斯·H.杜利特尔少将年初指挥空军报复日本，因此获得过一枚荣誉勋章，他正准备说明轴心国飞机控制突尼斯机场的缘由，艾森豪威尔反唇相讥："这都是你找的麻烦，回去好好解决吧。你认为我就没有一堆麻烦事要解决吗？"最近在圣乔治饭店的一次午餐上，艾森豪威尔叫一名参谋召集客人和侍者们注意听讲，他补充道："你去告诉在座的各位，谁觊觎我这个位置，尽管来坐好了。"12月17日，也就是吉罗要他让位这一天，他对副官哈里·布彻说："我他妈的才不想干呢。要是带一个营去冲锋陷阵，那是再简单不过的事。"

★★★

　　在盖勒马逗留了一夜，车队浩浩荡荡地挺进突尼斯。12月24日下午两点，车队绕道艾因西摩带上安德森将军后，艾森豪威尔抵达麦吉尔达北岸凯米斯集郊外一座偏远的农舍，位于巴杰以西20英里处。士兵们从草堆掩体后透过雨柱向外张望。放在显眼处的耙和一辆拖拉机表明用于耕作，而非用于军事目的。吉普和凯迪拉克不得进入谷仓，免得车辙印暴露了维希司令部。维希司令部一个月前由安德森的副手查尔斯·W.奥尔弗里中将组建，目的是配合盟军进攻突尼斯。

　　艾森豪威尔和安德森蹚着齐踝的烂泥一路寻到农舍的客厅，发现里面挤满一身泥浆的军官。罗比内特和B战斗群的营长应邀前来鼓舞士气。安德森语气冷淡（罗比内特事后说"他看上去情绪极其低落"），但艾森豪威尔的心情也好不了多少。艾森豪威尔掂量再三，既没批评、也没称赞B战斗群此前的苦战，更别说对此后战役的启发。罗比内特等人和各位将军一一握过手后，揣度着领导们的心思，消失在雨中。

　　安德森和奥尔弗里摊开一大幅地图，向总司令回顾前线的情况后，一个个又消沉了两天。安德森说，1月和2月是阴雨绵绵的冬天，这是从"当地人"口中打听来的。他"下令试验各种规格的设备在烂泥地上的运行情况",但"效果都不理想"。地面晒干前,至少6个星期无法发动进攻。

艾森豪威尔点头赞同。就在当天早上,他见过4个士兵徒劳地从烂泥坑里推出一辆摩托车。冬天的僵局在所难免。见总司令大失所望,安德森主动请辞。但是一时难寻一个才智过人、能轻取德军和法军的将领,艾森豪威尔驳回了这一请求。

艾森豪威尔指点安德森,B战斗群可以转移到天气和地面相对干燥的南方,罗比内特可以和不久赶到突尼斯的第1装甲师余部会合,但对安德森此前祷告的"关键在于集中兵力,攻克目标"和"得道多助"这一长老式格言却只字不提。

最近的作战计划除攻打长停山外,其他攻势都延期,何时开展还是个未知数。若想消灭德军靠近迈杰兹的突出部,势必要拿下这座山头。第一集团军的日记指出:"出此下策,是因为天气而暂缓进攻突尼斯。"艾森豪威尔口拟了一封电报,向伦敦和华盛顿告假:"由于连续阴雨,近期无望攻打突尼斯。此后或将动用步兵,展开有计划的进攻。正组织一支部队伺机进攻南翼。"

雨点打着农舍的屋顶。士兵则裹着防化服,钻进草堆肚。不知不觉间,天色已近黄昏,官兵们过了一个阴雨绵绵、寒冷凄惨的圣诞夜。

"They Shot the Little Son of a Bitch"
★★★

达尔朗上将被暗杀了

平安夜的阿尔及尔一派喜庆气氛。顺山势而建的白屋沐浴着和煦的阳光，棕榈叶随风摇曳。法国人家的母亲货比三家地为孩子选玩具和糖果。只一个上午，阿尔及尔香槟（伊斯兰慕斯）的价钱就翻了一番。城外的常青树挂满了官兵的手榴弹、餐具和子弹带。安保松懈，回答哨兵盘问的不是每日的口令，而是一句："是我们，你这个蠢货！"官兵们喝了偷偷藏起的红酒，动手用汽油洗军装、互相理发，准备迎接午夜的礼拜。第1师一名报务员收听到BBC播送平·克劳斯贝唱的《白色圣诞节》，大红一师的官兵围在收音机前，默默地流泪。看够了蒙面女人的一帮家伙，编了一首寻开心的小调："我想要个白白嫩嫩的姑娘。"

登陆几个星期后，为改造这支"纪律涣散、在妓院门口排长龙"的占领军，阿尔及尔和奥兰的军官下了大功夫。眼下的活动从法语课到有女伴在场的交谊派对，应有尽有。一名军官汇报："只要有犹太女人或轻浮的姑娘在场，年长的女伴就把自己监护的姑娘们带回家，这种情况屡见不鲜。"这一说法得到一致认同。工兵放空游泳池，统统改作篮球场。盟军还组织了垒球和排球联谊赛（今后10个月要为战场征调2万只垒球和3 000只篮球）。由于不满的阿尔及利亚人不时从中作梗，据说不少比赛打得"异常激烈"。爱看电影的人在阿尔及尔看到了《胜利之歌》（*Yankee Doodle Dandy*，1942年美国经典歌舞片。——译者注）和《叛舰喋血记》（*Mutiny on the Bounty*）。奥兰大剧院被改成专为美军服务的俱乐部。首场综艺演出安排在平安夜，压轴戏是罗伯特·泰勒马戏团和"西班牙双子座"。由于演员不会说英语，一位会外语的军官答应站在台口翻译台词。

可惜罗伯特·泰勒马戏团和"西班牙双子座"不过是场空欢喜。午夜弥撒、寻花问柳或结识正派人家的姑娘更是一句空谈。达尔朗上将的末日到了。

克拉克和墨菲口中的"小个子"，在盟军眼中越来越没有分量。达尔朗不仅是个累赘，而且他也没能说服现已凿沉的土伦舰队投奔英美联军阵营。身为高级专员，他的许多做法就算没有招致义愤，多半也惹人不快，比如他要求200名冷溪近卫步兵团的士兵担任一年一度庆祝拿破仑奥斯特利茨大捷的仪仗队。有人还在阿尔及尔的墙上写下："处死叛徒达尔朗！"最近他为买动盟军记者举办了香槟酒会，结果却激起了他们的公愤。

达尔朗似乎身心疲惫。记者约翰·麦克文说："他那双蓝色的小眼睛黯然神伤。"12月23日为盟军军官举办的一次午餐会上，这位上将表示有意投奔自己的儿子阿兰。身患小儿麻痹症的阿兰死里逃生，目前正在康复中，应罗斯福的邀请，去了佐治亚州的沃姆斯普林斯。达尔朗对克拉克说："我想把这一摊子交给吉罗将军，他好这个，而我并不喜欢。"克拉克将墨菲拉到一边私下说："你瞧，'小个子'没准儿真这么干。"墨菲点了点头："是的，没准儿。"餐后，达尔朗领着墨菲走进自己的办公室，对他说了实话："目前有四个暗杀小组要暗杀我。"

一个就足够了。24日下午2点半，位于米舍莱大街的英式小教堂报半点时，一个生着一头黑发、身形高大的年轻人走下一辆豪华轿车。他一袭黑衣，披着一件褐色外套，信步走向夏宫的南门，在门卫自报名叫莫朗，有私事求见达尔朗，门房将他领进一间小会客室。他点上一支烟，坐在破旧的沙发上等候这位维希副总理。

费尔南德·邦尼·德·拉夏贝尔是个反法西斯的保皇派，父亲是位法国记者，母亲是意大利人。1940年德国入侵法国后，他从法国首都回到故乡阿尔及尔，结识了一个保皇派，一心想保一个冒充流亡国外的法国皇帝亨利三世的骗子登基。这项阴谋从何源起？何以借刺杀达尔朗完成一位法国君主的大业？无人知晓。刚过3点，邦尼就听花园车道上一阵吱吱嘎嘎的车轮声。他从大衣中掏出一把7.65毫米口径鲁比斯左轮手枪，早上向一位牧师同谋忏悔后，他在附近的一个高尔夫球场试过枪。

从午餐会上回来，达尔朗心事重重地走向办公室。上午诸事不顺，墨菲逼他释放政治犯，恢复阿尔及利亚犹太人的权利。

一推开书房门，上将就听身后的手枪扳机一声脆响，他一转身，邦尼面对面朝他的脸和腹部开了两枪。达尔朗圆睁眼睛，口角流着血，瘫倒在门槛上。邦尼逃向一扇窗口，不料被一名阿尔及利亚骑兵给拖了回来，另一名骑兵抡起一把椅子，打掉了他手中的手枪。

半英里外的圣乔治饭店，克拉克正收拾办公桌，准备动身去赴圣诞晚宴，听见门厅一阵急促的脚步。墨菲一把推开门，闯进他的办公室，喊道："他们暗杀了那个小杂种！正送往医院。"

克拉克和墨菲赶到马约医院，候诊室早来了一帮聒噪的法国人。两个美国人推开众人，走进手术室，医生刚刚宣布他抢救无效。"'小个子'看上去平静安详。"克拉克事后说。

克拉克干净利落地处理了暗杀。他眉头一皱，驳回了手下的警卫队持枪集合令，但却增加了圣乔治饭店的哨兵，命军官随身带枪，另外在花园和盟军其他办公场所外架起了机枪。一位军官说："司令部内

第 6 章 关隘之国

人声嘈杂。"卡车上站满身穿防化服的士兵,在大街上来回巡逻。平安夜庆典一概取消,为防止"当地人暴动",阿尔及利亚全境各个兵营的官兵奉命严阵以待。

克拉克虽然认为达尔朗一死,"犹如除掉一个不胜其烦的脓疮",但还是立刻动手草拟了一份宣传要点,言外之意是轴心国与暗杀脱不了干系。盟军联合司令部的一份官方声明宣布:"尽管此事激起了公愤,但阿尔及尔井然有序。"声明暗示达尔朗的死可能引起民众起义,这让不少人哑然失笑。一名记者说:"阿尔及尔人脸上露出从没有过的喜色。"

★★★

此次视察,艾森豪威尔坚决不要陆军通信部队的军官陪同,刺杀案过了几个小时,他还远在距离凯米斯集的第 5 军司令部 400 英里外的路上。阿尔及尔于下午 4 点发出第一条急电,通信兵却遍寻不得这位总司令。盟军联合司令部下午 5 点致电第 5 军司令部,语义含糊地汇报"发生了重大事件";不到一个小时,又一条电报称达尔朗出了事,盟军联合司令部"急于联系身在前线的总司令。务必请他立刻给克拉克回电"。可惜几封急电一封都不曾及时送到艾森豪威尔的手中。

会议从下午一直开到晚上。伊夫利将军下午 7 点 15 分发来电报,称他们将于圣诞节一早拿下长停山,这是艾森豪威尔一天中听到的一大喜讯。他正要落座,和安德森、朱安共进迟到的圣诞晚宴,一名通信兵带着克拉克的急电闯进餐厅:"刚从医院回来。达尔朗身亡。"

凯迪拉克穿过泥泞的晒谷场,驶向农舍。黎明前有人会擦去车辙印。公元前 202 年,就在 40 英里以南的扎马(Zama,北非古城。——译者注),大西庇阿大败艾森豪威尔儿时的偶像汉尼拔,结束了第二次布匿战争。艾森豪威尔盼着有朝一日去看看,弄明白迦太基人兵败此地的缘故。但这次肯定不能成行,返回阿尔及尔要 30 个小时。比起克拉克,艾森豪威尔对政治问题一向考虑得比较远,料到这次暗杀会产生预想不到的后果。他在轿车后座上想,达尔朗的死了却了一桩难题,但引发的问题无疑更多。

★★★

伊夫利将军的预言实现了,他们在圣诞节一早拿下了长停山。

朗上校损兵折将,主力部队退至拉哈尔山东南一处不堪一击的洼地。他打算拼死一搏,派一支分遣队正面牵制英美联军,一个坦克连迂回到山后,从背面发动进攻,朗上校则亲自带掷弹兵迂回到临时火车站的南面。反攻定在 25 日(星期五)拂晓。

当天晚上,靠马驮弹药、不通英语的一百余名阿尔及利亚狙击兵补充到第 18 步兵团 B 连。一位美军中校连说带比划,将这个连安插在长停山西北坡一道山口。不知什么缘故,长停山的炮兵前进观察员脱岗去了夏塞尔·泰法哈一座农舍。一位大惊失色的军官命他们在圣诞节曙光降临前赶回去。

但为时已晚。上午 7 点,德军展开攻势,用一名美军军官的话说,猛烈的炮击"仿佛满世界都在爆炸"。一枚彩色信号弹蹿上拉哈尔山上空,德军从侧翼发动进攻。10 辆装甲车冲过山北面的烂泥坑,冲向法军阵地。由于缺少反坦克武器,狙击兵一哄而散。装甲车排炮从 800 码外纵射美军阵地的左翼。美国兵没有大炮,只能稀稀落落地靠小迫击炮、步枪和手榴弹还击,与其说是在抵抗,倒不如说是在对口令。由于联系不上营部的约克中校,B 连连长咬牙切齿地宣布:"我们将战斗到底。"此时此刻,小巨角河战役(1876 年美军与印第安人的战役。——译者注)却在副连长爱德华·麦格雷戈中尉心头挥之不去。

朗上校亲自带掷弹兵从临时站突破右翼。敌人的炮火落到盟军身后,表明敌军呈两面夹击之势。英美军官都说自己身陷埋伏,怪对方不打一声招呼就从长停山各座山头撤退。但有一点毋庸置疑,把守阿美拉山顶峰前沿阵地的冷溪兵目前面临灭顶之灾。

第6章 关隘之国

上午9点，奥尔弗里将军获悉德军又占领了290高地，同意伊夫利弃守长停山。通信员带着撤退令飞奔而去。各支队伍一路埋下地雷，阻挡敌军追兵，你追我赶地返回夏塞尔·泰法哈。费了九牛二虎之力拉来的弹药和医疗设备，这时候又装上大小车辆，运回迈杰兹巴卜。

生还者拖着沉重的脚步踏上了撤退的路，雨点仿佛压死骆驼的最后一根稻草，又淅淅沥沥地下了起来。夜幕降临，走在吉普和卡车前面的军官挥舞着白手绢，要司机跟上，每隔几百码就有疲惫不堪的司机冲出大路。步兵出身的漫画家比尔·穆尔丁说，官兵们如同"病猫挤在热砖块上"，隐蔽在夏塞尔·泰法哈和迈杰兹。圣诞大餐是英国杂烩，和"麦吉尔达泥浆水煮的几只骨瘦如柴的鸡"。

谁谁失踪、谁谁阵亡的消息很快在官兵们中传开。打完一场仗后，步兵循例要在制作战场胜率表前，检查关系最亲近的弟兄们是否生还。英方伤亡总计178人，军官的伤亡比例尤其惨重，冷溪团12名副排长只剩一人。美方的损失高达英军的两倍：9名军官和347名士兵伤亡、失踪。第1营官兵损失40%，被要求补充兵员的第18团从团花名册中胡乱挑几个名字搪塞上级，免得他们把胆小鬼和不合格的兵塞进自己的单位。各单位投票表决是收下寄给阵亡官兵的圣诞礼物，还是原封不动地打回国内。

长停山又落入德军之手，他们给它改了个名字，叫"圣诞山"。阿尼姆下榻的巴斯德广场一隅的豪华大楼庆典不断，官兵们举起突尼斯红酒，向朗上校的"战斗机"啤酒馆致敬；哨兵还树起一棵装点了花环和白蜡烛的圣诞树。26日晚上10点半，一架美军飞机中了敌军的高射炮，不断下降，在投弃了4000发炮弹后，一头栽到突尼斯城西。欢庆戛然而止。炸弹落在梅克德尔大街一线的阿拉伯人聚居区，将1.6万平方英尺范围夷为平地，炸死84名平民。

把守长停山的英美两国士兵中，有人坚守至今：6个月后，盟军在290高地发现发霉的作战服中一具具面向东方的尸骨，身上的装备原封未动,敌人没去骚扰它们,真是咄咄怪事。死者表现出的忠贞,对生者多少是个告慰;德军重启"炮击训练课",用一名士兵的话说,他们把迈杰兹炸成了"干酪刨丝器"。手下的营在长停山惨败的噩耗传来,特里·艾伦将4天的战斗归纳为一句话:"阵地失守,使命未竟。"

"This Is the Hand of God"
★★★

美军战术漏洞

圣诞节这天丢掉关键一战,又在车后座上劳顿了 30 个小时,艾森豪威尔却神采飞扬。虽然一路车马劳顿、腿脚僵直、力倦神疲,但下午 6 点一回到盟军联合司令部,他很快就恢复如初。他立即召集手下的参谋,给达尔朗夫人亲拟了一封唁电:"他为国尽忠,对他的去世,我们深感痛惜,敬请你节哀顺变。"随后从史密斯的别墅发出电报。艾森豪威尔用一副浑厚的男低音唱着歌,信步走进门厅:

天赐你欢乐,先生,驱散你心头的烦恼。

总司令和几位军官狼吞虎咽地吃了一顿圣诞大餐:葡萄干布丁、香槟和烤火鸡。巴顿从卡萨布兰卡送来了两只火鸡,其中一只经长途跋涉后逃过了遭拔毛、下锅、下肚一劫。先生们纵情作乐。第二天早餐,哈里·布彻只点了"一碗退烧药"。

法国当局调查达尔朗刺杀案可谓神速,邦尼·德·拉夏贝尔的案子还没开庭，他们就替他订了口棺材。敷衍了事的诉讼后是敷衍了事的辩护（邦尼指出，"我依法处置了一个卖国贼"），秘密军事法庭自然是早早定下了死刑判决。被告似乎对缓刑很有把握，居然和审问他的警察讨论未来的外交生涯。他对牧师说："他们不会枪毙我，准是一发空枪。"12月26日，星期六上午7点45分，邦尼被绑在一座警察所院子的柱子上，没等他念完祈祷，就被一枪结果了性命。丘吉尔事后说："他没想到自己会遭枪毙。"

当凶手被秘密处死时，达尔朗将要接受一场名副其实的北非君主葬礼。圣诞节这天，在阿尔及尔市中心的总督府内，达尔朗静静地躺在铺着花环的灵台上，骑兵和狙击兵手持亮闪闪的戟拉开警戒线，迎来8 000名民众的吊唁。一名记者坚决认为，"没人洒一滴眼泪"。另有一名目击者说吉罗将军眼含泪光。吉罗兴许是出于感激，他刚刚接替达尔朗，任高级专员。

无论亲朋，还是其他人等，包括凶手的父亲，来拜祭的人都对放着上将大檐帽的灵柩表示了敬意。几名绑着雪白绑腿的水兵将棺材抬上一辆黑色的灵车，一行人穿街过巷，奔圣菲利普大教堂而去。

星期六上午9点，葬礼开始，法国官员占据大中殿的右侧，左侧则是被要求摘下"武器和黑纱"的盟军军官代表团。

安魂弥撒唱起时，前来吊唁的亲朋按规矩要走向棺架，画着十字，拿一根雪松枝蘸水洒向灵柩。艾森豪威尔这个至死不渝的堪萨斯新教徒却坐在条凳上一动不动。海军司令安德鲁·B.坎宁安见总司令面对天主教仪式的尴尬，成心要捉弄他一把，过去拍了拍他的肩膀，小声说："去吧。"

"我做不到。"

坎宁安头一摆，"去吧。"

艾森豪威尔走上前去，但没有跪拜，接过雪松枝往水里一伸，用坎宁安事后的话说，洒的水"能把棺材中的人淹死"。总司令瞪着眼睛扑通落座，寻他开心的副手一个个忍俊不禁。

除了道别，葬礼已经结束。前来拜祭的人鱼贯出了教堂，站在台阶上。艾森豪威尔戴上手套，仿佛料到要下雨似的看了眼天空，站到吉罗身旁。一支法军乐队以悲伤的调子奏起《马赛曲》；一名陆军通信兵摄影师记录下盟军军官斜着眼睛或东张西望地行礼的场面。8名水兵扛着棺材走出教堂。法国轻步兵正步走过塞尔麦里路，接着是骑着白马的骑兵、一支英国护旗队和第34师的一个连。一位手拿文件夹的陆军军官指出，"下一次应该避免以下失误：接受检阅前，美军连忘了装刺刀；他们的眼睛没有向右看齐；疏散工作没做好"。这位挑剔的军官希望"下一次"葬礼轮到谁，就不得而知了。

送葬队伍沿米舍莱大街来到夏宫。在犯罪现场，这位无人为之落泪的上将暂时被寄存在一座私人小教堂，等日后葬到海军公墓。小个子如今成了基督教界的众矢之的。戴高乐视达尔朗为"国家顽疾"的一个症状。新近到阿尔及尔任丘吉尔驻盟军联合司令部政治代表的哈罗德·麦克米伦说得有点不客气："一旦投敌，一辈子都洗不清罪名。"

最油滑的莫过于英国谍报人员戴维·亨特的评价。亨特写道："谋杀仿佛一枚石子投进一方小池塘，激不起多大波澜，达尔朗好像从没来过这个世界。"

★★★

暂缓攻打长停山后的几个星期，盟军高层指责声一片。尤其是英美关系出现了裂痕。两军间操同一种语言产生的隔阂由来已久，一方面，正如美国人的一句老话，"英国是一个有人一如既往地爬上六级台阶，亲切地给你送上一杯茶的国家"；另一方面，不同的口音也产生了隔阂，比如，美军司令部的一个职员接到一位英国军官的电话，听见他浓重的口音，美国佬转身问同事："请问你们谁会说法语？"一名记者嗤之以鼻地写道，美国人普遍将"Arab"（阿拉伯人）一词的首字母"A"

发长音，许多英国人听了毛骨悚然，"难听死了，但上流社会却以为时髦"。哈罗德·麦克米伦的母亲是印第安纳州人，他以一口纯正的牛津腔向艾森豪威尔自我介绍："我是印第安纳人。"他指点一位英国军官："就像希腊人对罗马人的看法，你会发现美国人不过是一帮粗俗的商人，比起我们干劲十足，同时又吊儿郎当；比我们淳朴，但也道德败坏。我们要像希腊人牵制罗马皇帝克劳狄一世一样管理盟军联合司令部。"

但联盟之间的嫌隙渐生。英国长期受到来自美国的恩惠，谁料英国人非但不感恩，反而瞧不起美国人。提到美国人，英国军队上下开口就是"我们的意大利人"。一名英国记者总结了英国人普遍的观点："美国人轻敌——真是天生的外行。"一位英国高级将领对同事说，美国佬是"十足的空心大萝卜。他们慷慨好客，但办事效率和忙碌纯属扯淡"。美国人当仁不让地反唇相讥："英国人的屁股，我们来擦。"

长停山这场兄弟上阵的肉搏持久战让双方的怨念越积越深。第1近卫旅的一份战后报告痛斥第18步兵团：

> 美国人没能守住关键高地，也不曾下力夺回，这是明摆着的事实……我无意挑美国人的刺，不过，这项任务对任何部队来说都十分艰难，而他们却无法胜任，仓促上阵。

在特里·艾伦看来，美国人性急鲁莽，但这是军事术语。自从六个星期前占领奥兰，和第1师待在阿尔及利亚军营远观英军苦战突尼斯的艾伦一直坐卧不安。他早安排好后事，只等一声令下，便可冲锋陷阵。

"请你始终记住，我爱你比谁爱得都深。"他写信给妻子玛丽·弗兰。他仿佛要脱胎换骨，一把火烧了各种私人档案，包括7月30日马歇尔要艾伦"注意检点"、少喝酒的信（艾伦斥之为"多管闲事"）。艾伦告诉玛丽·弗兰，烧掉"这些东西"，希望除去"我心头的仇恨和恶念"。

一把小火荡涤了他的心灵,只剩下对敌人的仇恨。用欧尼·派尔的话说,"他对德国人和意大利人恨入骨髓"。

但几个星期后,他疑窦丛生,大红一师无所事事,安德森却组建了一个可支持更多前线部队的后勤网。艾伦和特德·罗斯福一如既往地苦训手下的官兵,但大红一师并不比指挥官更加适应军营生活。他攥着用蓝墨水描了三遍"别碰!务必归还"的拉链皮包,一头冲进设在阿尔及尔的盟军联合司令部。据说他愤怒得脸颊嘶嘶作响,开口就问:"这是谁家的战争?有人能参战吗?"

属下的部队被一点点瓜分,送往东线,他先是沮丧,继而愤怒。首先,第5野战炮兵营被派往泰布尔拜,纳入英国人的部下,这个营的军官多半被俘。然后,第26步兵团被派到突尼斯南部。艾伦深信,"步兵如威士忌,一旦打散,就失去了威力",而且打散部队破坏了士气。艾伦一向认为,军人冲锋陷阵不是为了目标或国家,而是要信守对兄弟的承诺。他说:"一个军人为了辅助身边的兄弟而奋勇作战,和一个连与侧翼齐头并进、奋勇杀敌是一个道理。"

最后一根导火索是抽调他的第18步兵团(大红一师三分之一的步兵)和之后英国人对该团第1营的抨击。艾伦痛惜阵亡的官兵,听了英国人对他们的诬蔑,他大发雷霆,说他的部下"无法胜任、仓促上阵",他不能坐视不管。他命师情报官调查第18团在长停山一战的表现。不出所料,其后的调查报告与之前的说法大相径庭,英军的渎职与美军的失职不相伯仲。该调查总结,英国指挥官对美国军队"用兵不当"。艾伦把报告塞进背包,启程去设在突尼斯的英国第5军指挥部。

奥尔弗里将军一边吃着早餐,一边看着调查报告。艾伦则眯着眼睛,叼着香烟。

奥尔弗里一看完,艾伦就开口问道:"我从史密斯和艾森豪威尔将军那里听说一些谣言,说美军士兵素质低下,这让我无法理解,尤其是从你属下的高层口中说出来。"

奥尔弗里变了脸色,耸耸肩说:"我不想道歉,我没听近卫旅旅长或师长说过此话。"他指着手中的调查报告问:"你打算如何处理?"

艾伦一动不动地盯着他,然后伸手从桌对面的奥尔弗里手上拿过调查报告,一撕两半。他说:"我希望英国最高司令部吸取这个教训,学会如何对待美国人,我不想因此引发国际争端,但我认为,如果我指挥英国军队,我会善待他们。"说完,他敬了一个礼,扬长而去。

就算不是出于礼貌,此举也可以说是宽宏大量。艾伦避开一场争执,却留下一个丑陋的伤疤。不过,在战斗打响前,这种必要的宽容越多,盟军这个正义之师的优秀军人才敢互相信任。

★★★

到了这年的年底,盟军在北非的运气也背到了家。艾森豪威尔26日致电参谋长联席会时表示,"迄今最让我失望的",莫过于放弃攻打突尼斯。当初他奉伦敦和华盛顿之命,"借利比亚抄西部沙漠中轴心国大军的后路",大举东进,执行"火炬行动"。在这一点上他有辱使命,一碗退烧药也解决不了他的烦恼。

安德森的第一集团军和伯纳德·蒙哥马利目前西出埃及的第八集团军不会夹攻隆美尔在利比亚的残部。盟军失策,虎口之势非但没有歼灭轴心国军队,反而将内线拱手让给了敌人,险些把安德森、蒙哥马利、阿尼姆和隆美尔这四支大军拖入一场消耗战,与25年前西线的情形无异。

一场大围攻隐隐乍现,眼光敏锐的战略家不难看出,盟军绝不会轻易对欧洲堡垒展开灵活的机动战。拔掉一名全副武装、钻进山中的德军下士,相当于拔除一颗阻生牙。有识之士兴许已经看出端倪,突尼斯门户之战留下了一系列后果:盟军的意大利登陆行动被拖延了数月,他们到1944年才突破罗马以南的古斯塔夫防线,意大利战役一直拖到此战结束。但这都是后话,谁都料不到。

眼下要说的是存在的不足。美军战术漏洞一看便知，陆军部派来的观察员谨慎地描述了这些漏洞：

> 德军比我军会打仗。目前的普遍态度是，北非行动不过是一次实弹演习。他们视敌人为客队，而且这不是一场大型战争。就连伤亡惨重的单位也对敌人无甚恨意……上至军官、下至士兵，对战争都毫无心理准备。

一位上校在另一份评估中总结道："我认为，美军纪律涣散，更缺乏勇气，缺乏血洒沙场的愿望和斗志。"一位少将指责基层军官领导无方，校级军官的伤亡比例较大便是一例，他们本应鼓舞手下的士兵冲锋陷阵。

以上都千真万确，但他们没看出美国人身上悄然发生的变化。美军渐渐掌握了作战技巧：避开山脊线；伪装浅战壕；将白磷光烟幕弹塞进引擎，逼出坦克中的敌军。当初没几个人了解这些如今熟视无睹的事实：战场混乱，炮火连天，危机四伏，惨不忍睹。欧尼·派尔说得对：这里不是安乐窝。他们见识了谁都不该见识的一幕：焚烧尸体，切除内脏；身中诡雷的士兵，脸就像"旧花瓶上的裂纹，冲击波在上面留下上千道小裂口"。

战争磨出了他们的锋芒。他们瞧不起狂热的领导（"邀功求赏"的家伙），但欣赏冷静镇定的上司。他们已充分认识到，战斗出乎意料的漫长，声东击西、欲擒故纵；战场往往空旷荒凉；死亡成了水火土和空气之外的第五元素，无处不在。诚然，他们还恨不起来，但因为失去耐心和愤怒，他们逐渐学会了恨。第 1 师中士 C. 罗斯·马丁获悉自己的双胞胎兄弟在北非阵亡，表现出的正是这一点："双胞胎兄弟心灵相通，他阵亡的那一刻，我就感到了一种如释重负之感，我再也不必为他牵肠挂肚。"

301

长停山一战，还有一位身心疲惫的将军要坐下来为自己辩解。安德森在圣诞节写给艾伦·布鲁克的一封标着"私人和绝密"的长信，确实兼而有之。"诸事不顺，我的全盘计划统统作废，"安德森写道，"我深感失望，因为德国兵力广为分散，我确信这是我们集中兵力，一举突破突尼斯的大好时机。"但他和艾森豪威尔一致认为要"听天由命……天意如此"。

他飞快地回顾了一遍此战的其他问题：

1. 艾森豪威尔似乎执意转战南下；

2. 美方不打算将B战斗群剩下的谢尔曼和"格兰特/李"送给英国人；

3. 达尔朗的死或许是"一了百了"，虽说增强了吉罗的实力，但是让他担任总司令"后果不堪设想。官兵们凶多吉少"。

但安德森的核心话题是泥泞的战场上崇高的一面。落笔之前，他又旧话重提。"我沮丧失望，但消沉又有何益。如果我们不遗余力，此战何愁不胜。"

"我主贤明，"他说，"不会那样让我们送死。"